자폐 소년 제이-맥,
농구로 말하다

The Game of My Life

Jason "J-Mac" McElwain with Daniel Paisner 공저
신현기 · 김은경 공역

INNER BOOKS 이너북스

1986년 우리가 전혀 생각하지 못했던 자폐인에 관한 이야기가 소개되었다. 그것은 자폐인 여성 템플 그랜딘의 삶에 관한 이야기였다. 『어느 자폐인 이야기Emergence: Labelled Autistic』라는 제목으로 소개된 그의 삶은 마치 우리들에게 "너희가 자폐를 알아!"라고 호통을 치는 것 같다는 생각까지 들게 하였다.

우리들은 이 책이 나오기 전까지만 해도 자폐인들은 내면의 삶, 즉 타인의 마음을 읽어내고, 자신의 마음으로 이를 견주어 생각하고 행동하는 능력이 전혀 없다고 생각하여 그들에게 '마음 맹: Mind Blindness'이라는 명예스럽지 못한 훈장을 달아 주었다. 그러나 이 책을 통하여 그들의 사고방식이 우리의 보편적 사고방식과 차이가 있을 뿐 없는 것이 아님을 알게 되었다. 그녀는 자신들만의 사고방식을 『나는 그림으로 생각한다Thinking In Pictures』라는 책으로 밝히고 있다.

우리가 언어를 사용하여 과정적 사고를 한다면 그들은 마치 사

3

진을 찍어 전체에서 부분으로 사고를 하는 것 같다. 그것은 잘못된 것이 아니라 단지 우리들의 사고방식과 다를 뿐이다. 다른 것은 틀린 것이 아니다. 결국 이것을 이해하기까지 50년 이상이 걸린 것이다.

지난 50여 년간 그들이 우리와 불통하며 얼마나 많은 고통을 받았을까를 생각하니 너무도 마음이 아프다. 아니, 그들을 향한 우리들의 경직되고 잘못된 소통방식으로 얼마나 많은 자폐인들이 피어 보지도 못하고 사라졌을까를 생각하니 그들에게 용서를 빌어야 한다는 생각까지 들게 되었다. 전문가는 전문지식으로 가능성을 밝혀 보아야 하는 데 불가능성만을 밝혀 보아 온 것은 아닌가 생각하게 되었다.

다행스러운 것은 늦었지만 지금 교육과 심리 등 제반 학문분야에서 사람 속의 긍정의 힘을 보려는 노력이 일고 있다는 것이다. 우리들에게도 〈말아톤〉의 실제 주인공 배형진 군이 있었고, 수영의 김진호 군이 있었다. 그러나 그들은 지금 또다시 세상과의 소통 단절로 인하여 고통을 받고 있다. 지금까지 그들을 위한 가족의 희생이 있었다면 이제는 그들을 위한 국가와 사회의 격려와 배려가 있어야 할 때다.

이 책은 자폐소년 제이-맥의 이야기로, 그가 농구를 통하여 세상 사람들에게 전하고자 하는 메시지가 담겨 있다. 제이-맥은 지금의 자신이 존재하기까지 수많은 사람의 눈물과 기도와 격려와 지원이 있었다는 사실을 이 책을 통해 사람들에게 전하고자 했으며, 오늘의 자신을 통하여 함께 기뻐하고 감사하는 잔치에 동참하자는 초청을 하고 있다.

미국 보스턴의 한 서점에서 이 책을 만나게 되었다. 배형진 군과 김진호 군의 가족이 생각났다. 이 책을 우리말로 옮겨 소개하면서 제2, 제3의 배형진 군과 김진호 군이 제1의 배형진 군과 김진호 군보다 격려받을 수 있게 되기를 바란다.

이 책이 번역되기까지 많은 수고를 함께해 준 김은경 교수님과 연구실의 대학원 학생들에게 고마움을 표한다. 그리고 학지사 식구들에게도 감사한 마음을 담아 드린다.

제자들이 물어 이르되 랍비여 이 사람이 맹인으로 난 것이 누구의 죄로 인함이니이까 자기이니까 그의 부모이니까 예수께서 대답하시되 이 사람이나 그 부모의 죄로 인한 것이 아니라 그에게서 하나님이 하시는 일을 나타내고자 하심이라(개역개정 요 9: 2-3)

죽전캠퍼스에서
역자대표 신현기

차 례
CONTENTS

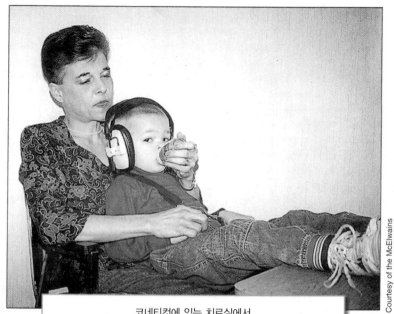

코네티컷에 있는 치료실에서
청각치료를 받고 있는 나와 엄마의 모습

할로윈 복장을 한 조시 형과
나의 멋진 모습!

디즈니랜드로 가족여행을 갔을 때
미키마우스와 함께 찰칵~

크로스컨트리 모임에
참여한 나!

우리는 최고! 나와 우리 팀~

나와 존슨 코치

이 사진에서 나를 찾아보세요~ 진짜 내가 어디 있을까요?
졸업생의 밤 경기 후에 팀 동료와 함께 찰칵!

팀 동료의 무등을 타 보셨나요? 정말 좋더군요~

'여섯 번째 사나이' 구역에서 나를 응원하는 아이들

팀 매니저일 때의
다양한 모습이에요.
내 친구 제이 셰로프스키가
함께 모아 붙여
놓은 거랍니다.
경기 중 미친 사람처럼
얼마나 열정적이었는지
보실 수 있지요?

J-Mac in Action
He is the man!!

Design by Jay Shelofsky / photos Courtesy of James Lathrop

Courtesy of the Jay Shelofsky

우리 팀의 우승을 축하하면서
포즈를 취한 나

큰 경기에서 승리한 후 포즈를 취한
나와 팀 동료

우리 팀 치어리더와 함께 찰칵~

아빠와 나

처음으로 상을 받아서
너무 기분이 좋아 웃고 있는 나

Courtesy of the Jay Shelofsky

부모님도 웃고 있어요~

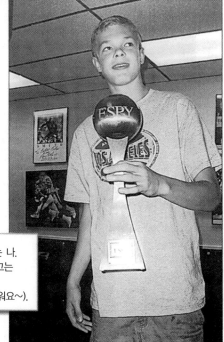

ESPY 트로피를 들고 있는 나.
내가 이 상을 받을 거라고는
상상도 못했답니다
(이 트로피는 생각보다 무거워요~).

Courtesy of the Jay Shelofsky

버블헤드 인형이 바로 나예요.
로체스터 레드윙스의 2군 야구 경기에서 기념품으로 나누어 주었답니다.

졸업식 때 매우
흥분한 모습이
느껴지나요?

제이슨의
이야기

The Game of My Life

2006년 2월 15일 밤, 뉴욕 로체스터 근교에 있는 한 고등학교 체육관에서 놀라운 일이 벌어졌다. 제이슨 맥얼웨인이라는 이름의 자폐 소년이 그리스 아테나 트로잔 고등학교 농구 대표팀의 일원으로 경기를 하고 있었다. 그는 그저 농구를 하는 것처럼 시늉을 하는 것이 아니라 두 손으로 공을 쥐고 혼자 힘으로 경기를 하였다.

세 살이 될 때까지 강제로 먹이지 않으면 음식을 거부했던 제이슨의 과거를 돌이켜 보면, 지금 그가 유니폼을 입고 경기장에 있다는 사실 자체로도 굉장한 일이었다. 제이슨은 유년기의 대부분을 식탁 밑에서 트리덴트 껌 두 통을 한꺼번에 입에 넣고 씹으며 앉아 있거나 특수학급 교실 한 구석에 다른 친구들과 떨어져서 혼자 있곤 했다. 어린 시절 제이슨은 눈맞춤을 하지 않았고 가장 기본적인 외부 자극에도 반응하지 않았다. 그의 몸은 아주 미세한 접촉에도 경직되었고 방 저편을 자주 멍하게 바라보곤 했다. 제이슨의 부모는 아들의 곁에 다가갈 수 없었고, 세상과 격리된 채 간단한 사회적 상호작용도 하지 않는 제이슨을 걱정하였다.

어린 제이슨은 자폐 성향으로 앞뒤로 흔들거나 팔을 퍼덕거리거나 낮은 소리로 흥얼거리는 등 이상한 행동을 하였고, 분노발작도 자주 보였다. 그러나 이러한 제이슨도 부모와의 관계와는 달리, 형인 조시와는 어느 정도 친근한 유대 관계를 가졌다. 성격과 정서가 많이 다를 뿐 그들은 쌍둥이 같았다. 시간이 지나면서 부모는 제이슨이 조시를 흉내내고 걸음마를 배우기 시작할 때 조시의 걸음을 매우 비슷하게 따라가는 것을 알아차렸다. 조시와 제이슨의 이러한 관계는 자폐 아동이 자기의 형제자매와 유대 관계 형성을 경험하지 못한다는 문헌과는 상반되는, 즉 자폐 아동은 건강한 형제에게서 중요한 영향을 받고 때때로 고무될 수 있다고 제시한 문헌을 입증하는 것이다.

많은 자폐 아동처럼, 제이슨은 자신만의 강박적 흥미 대상을 가지고 있었다. 제이슨은 농구공에 특별한 흥미를 보였고, 농구공을 가지고 놀지 않을 때면 공을 쳐다보거나 생각하거나 신문이나 ESPN 스포츠 전문 텔레비전 프로그램에 나오는 NBA 영웅들에 대한 기사를 읽었다. 제이슨은 어디를 가더라도 농구공을 튀기면서 길을 오르내렸고, 조시와 함께 농구 골대가 있는 곳에 가서 지칠 때까지 오랫동안 운동을 하였다. 크리스마스 때면 어머니는 새 농구공을 사주면서 조시가 주는 선물이라고 말했다. 그러면 제이슨은 보고 싶어 못

참겠다는 듯이 새 농구공의 포장을 뜯고 언제나 만족해했다.

이렇듯 제한을 지닌 자폐 소년이 지역의 가장 우수한 선수들과 나란히 경기장에 서기 위해 자신의 많은 어려움을 극복했다는 사실은 매우 놀라운 일이다. 제이슨의 이야기는 그저 한 경기에 출전하는 것 이상이었다. 그 경기는 트로잔 고등학교의 정규 시즌 마지막 경기로 '졸업생의 밤Senior Night'에 열렸고, 경기 직전에 졸업을 앞둔 선수들에게 상을 수여하는 그리스 아테나의 오랜 전통 행사도 진행되었다. 부모들은 손을 잡고 사진을 찍고 어머니들은 꽃다발을 받았다. 이때는 평소에 출전할 기회가 없었던 상급생 선수들도 출전을 할 수 있으며, 출전 시간이 적은 선수들은 좀 더 오랜 시간 경기에 참여할 수 있다. 그리고 제이슨과 같이 팀 운영자로서 연습이나 경기 중에 팀 선수들을 계속 집중하게 하는 임무를 맡았던 상급생은 영예로운 팀원의 유니폼을 입는 것이 허락된다. 그것은 팀에 헌신하면서 많은 것들을 양보한 소년에게 주는 하나의 보상이다.

또 한 명의 중요한 사람은 코치인 짐 존슨이다. 시즌이 시작될 때 존슨 코치는 제이슨이 유니폼을 입을 수 있게 해 주겠다는 약속을 하면서 때가 되면 제이슨을 마지막 경기에 투입할 것이라고 말했다. 이러한 목표를 정한 존슨 코치는 선수들이 제이슨에게 패스를 하여 제이슨이 골을 넣을 기회를 갖게 되기를 희망하였다.

제이슨은 신체적 장애는 없지만 발달지체를 가지고 있어서 고등학교 농구 경기를 한다는 것은 꿈과 같은 일이었다. 그는 크지도 빠르지도 강하지도 못해서 대학의 신입생 명부에 오를 수 있는 프로 그램에서는 경기할 수 없었다. 2004년부터 2006년까지 트로잔 고등학교의 농구선수였고, 리키의 형이자 시러큐스 대학교와 1996년에 NBA 첫 선발에 뽑혔던 그리스 아테나 출신의 명 선수였던 존 웰락과 같은 선수는 농구공을 높이 던질 수 있었다.

제이슨의 꿈은 다른 방향에서 이루어지기 시작했다. 그리스 아테나 트로잔 고등학교는 먼로 지역구 두 번째 챔피언십에서 경기를 하였다. 8승 3패의 전적이 있는 숙적 아이론데큐트 고등학교와 2차 경기에서 동점을 이루었고 다음 경기에서는 조 선두인 웹스터토마스 고등학교를 9 대 2로 이겼다. 최고의 자리에 오르는 것은 모든 코치의 목표이고 모든 선수의 꿈이며 모든 팀 운영자들의 집념이다. 트로잔 고등학교는 이러한 목표를 이루게 되었다. 이는 몬로 지역 고등학교 농구계에서 얻을 수 있는 최고의 결과로, 최고였지만 작고 제한된 세계에 갇혀 있는 제이슨 개인에게 가장 중대한 것이었다.

챔피언 결정전은 트로잔의 졸업생들뿐 아니라 그들의 부모들에게도 특별한 의미가 있었다. 그것은 존슨 코치에게도, 그리고 지역구 결선과 학기 중 최절정이 될 차기 지방 시즌 토너먼트에 참여할 의지가 있는 하급생 선수들에게도 중요하였다. 또한 오랫동안 농구 전통을 이어 온 그리스 아테나 지역 사회에서도 중요한 의미가 있었다. 그리고 그 경기는 제이슨에게도 중요한 의미가 있는데, 이는 그도 운동을 할 수 있고 다른 사람들과 같아지는 기회라는 점이다.

이날 밤을 위해 인내한 지난 17년 동안, 제이슨은 자신이 농구에 적합한 선수이며 경기에서 뛰어나기를 바라지 않았다. 그는 원대한 꿈을 가지고 있었지만 챔피언 결정전에서 우승하는 것을 생각하지는 않았다. 오로지 경기에 출전하여 또래들처럼 뛰고 움직이며 지금의 자신보다 더 발전하는 것을 원할 뿐이었다. 제이슨은 이러한 꿈을 거창하게 꾸미지도 않았지만 하찮게 여기지도 않았다. 그리고 아직은 제이슨이 뭔가 이룰 수 있다고 장담할 수도 없었다. 어린 시절 중증 자폐로 진단받은 제이슨은 이제는 경도의 증상을 보이고, 학교를 오갈 수 있으며, 지시를 따르고, 교사와 또래들과 적절하게 상호작용하며, 주어진 간단한 과제에 집중할 수 있게 되었다. 또한 4학년 수준의 읽기 능력도 획득하였다. 방과 후에는 어머니가 일을 마치고 돌아올 때까지 빈 집에 혼자서 간단한 집안일도 할 수 있게 되었다. 그는 일반적인 통합교육을 받지는 않았지만 초등학교를 입학할 때부터 다른 아이들과 함께 체육관에 가고 음악을 들었다. 고등학교 졸업반 때까지 제이슨은 그리스 아테나 고등학교에서 공예와 자동차 기계학 수업을 들었다.

그러나 무엇보다 중요한 것은 제이슨에게 친구가 생겼다는 것이다. 물론 때때로 조롱과 장난의 대상이 되기도 하였다. 한번은 몇몇 선수들이 그를 로커룸에 가두려고 했었는데, 제이슨은 그렇게 나쁘지는 않았다고 말했다. 또 언젠가는 선수들이 그의 겉옷과 소지품을 감춰 놓고 주위에 서성이며 웃기만 하였다. 또 어떤 때에는 체육관 관중석 맨 아래 칸 의자 밑에 숨어 있으라고 농담처럼 말하여 제이슨이 즐겁게 의자 밑으로 들어가자 체육관 불을 꺼버려서 제이슨으로 하여금 자신이 버려졌다고 여기게 하였고 그러면서 목조 의자 밑에 끼어 있는 제이슨을 때리기도 하였다.

이러한 일이 있고 나서 제이슨은 계획적인 괴롭힘과 장난을 구별하게 되었고 그리스 아테나 고등학교 안에서 세련된 사교적인 관계를 갖게 되었다. 형을 계속 따라다녀서 형 친구들이 마지못해 놀아주는 귀찮은 존재가 아니라 자신만의 적절한 사회적 관계를 만들 수 있게 되었다. 또한 학교 안에서 놀림의 대상이 아니라 농담을 할 수 있는 존재가 되었다. 졸업하는 해에는 자신의 핸드폰에 백 명 이상의 친구들의 전화번호가 저장되어 있었는데, 그것은 어머니가 기대한 것보다 훨씬 더 많았다.

운동에 대한 제이슨의 관심은 계속되었다. 신입생 때는 코치가 연습과 경기 전에 운동화 끈을 묶는 것을 도와 주는 사람을 두는 것을 허락하여 크로스컨트리 팀에 나가기도 하였다. 키 167cm의 2학년이었던 제이슨은 농구부의 2군 선발전에 나갔지만 선수로 선발되지는 못했다. 그때 코치가 그에게 팀 매니저가 되어 줄 것을 요청했다. 제이슨의 어머니는 제이슨에게 어떤 지원이 필요한지에 관해 코치와 적극적으로 의논하였다. 그녀는 제이슨이 경기에 참여하지 못하는 것은 상관하지 않았다. 그녀는 다만 제이슨이 자신이 팀의 중요한 일원이라는 생각을 하고 매일 하교할 때마다 열망하는 것들을 갖게 되며 강박증으로부터 벗어나기를 바랄 뿐이었다.

제이슨은 이러한 임무를 성취하였다. 팀 매니저로서의 자신의 역할을 진지하게 수행하였으며, 연습할 때는 짧은 옷과 운동화를 착용하였고 경기가 있을 때는 셔츠와 넥타이를 착용하였다. 또한 자유투 훈련을 할 때는 튀어 오르는 공을 모으고, 경기 시간을 알리는 것을 도왔으며, 매 경기 전에 팀의 물통을 채우고 휴식시간에 선수들이 코트에서 나오면 수건을 건넸다. 그리고 경기에도 출전하였는데, 이는 매우 놀라운 일이었다. '졸업생의 밤'의 2군 대표팀 시즌 마지막 경기였다. 제프 아모로스 코치는 경기 전날 밤에 제이슨에게 유니폼을 건네주었다. 코치는 제이슨이 경기에 나갈 수 있도록 노력해 보겠다고 말했지만, 어머니는 아들이 과한 기대를 하지 않기를 바랐고 실망하는 것이 싫었다. 하지만 코치는 자신의 말을 지켰다. 경기에 나가기 직전에 팀은 아이론데큐트에 48 대 35로 이기고 있었고, 제이슨은 벤치에서 나와 경기 운영석으로 갔다. 그리스 아테나 체육관은 이어질 경기에 대한 기대로 가득찼고, 제이슨이 경기장에 섰을 때 관중은 다소 흥분해 있었다. 경기에서 제이슨은 매우 즐겁고 생기가 있었으며, 팀 동료를 격려하였으므로 팀에서 그를 뺀다는 것은 불가능하였다. 그는 팀의 마스코트 같았다. 모든 사람들은 그가 잘하는 것을 보기 원했다.

30명 정도의 학생 무리는 체육관 한편의 '여섯 번째 사나이The 6th Man, 역자 주: 후보인데 주전처럼 잘하는 후보를 칭하는 말로, 여기서는 제이슨을 가리킴'라고 쓰인 깃발 근처의 응원석에 앉아 있었다. 그들은 "제이-맥! 짝! 짝!"
이라는 리듬 있는 구호로 관중을 이끌었다. 'J-Mac' 은 뉴욕 전 지역
의 대학 팬들에게 인기가 높은 'G-Mac' 이라고 알려진 시러큐스 대
학교의 게리 맥나마라의 별명을 빌린 것이다. 존슨 코치는 어느 날
밤 하계 농구 강좌에서 제이슨이라는 이름에 꽂혔고, 시러큐스에
G-Mac이 있다면 그리스에는 제이-맥이 있다고 생각하였다. 곧 제
이슨도 자신을 제이-맥이라고 부르게 되었다. 프로 선수들이 자신
의 별명을 외치는 소리예: 알렌 아이버슨의 경우 "내가 정답이다!"라고 외친다와 달
리, 제이슨은 부끄럽고 순진한 소년이 말하듯이 그저 별명 한 개를
얻어서 그것을 반복해서 말하는 것이었다.

　40초를 남겨 두고 제이슨은 최적의 위치에서 공을 잡았다. 그는
경기장에서 가장 작은 소년이었고 유니폼은 두 사이즈나 컸지만 나
무라도 오를 것처럼 보였다. 이것은 자폐의 특징 중 하나였다. 자폐
로 고통받는 사람은 전형적으로 두려움이 없고 행위의 결과를 예측
하는 능력이 없는데, 그것은 경기장에서의 제이슨의 모습을 정확하
게 설명해 준다. 제이슨은 그 순간의 자신의 모습에 대해 머릿속으로
반복적으로 그려 왔기 때문에 그의 움직임은 자신감이 있었다. 그가
그린 모습은 게리 맥나마라, 코브 브라이언트, 존 월리스를 하나로
섞어 놓은 사람이었다. 이와 같은 상황에 대부분의 청소년은 공을 골
대에 넣어야 하는지 외각으로 돌려야 하는지를 결정하면서 불안해할
수 있다. 그러나 제이슨은 그렇지 않았다. 그는 차를 타고 오면서 이

순간을 머릿속으로 그려 왔기 때문에 자신감이 가득했다. 자신감의 하강은 없었다. 처음 공을 잡은 순간 그는 팀 동료에게 패스하고 따라가며 공을 달라고 했다. 다시 공을 잡자마자 제이슨은 3점 숏을 날렸다. 공은 골대 근처에 떨어졌으나 제이슨이 숏을 하려고 할 때 상대 수비수가 밀치고 지나가서 파울이 선언되었다.

제이슨은 세 개의 자유투 중 첫 번째 숏을 하기 위해 자유투 선상에 섰다. 제이슨이 공을 던질 때 그리스 아테나 관중은 긴장하여 숨을 죽였다. 마치 체육관 안의 모든 선수, 코치, 학생, 부모가 동일한 바람, 즉 제이슨이 자유투 하나만이라도 성공시키기를 간절히 바라고 있는 것 같았다. 그들 중에 예외가 있다면 형인 조시인데, 그는 제이슨이 세 골 모두를 넣을 것이라고 굳게 믿고 있었다. 조시는 제이슨이 자유투를 잘하는 것을 봐 왔기 때문에 눈을 감고 제이슨이 연속으로 자유투 세 개를 넣었을 때 관중이 보일 반응을 상상했다. 조시는 반드시 그렇게 될 것이라고 확신했다. 그리고 정말로 그렇게 되었다.

제이슨은 이전에 자유투를 해 왔던 것처럼 머뭇거림 없이 관중 앞에서 온 힘을 다해 던졌다. 그는 기억을 더듬어 거울을 보며, 그리고 꿈속에서도 연습했던 전형적인 몸동작을 취했다. 공을 몇 번 더 튕겼다. 깊은 숨을 몰아 쉬었다. 무릎을 구부린 후 공을 높이 던지면서 최대한 가볍게 점프를 하였다. 공은 림의 그물을 통과했고 그의 고등학교 농구 경력의 첫 공식 득점을 냈다.

관중석 위에서 관중은 발을 쿵쿵 굴렀다. 제이슨은 자유투 선에 다시 서며 이것은 천둥소리 같다고 생각하고, 자신에게 들어오는 모든 감각 자극을 차단하였다. '여섯 번째 사나이' 응원석에서는 "제이-맥! 짝! 짝!" 하며 응원 구호를 외쳤다. 체육관 내 모든 사람들은 웃고 응원하고 박수를 쳤다. 심지어 상대편 선수들까지 응원하였다.

심판이 제이슨에게 공을 주었고, 다시 한 번 체육관이 조용해졌다. 제이슨은 조용히 자유투 선에 서서 숨을 크게 쉬고 공을 튕기고 무릎을 구부리고 공을 던졌다. 공은 동그란 림를 통과하였다. 깨끗한 슛이었다. 이번 응원은 조금 더 컸다.

"제이-맥! 짝! 짝! 제이-맥! 짝! 짝!"

제이슨은 세 번째도 깨끗한 슛을 날렸고, 그리스 아테나 관중석에서는 큰 환성이 울려 퍼졌다. 관중석에는 약 백 명 정도 있었지만 마치 천 명이 내는 소리 같았다.

"제이-맥! 짝! 짝! 제이-맥! 짝! 짝!"

제이슨이 처음 나갔을 때는 경기가 그의 역량 밖에 있었지만 이제는 그렇지 않았다. 이제는 제이슨에게 달려 있었고, 그는 2군 팀 시즌에서 일어날 것 같지 않은 멋진 엔딩 스토리를 썼다. 그러나 이 이야기는 아직 끝난 것이 아니다. 그가 두 번째 3점 슛을 넣으려고 하는 것만으로도 느낌표를 찍는 것 같았는데, 종료를 알리는 소리와 동시에 공이 들어갔다. 그 순간은 기억에 뚜렷하게 남아서 제이슨은 2년 동안 매일 그 경기에 대해 말했다. 그는 끊임없이 그 장면을 떠올렸다. 제이슨은 아버지나 형 조시와 함께 그 경기를 계속 추억하곤 했다. 제이슨은 다음 시즌 경기 때마다 경기 전에 그날과 똑같은 식사라비올리, 완두콩, 닭고기 국수, 우유 한 컵를 먹곤 했다. 제이슨은 그날의 2군 대표팀 마지막 경기 비디오테이프를 보곤 하였고, 그날과 같은 경기 전 몸동작을 하곤 했다. 경기에 대한 기억은 영화의 하이라이트 이상이었고, 자랑스러운 순간 이상이었다. 농구 경기에 대한 제이슨의 집착이 조화되고 내면이 표출된 것이었다. 제이슨의 자아상은 생의 중요한 순간마다 보곤 하는 비디오테이프의 2분 속에 승화되어 있었다.

그것은 인생 그 자체였다.

자폐증은 일반적으로 세 살 이전에 나타나는 발달장애다. 자폐증은 사회적 상호작용에서의 현저한 결함접촉을 피하고 눈맞춤을 거부하며 적절한 사회적 행동에 대한 판단 능력의 부족을 포함한다과 의사소통 기술에서의 발달지체가 특징이며, 강박적 사고와 탁자를 두드리는 것과 같은 반복적 행동을 수반한다.

제이슨의 부모는 제이슨이 두 살 때 자폐로 진단받기 전까지 '자폐증'이라는 단어를 들어 본 적이 없었지만, 그 진단을 의심하지도 않았다. 그들은 가장 끔찍한 공포가 숨어 있는 마음 이면에 그만큼의 예상을 하고 있었다. 자폐증의 대표적인 증상들로 기술된 것은 특히 제이슨이 보이는 것과 꼭 들어맞았다. 제이슨의 어머니는 제이슨이 생후 2개월 되던 때부터 뭔가 이상이 있다는 것을 확실히 알았지만, 그녀와 남편은 제이슨에게 무엇인가 결함이 있다는 것과 단순히 발달이 늦다는 것의 중간에서 괴로워했다. 그리고 나서 부부는 제이슨의 다른 점에 대해 '자폐'라는 이름을 받아들이게 되었다.

가족은 제이슨을 돌보는 데 좋은 지원자가 되기 위해 자폐에 관한 책을 되도록 많이 읽기 시작했다. 특히 제이슨의 어머니는 제이슨이 이용할 수 있는 시설에 대해 상당한 전문가가 되었다. 그녀는 의사가 말한 자폐증의 예후를 심각하게 받아들이지 않기로 했고, 아들이 활기 있고 건강하며 의미 있는 인생을 살 수 있도록 도와주었다. 어찌되었건 그녀는 해보기로 결심했다.

제이슨의 어머니는 자폐증은 완치되지 않으며 아동이 발달함에 따라 증상이 약해질 수는 있지만 자폐증에서 완전히 벗어날 수는 없다는 사실을 깨닫고 이를 받아들여 제이슨을 치료받게 하였고 사회적으로 부적절한 제이슨의 행동을 통제하는 법을 배웠다. 관련 연구자들이 이유를 분명하게 설명하지는 못하지만, 자폐증은 여아의 4배 정도로 남아의 출현율prevalence. 역자 주: 어느 한 시점에서 전체 인구 중에 출현하는 모든 사례의 백분율이 높으며, 모든 종족, 민족, 사회 경계, 즉 대부분의 모든 가정, 모든 지역, 모든 시기에 자폐의 발생률incidence. 역자 주: 1년 내에 인구 중에서 발생하는 새로운 사례의 백분율은 동일하다. 그녀는 그러한 숫자와 추세를 제이슨에게는 적용하지 않을 거라고 결심했다. 그들에게 던져진 지도가 그들이 경험하게 될 지도가 되지 않을 수도 있다. 제이슨의 어머니는 무엇을 하든 간에 할 수 있는 방법을 모두 동원하여 아들이 자신의 오래된 이상함을 이겨내게 도울 것이다. 그들은 관례의 예외가 되기를 희망했다.

그리스 아테나 고등학교를 졸업하던 해의 말까지, 제이슨은 이름뿐인 선배였다. 부모는 제이슨이 농구에만 계속 몰두하고 있어 GEDGeneral Educational Development, 역자 주: 미국에서 실시하는 고등학교 졸업 자격 검정시험으로, 이 시험을 통과하면 고등학교 졸업 자격을 얻어 대학진학이나 직업을 구하는 데 사용됨를 성취하지 못할까 봐 남모르게 걱정을 했다. 담임 교사는 이미 제이슨이 GED를 성취하기 어렵다고 말했다. 하지만 GED는 노력해야 할 중요한 것이었다. 제이슨의 어머니는 항상 제이슨에게 노력해야 할 어떤 것이 필요하다고 생각했다.

그동안 제이슨은 계속해서 농구 연습을 했고, 대표팀 매니저로서의 역할을 얻어서 열심히 했다. 존슨 코치는 제이슨의 끈질긴 노력에 감동했다. 제이슨은 팀 연습에 항상 참여하였고, 팀 동료를 열심히 격려했다. 그의 주문인 "집중을 유지하라."는 팀의 슬로건이 되었다. 경기 중에 선수들에게 수건을 건네거나 하이파이브를 하러 벤치에서 가장 먼저 뛰어나가는 사람도 제이슨이었다. 존슨 코치는 경기에 참여할 기회를 주는 것으로 제이슨에게 보상하였고, 언제라도 경기에 뛸 수 있도록 제이슨을 준비시켰다. 코치는 팀의 소품에서 한 장 남은 유니폼을 가져와서 정규 시즌의 마지막 홈 경기 전날에 제이슨에게 보여 주었다. 이 유니폼은 팀을 떠난 린 노비스키 선수의 것이었다. 경기에 내보내기 위해 제이슨에게 유니폼을 입히기로 마음먹었기 때문에, 만약 그 유니폼이 사무실에 없었다면 존슨 코치는 새 유니폼을 구입해야 했을 것이다. 코치는 시즌 시작 전에 제이슨에게 이 말을 했고, 제이슨은 그가 그렇게 해야 옳다고 믿는 것 이상을 보여 주었다.

2006년 1월 18일 그리스 아테나 트로잔 팀이 스펜서포트 랜저스를 방문했을 때 존슨 코치는 스펜서포트의 조시 하터 코치에게 다가갔다. 존슨 코치는 일정표를 봤고, 그리스 아테나는 졸업생의 밤 경기에서 스펜서포트와 경기를 하게 된다는 것을 알고 있었다. "나는 이 소년에게 우리의 마지막 홈 경기에 참여하는 영광을 주고 유니폼을 입히고 싶지만 당신의 팀을 곤란하게 하고 싶지는 않다."라고 말했다.

하터와 그의 선수들은 제이-맥을 알고 있었고, 팀에서 그의 역할을 이해하고 있었다. 로체스터의 고등학교 농구 사회는 작고 폐쇄적인 사회로, 이 두 학교는 친한 경쟁자와 같았다. 일부 선수들은 중학교 이후부터 수차례 경기를 해 본 경험이 있었다. 하터 코치의 선수들은 지역 캠프와 치료실, 그리고 다른 학교에서 열린 대회에서 제이슨을 본 적이 있었다. 그들은 제이슨이 3점 자유투를 넣었던 2군 대표팀 경기에 대해 들어서 잘 알고 있었다. 하터 코치는 자기도 졸업생의 밤 경기에 제이슨을 출전시키는 것을 지지할 것이며, 존슨 코치가 그렇게 하도록 응원할 것이라고 말했다. 그는 자기 선수들에게 제이슨이 경기장에 섰을 때 그를 배려하는 태도로 대하도록 특별한 교육을 하지는 않을 것이라고 말했다.

그런 다음, 존슨 코치는 자폐를 가진 자녀가 있는 그리스 아테나 운동 감독 랜디 후토에게 다가갔다. 존슨은 후토 역시 그 계획을 지지할 것이라고 생각했지만 그에게서 명확한 대답을 들을 필요가 있었다. 후토는 그리스 아테나 교직원 사이에서 자신의 가족에 관한 사생활을 모두 드러내지는 않았지만 많은 사람이 그의 상황에 대해 잘 알고 있으므로, 존슨은 그가 제이슨을 마지막 경기에 출전시키려는 자신의 계획을 그가 지지해 주기를 바랐다.

달력에 졸업생의 밤 날짜를 동그라미 쳤을 때 제이슨은 펄쩍 뛰었다. 어머니는 많은 기대를 하지 말라고 끊임없이 타일렀지만 그의 기대는 이미 하늘 높이 차 있었다. 그녀는 여전히 제이슨을 설득하려고 했다. 중요하지 않은 2군 대표팀 경기의 마지막 몇 분 동안 참여하는 것과 대단한 대표팀 선수들과 함께하는 경기에 참여하는 것은 큰 차이가 있다. 177.8cm인 제이슨은 2년 전보다 아주 조금 자랐을 뿐이고, 여전히 근육과 뼈의 크기는 운동하는 소년들에 미치지 못했다. 제이슨의 어머니가 가장 원치 않는 것은 제이슨이 상처받는 것이고, 그다음은 제이슨이 실망하는 것이었다. 그녀는 제이슨이 경기에 참여하는 것과 계속 벤치에 앉아 있는 것 중 어느 것을 기도해야 할지 몰랐다.

경기 종료 4분 19초가 남아 있을 때 여유 있게 이기고 있던 존슨 코치가 드디어 제이슨을 경기 운영석으로 보냈다. 그 장면은 그의 유일한 큰 무대였던 2군 대표팀 출전을 재연하는 것 같았다. 그리스 아테나 체육관은 관중으로 가득 찼다. 제이슨이 경기에 출전할 것이라는 안내 방송에 그를 응원하는 함성이 여기저기에서 터져 나왔다. 농구 경기에 출전하지 않은 그리스 아테나 선수들은 제이슨과 팀의 출전 선수들을 응원하였다. 유명한 선배와 지역 인사들도 왔다. 그리스 아테나의 검정과 금빛 유니폼을 입었던 가장 훌륭한 선수인 존 웰락도 동생인 리키와 동생의 친구들을 보기 위해 관중석에 앉아 있었다. '여섯 번째 사나이' 응원석은 존슨 코치가 기억하는 어떠한 응원단보다 더 크고 더 시끄럽고 에너지가 넘쳤다. 그들은 가슴에 '여섯 번째 사나이'가 쓰인 금색 티셔츠를 입고 평소와 같이 "제이-맥 짝! 짝! 제이-맥 짝! 짝!" 하면서 응원을 했다. 고등학교 체육관에서 일반적으로 들을 수 있는 리듬에다 앞부분에 제이슨의 별명을 넣은 응원가였다. 또한 체육관 한쪽의 '여섯 번째 사나이' 응원석 여기저기에는 20여 개의 제이슨의 얼굴 사진이 있었다. 응원하는 제이슨, 웃는 제이슨, 경기에 몰입하는 제이슨 등 서너 개 포즈의 사진들이 있었다. 응원단이 막대에 붙인 제이슨의 얼굴 사진을 흔들면서 응원하는 가운데, 제이슨이 경기장 안으로 들어가는 광경은 거의 초현실적인 효과를 연출하였다. 사진은 제이 셰로프스키의 아이디어였는데, 그는 제이슨이 3점 자유투를 넣었을 때 제이슨의 팀 동료였던 선수의 아버지였다. 사진은 제이슨이 그리스 아테나 농구 프로그램에서 차지하는 의미와 그의 고등학교 시절의 전성기를 보여 주는 것이었다.

제이슨과 그의 가족의 입장에서는 이야기가 여기서 끝나도 만족하겠지만, 다음에 일어난 일은 디즈니 영화와도 같았다. 누구도 믿을 수 없는 경기였기 때문에, 현실에서는 만들어 낼 수 없는 디즈니 영화 같은 이야기다. 단지 4분여 동안 제이슨은 20점을 터뜨렸고, 존슨 코치가 알고 있는 한 학교 농구에서 한 경기당 가장 많은 기록인 6개의 3점 슛을 기록했다 존슨 코치 이전에는 누구도 3점 슛을 기록하지 않았기 때문에 이것은 존슨 코치가 코치로 부임한 경기의 기록이다. 사실 좋은 점수를 내기 위해 제이슨이 첫 골을 넣기까지 1분 이상이 걸렸기 때문에, 불과 3분여 동안 폭발력을 발휘한 것이다. 제이슨은 처음 경기장에 섰을 때처럼 겁이 없었지만 그의 첫 2점 슛은 들어가지 않았다. 아직은 여린, 어린 영혼을 실망시킬 매끄럽지 못한 출발이었지만 제이슨은 계속 던졌다. 그리고 더 이상의 실패는 없었다.

결국 이 경기는 제이슨을 포함하여 그리스 아테나 체육관 안의 모든 사람을 놀라게 한 경기가 되었다. 놀라지 않은 유일한 사람은 뉴욕 제네시오에 있는 대학교에 다니는 제이슨의 형인 조시였는데, 그는 경기 당일에 눈보라가 있을 것이라는 일기예보와 예측할 수 없는 교통 상황 때문에 경기장에 오지 못했다. 조시는 동생과 많은 시간을 농구를 하면서 보냈기 때문에 기회가 주어진다면 제이슨이 쉽게 해낼 것이라 믿고 있었다. 제이슨은 형의 기대뿐 아니라 관중의 전폭적인 지지와 열광을 받고 있음을 알고 있었다. 제이슨의 아버지는 경기가 끝나자마자 조시에게 전화를 걸어 방금 일어난 상황과 제이슨이 20점을 낸 과정을 말했다. 조시는 어깨가 으쓱해지며 감동했지만 놀라지는 않았다.

이것은 아무도 상상하지 못했던 자폐성의 분출이었다. 체육관 안에 있던 어떤 사람도 제이슨이 계속해서 3점 슛을 성공시키는 것을 믿을 수가 없었다. 스펜서포트 랜저스가 스포츠 정신을 보여 주면서 제이슨을 최대한 가까이에서 수비하지 않았지만, 그래도 제이슨이 이러한 골을 만들어 냈다는 것은 명확한 진실이다. 6개의 3점 슛! 그리고 3점 슛라인을 밟고 쏜 2점 골은 또 하나의 장거리 폭탄 같았다.

제이슨은 나중에 경기 소감을 밝힌 모든 인터뷰에서 자신의 경기를 봤던 사람들이 말했던 자신이 쏜 3점 슛에 대해 반복해서 말하면서 "나는 발사된 총알처럼 뜨거웠다."고 말했다.

제인슨의 어머니는 경기가 끝나자 아들을 찾으려고 경기장으로 뛰어 내려갔다. 제이슨은 팀 동료의 어깨에 무등을 탄 채 이리저리 돌아다니며 셀 수 없는 많은 학생들로부터 하이파이브와 축하를 받았다. 그녀는 이러한 모든 관심을 받고 있는 환희에 찬 소년을 바라보면서, 예전엔 가까이 있는 것을 거부하고 경직되고 외톨이였던 작은 소년을 떠올렸다. 그녀는 제이슨에게 다가가려고 군중을 뚫고 나아갔다. 그녀는 제이슨이 아이였을 때처럼 두 손으로 아들의 얼굴을 감쌌다. 제이슨 어머니 주변에는 흥겨운 군중 사이에서 위아래로 흔들리는 수십 개의 제이슨 사진이 있었다. 그녀는 사진들을 헤치며 밀어버렸다. 진짜 제이슨을 아주 가까이에서 할 수 있는 대로 최대한 길게 꽉 잡고 "울지 마라." "울음에 맞서라."라며 아들에게 힘주어 말하였다.

그것은 제이슨에게 주는 주의였고 그만큼 그녀 자신에게 하는 경고였다. 그러나 제이슨은 그런 주의가 필요 없었다. 그는 울려고 하지 않았다. 그는 정복한 영웅처럼 체육관을 활보하고, 예쁜 치어리더들과 사진을 찍고, 사인을 하고, 기억에 오래 남도록 그 순간에 푹 빠져 있어서 너무 바빴다.

이후로 제이슨은 비범한 한 소년과 그의 훌륭한 가정, 훌륭한 코치와 팀 동료에 관한 놀라운 이야기를 할 수 있는 한 많이 하고 있다. 힘을 실어 주는 사람이 많다는 것은 그의 이야기의 핵심이다. 자폐 소년이 자신의 이야기를 쓴다는 생각은 문학적 자만심으로 비춰질 수 있지만, 제이슨이 자신의 경험을 공유하는 능력에 대해서는 어떠한 꾸밈도 없다. 제이슨은 자폐증이 있어 친구나 가족이 들려준 이야기보따리 말고는 어린 시절을 직접 기억해 내지는 못하지만, 청소년기 이후의 사건과 환경은 대체로 정확하게 기억할 수 있다. 사실 일반적으로 우리도 자신의 모든 일생을 기억하지는 못한다. 이것은 인간정신에서 선택적으로 나타날 수 있는 특성이다. 제이슨은 자신의 청년기 초기와 관련하여 자신에게 일어난 일들을 기억하고 맥락에 맞게 사건들을 완벽하게 배치할 수 있으며 누군가에게 한두 단락의 이야기로 바꾸어 말할 수 있었다. 이러한 방식은 제이슨이 다음에서 이어지는 제이슨 자신의 이야기를 말로 표현하고 이를 정리하는 데 도움이 되었다.

"나는 정말로 자폐적 특성에 관심이 없었다."고 제이슨은 말했다. "나는 단지 내 자신을 다른 사람과 같은 보통 사람으로 생각한다. 중요한 사건이 일어났고, 그것 때문에 나는 행복하기도 했고 슬퍼하기도 했다. 오래전에 나타났던 많은 자폐적 특성, 그것이 나타났던 때는 알아차리지 못하더라도 나타났었던 것은 기억할 수 있다. 내가 기억하지 못하는 것은 자폐 때문이 아니다. 많은 내 친구들도 초등학교 시절에 자기의 특성들을 기억하지 못한다. 그들은 식사 때 먹은 것을 기억하지 못한다. 그러나 나는 여러 번 이러한 이야기를 들어왔기 때문에 먹었던 것들을 기억한다. 그리고 나는 이 마지막 농구 시즌의 모든 것을 기억한다. 체육관에서의 그날 밤. 나의 마지막 경기. 내가 낸 모든 점수. 우리 팀의 지역구 우승과 결승전 진출. 아직도 이것이 벌어지고 있는 것 같다."

그렇다. 여전히 그것은 일어나고 있는 것 같고, 이 책은 그 특별한 날의 연장과 같다. 제이슨의 기억은 상세하고 감성적으로 살아 있다. 그는 가공하지 않은 순수한, 그리고 완전히 생생한 단어를 다룰 줄 알고 온전히 자신의 것으로 보이는 꾸미지 않은 내면을 가지고 있다. 계속 읽으며 당신도 공감할 수 있는지 확인하기 바란다.

2007년 10월
다니엘 파이스너

2006년 2월 15일 경기

인생의 황금기

졸업생의 밤은 매우 중요했다. 사람들은 믿지 않겠지만, 나는 이날을 기다렸다. 엄마는 내가 이날을 중요하게 생각하지 않게 하려고 애썼지만, 아닌 척 속인다고 해서 중요한 것을 바꿀 수는 없다. 그저 보통 경기일 뿐이라고 말할 수 없다. 그것은 고등학교 농구 시즌에서 가장 성대한 경기이며, 내가 다니던 학교인 그리스 아테나의 모든 학생들이 그 경기를 보러 온다. 후배들은 팀 선배들에게 작별 인사를 하고 힘든 과업을 이룬 것을 축하해 준다. 많은 선생님들과 교장 선생님, 농구를 좋아하는 사람들, 그리고 많은 학생들이 체육관에 모두 모이며, 팀 졸업생들에게 이날은 시즌의 하이라이트다. 졸업생은 자신의 생애를 걸 정도로 이 날의 경기에 최선을 다한다. 경기 전 안내 방송이 자신의 이름을 부르고, 사람들이 환호성을 지르며 응원하는 가운데 부모님과 포즈를 잡고 사진을 찍고 어머니께 꽃과 함께 최고의 축하 인사를 전한다.

나는 졸업생의 밤에 가서 내 이름이 불리고 모든 관중의 환호를 받으며 부모님과 함께 경기장에서 서 있는 졸업생 선수가 되는 것은 어떤 기분일까를 생각하곤 했다. 존슨 코치가 이 마지막 경기에서 내가 유니폼을 입게 될 것이라고 말한 것은 내가 그리던 것이었다. 처음에는 그날이 졸업생의 밤이라고 말하지는 않았지만 나는 알고 있었다. 나는 팀의 일정을 누가 말해 주지 않아도 알고 있다. 그날이 시즌 마지막 경기이기 때문에 나는 당연히 그날은 졸업생의 밤이라고 바로 코치에게 말했다. 코치는 그렇다고 말했고, 졸업생의 밤 행사 시작 시간이 다가오고 있었다. 그는 다른 사람들과 마찬가지로 방송으로 내가 소개될 것이라고 했다. 나는 팀의 일원이고 다른 사람들처럼 체육관 안의 모든 사람들 앞에서 내 이름이 크게 불릴 것이라고 했다. 나는 지난 2년 간 팀 매니저로 있었기 때문에 그것은 내가 얼마나 팀에 공헌했는지를 모든 사람에게 알리는 것이었다. 코치는 내가 경기에서 뛰게 될 거라는 약속을 하지는 않았지만 내가 이런 특별한 기념행사에 있게 될 것이라고 말했고, 나는 그 말에 매우 행복하고 흥분되었다. 나는 정말 경기에 출전하고 싶었지만, 특별한 기념행사 역시 신선했다. 그것은 보너스 같았다. 사람들 앞에서 내 이름이 불릴 때 엄마와 아빠가 경기장 안에 있고 내가 엄마에게 꽃을 주면 좋을 것 같다고 생각했다. 나는 엄마에게 꽃을 준 적이 없어서 틀림없이 엄마가 매우 좋아할 것 같았다.

나는 시즌 내내 연습할 때는 존슨 코치를 돕고, 경기할 때는 선수들을 돕고, 팀의 모든 사람이 집중하고 자극을 받을 수 있게 노력하면서 팀과 함께 일했다. 모든 사람을 집중하게 하는 것은 언제나 나의 중요한 일이었다. 10까지 세어 올라가거나 세어 내려가는 것이 문제가 아니라 경기에서는 고개를 들고 있어야만 한다. 그것이 농구다. 항상 집중해야 한다. 경기의 모든 포지션과 모든 시간에 당신은 집중해야 한다. 방어할 때도 마찬가지다. "집중해! 집중해!" 선수들은 이런 말을 듣게 될 것이고, 내가 그 말을 하고 있다는 것을 알게 될 것이다. 그것은 내가 하는 큰 역할이다. 내가 이 말을 너무 많이 해서 다른 친구들도 곧 따라하기 시작했다. 그 말이 모두에게 통했다.

나는 경기 전날인 목요일 밤에 유니폼을 집으로 가지고 왔다. 나는 그것을 엄마에게 보여 주었고, 엄마는 좋아하셨다. "와우! 제이슨, 멋지다. 그런데 크게 기대하지는 마라." 엄마는 다른 말은 하지 않았지만, 나는 엄마가 무슨 생각을 하는지 알고 있었다. 엄마는 내가 정말로 경기에 출전하고 싶어 하는 것을 알고 그렇게 되지 않았을 때 내가 실망하는 것을 원하지 않았다. 엄마는 항상 내가 실망하는 상황이 일어나지 않게 막았지만, 나는 경기에 나가 봐서 무슨 일이 벌어지는지 보고 싶었다. 나는 코치가 나를 출전시킬 것을 알고 있었기 때문에 그다지 걱정하지 않았다. 모든 것은 코치에게 달려 있다. 코치가 그렇게 하면 하는 것이고, 그렇게 하지 않으면 하지 않는 것이다. 어쨌든, 나는 엄마가 내 유니폼을 보길 원했다. 그게 전부다.

번호는 52번이다. 그것은 나의 행운의 숫자도, 그 어떤 것도 아니다. 그저 숫자일 뿐이다. 코치는 출전은 그가 나를 위해 마지막으로 해 줄 수 있는 것이라고 말했고, 나는 선택의 여지가 없었다. 아빠가 집에 왔을 때, 나는 아빠에게도 유니폼을 보여 주었다. 아빠는 웃었고, 그 웃음은 내가 정말로 좋아하는 큰 웃음이었다. 나는 아빠 또한 틀림없이 내가 출전할 것이라고 믿고 있다고 생각했다. 아빠는 나를 좋아했고, 너무 걱정하지는 않았다. 그리고 내가 출전을 원하는 만큼 아빠도 원할 것이라고 생각했다.

그날 밤 나는 내 유니폼을 보고 있었다. 나는 그것을 보고 또 보았다. 나는 내가 우리 팀의 농구 유니폼을 가진 것이 믿을 수 없었다. 나는 이것을 원했고, 꿈이 이루어진 것 같았다. 나는 유니폼을 입어보았다. 벗고 싶지 않았다. 그것을 입은 내 모습이 좋았고 그 느낌이 좋았다. 마치 내가 살아온 동안 이 유니폼 하나만 입어 왔던 것 같았다. 가끔 큰 경기 전에 많은 소년이 자기의 유니폼을 입고 학교에 오곤 했다. 그것은 모든 사람에게 경기에 대한 흥분을 느끼게 만들었고 학교 공동체 정신이 생기는 것 같았다. 나는 다음 날 유니폼을 입고 학교에 가면 어떨지 생각했다. 그리고 차를 타고 가서 골대에 슛을 넣어 볼까 생각도 했지만 유니폼이 더러워지는 것을 원하지 않았기 때문에 그렇게 하지 않았다. 그리고 유니폼을 벗고 저녁을 먹었다.

다음 날 학교에서 사람들은 계속 내게 와서 행운을 빌어 주었다. 보통 큰 경기가 있기 전이면 사람들은 내게 행운을 빌어 주었는데, 그건 그들이 내가 팀 매니저라는 것을 알기 때문이다. 선생님과 다른 학생들은 내가 팀의 일원이라는 것을 안다. 그러나 이번에는 뭔가 달랐다. 이번에 나는 단지 팀 매니저가 아니라 다른 선수들과 함께 경기에 출전한다. 그래서 모든 사람이 나에게 그렇게 행운을 비는 것은 여느 때와 같지만 또한 다르기도 하다. 나뿐 아니라 학교 전체에서 그 경기에 대한 관심이 대단했다. 모든 사람은 경기에 대해 말하고 있었다. 다른 것은 있는 것 같지도 않았다.

나는 경기가 시작할 때까지 참을 수가 없었다. 나를 아는 사람이라면 누구나, 그리고 우리 엄마, 아빠, 형에게 물어보면 그들은 내가 이 경기를 기다리느라 얼마나 힘들어 했는지를 말해 줄 것이다. 나는 그다지 참을성이 없다. 누가 온다고 할 때나 무슨 일이 생기려 할 때 나는 오로지 서두르고 빨리 일어나기를 원했다. 나는 "벌써 준비됐어! 빨리 가자!"라고 말한다. 나는 많은 사람이 나와 같을 거라 생각하지만 다른 사람에게서 이러한 것들은 눈에 띄지 않는다. 그러나 나의 조바심 나는 이런 모습은 쉽게 드러난다. 틀림없이 이것은 나의 자폐성 때문일 것이다. 자폐성은 나를 참을성 없게 만든다고 생각한다. 그것은 내 주치의인 닥터 보라가 항상 말하는 것이다. 그는 느긋해지고 참는 법을 배워야 할 필요가 있다고 했다. 그 이유는 만일 당신이 나에게 무엇인가를 알아보겠다고 말했다면 나는 당신이 그것을 알아보고 나에게 어떤 일인지 말해 줄 때까지 매일 당신에게 어떻게 된 건지 물을 것이기 때문이다. 나는 극도로 예민하고 조급해졌고 반복해서 왔다갔다하기 시작했다. 말과 질문이 많아지기 시작했다. 나는 내가 어떻게 해야 할지 몰랐다. 그것은 주변 사람들이 내가 매우 안절부절못하고 팔짝팔짝 뛰었다고 말하는 것으로 설명될 수 있다. 어릴 때 나는 흥분할 때마다 날개를 퍼덕이듯이 팔을 앞뒤로 흔들었는데, 이후로는 하지 않았다. 우선 손을 주머니에 넣어서 흔들지 못하게 하고, 계속 그렇게 있으면 된다.

우리 팀 경기 전에 있는 2군 대표팀 경기는 영원히 끝이 나지 않을 것 같았다. 그것은 우리 고등학교에서 경기하는 방식이다. 우리의 경기 전에 우리 학교 2군 대표팀은 상대 팀과 경기를 한다. 경기가 끝나면 두 팀 모두 같은 버스를 타고 갈 수 있다. 차례로 경기를 하기 때문에 우리는 2군 경기가 끝날 때를 기다려야 했다. 그들이 경기를 끝내고 경기장이 정리되면 우리는 졸업생의 밤 행사를 시작할 수 있고 경기장 주변에서 슛을 할 수 있기 때문에 나는 2군 경기가 빨리 끝나기를 빌었다. 나는 말을 하면서 걷고 질문을 하고 있었다. 우리 경기는 2군 대표팀 경기가 끝나기 전까지는 시작할 수 없기 때문에 나는 시계를 차고 있는 학생에게 시간이 빨리 지나가게 내버려 두라고 말하고 싶었다. 휘슬 소리가 나면 경기 시간의 몇 초가 멈춰진다는 것을 당신은 알고 있을 것이다. 휘슬이 불릴 때마다 당신은 그것이 멈출 때까지 1~2초가 지나는 것을 허용한다. 나는 단 몇초라도 이렇게 해서 빨리 지나가기를 바랐다. 그만큼 기다리는 것은 내게 매우 힘든 일이었다. 이것은 내가 얼마나 흥분했는지를 보여 준다.

존슨 코치 역시 참을 수 없었다. 졸업생의 밤 행사가 시작하기를 바라는 사람은 나 혼자만이 아니기 때문에 그는 우리가 매우 조급해한다는 사실을 좋아하지 않았다. 주변을 서성이는 사람은 나뿐만이 아니었다. 많은 선수가 점프를 하고 불안해하였다. 코치는 마치 나에게 말하듯이 우리에게 2군 대표팀 경기가 끝날 때까지 체육관 밖에 나가 있으라고 했다. 친구들은 나에게 와서 유니폼이 내게 잘 어울리고 나머지 팀원들과 함께 유니폼을 갖춰 입은 것을 보니 아주 산뜻하다고 하면서 축하해 주었고, 내가 그렇게 되어서 좋다고 하였다. 우리 팀원들은 주먹을 뻗었다. TV에서 봤던 선수들과 같이 우리는 그렇게 했다. 나는 여전히 하이파이브를 좋아하지만 다른 선수들은 주먹을 뻗는다. 뭐든 상관없다. 우리는 모두 흥분하고 나갈 준비가 되어 있었다. 수많은 시간 동안 나는 이 소년들이 큰 경기를 기다리는 모습을 보아 왔고, 이제 나는 그들이 섰던 곳에 서서 그들이 입은 것을 입고 그들이 기다리듯이 기다리면서 그들이 주먹질하듯이 주먹을 뻗으면서 있다. 팀 매니저였을 때도 나는 팀의 일원으로 느꼈지만 이제 진정한 팀의 일원이 된 것 같다. 나는 그저 다른 사람들과 같아졌다.

이 경기가 큰 경기인 이유는 졸업생의 밤이기 때문만은 아니다. 그것 자체가 큰 경기이기 때문이다. 이는 우리가 지역구 우승을 할 마지막 기회다. 우리는 이미 조 토너먼트 첫 경기에서 승점을 얻었고, 그것은 준준결승전인 두 번째 경기까지 경기할 필요가 없다는 것을 의미하지만 우리 모두는 지역구에서도 역시 우승하고 싶어 했다. 이것이 우리가 시즌 내내 그렇게 열심히 운동한 이유다. 우리는 꼭 이겨야 하고, 우리의 맞수 웹스터 토마스는 져야만 한다. 우리 팀과 동점인 아이론데큐트도 있지만 그들이 지거나 이기는 것은 중요하지 않다. 그것은 그들의 문제이지 우리의 문제는 아니다. 아이론데큐트가 이기고 우리가 이기고 웹스터 토마스도 이기면 세 팀이 모두 동률이 된다. 반면에 아이론데큐트와 웹스터 토마스가 지고 우리가 이기면 두 팀이 동률이다. 두 가지 가능성 모두에서 우리는 이겨야 하고 웹스터 토마스가 지기를 바라야 한다. 웹스터 토마스의 경기는 우리와 같은 시간에 벌어지기 때문에 우리가 가서 상대편 경기를 볼 수는 없다. 우리는 스펜서포트만 신경쓰면 되는데, 솔직히 스펜서포트는 그다지 걱정되지 않는다. 우리는 이미 전에 그들을 이겨본 적이 있고 대체로 그들보다 조금 더 우위에서 경기를 했다.

나는 경기 전에 흰색 머리띠를 했다. 많은 친구가 머리띠를 했다. 내가 좋아하는 많은 NBA 선수들도 역시 머리띠를 한다. 머리띠를 한 모습이 좋아 보여서 나도 했다. 엄마는 머리띠를 한 내 모습이 우스꽝스러워 보였는지 "제이슨, 그것 좀 벗어버려."라고 말했지만, 나는 내가 우스워 보인다고 생각하지 않았다. 나는 이 머리띠가 나를 NBA 선수처럼 보이게 한다고 생각했다. 나는 체육관 문 유리를 통해 반사되는 내 모습을 볼 수 있었고, 거기에는 나를 보고 있는 제이-맥이 있었다. 나는 나를 알아보지 못할 뻔했다. 52번. 팀의 다른 친구들과 같은 모습이었다. 진짜 농구 선수 같은 모습이었다. 그래서 머리띠를 썼다.

체육관에 있는 사람들이 응원을 하기 시작했다. 우리 경기는 대체로 정시에 시작했지만 졸업생의 밤 응원은 끝나지 않을 것 같았다. 나는 사람들이 자기들의 시간을 체육관에서 갖는다고 생각했다. 이미 시작 시간이 지났고 내 이름이 불리고 있을 때에도 사람들은 계속 체육관으로 들어오고 있었다. 한 번에 한 명씩 우리 팀 선수의 이름이 불려졌다. 우리는 나갔고 사람들은 응원을 했다. 그리고 우리 측 벤치를 지나서 코치와 악수를 한 다음 경기장 반대편의 부모님을 만나고 노란색과 검은색 풍선으로 만들어 놓은 아치를 지나 경기장을 가로질러 걸었다. 이 노랑과 검정은 우리 학교를 상징하는 색이다. 아치 안을 지나면 사진을 찍을 수 있게 멈춰서 포즈를 취하라는 제안을 받는다. 나는 내 앞의 두 선수들의 이름이 불려서 나가는 것을 보았기 때문에 어떻게 하는지를 알았다. 사진을 많이 찍기 때문에 몇 분이 걸린다. 나를 포함해서 졸업생이 7명이나 되어서 사진 찍는 시간이 좀 더 걸렸다.

나는 내 친구 스티브 커 바로 다음이다. 스티브는 전에 25번을 입었지만 오늘 밤에는 4번을 입기로 했다. 들어오라고 할 때까지 홀 밖에서 기다리고 있을 때 그는 우리에게 말했다. 이 유니폼을 입은 이유는 4번을 달았던 매트 쉐한이라는 또 다른 졸업생 때문이었다. 매트는 한 번도 출전한 경험이 없었고, 스펜서포트를 상대로 하는 경기에서 뛸 예정이었다. 그러나 매트는 경기 당일 체육 시간에 다쳐서 경기를 할 수 없게 되어 스티브가 매트의 번호를 단 유니폼을 입을 생각을 한 것이다. 매트는 경기 당일 다쳤고, 그날 밤의 마지막 출전 기회를 얻고자 열심히 운동해 왔던 것을 알기에 팀원들은 모두 매트에 대해 이야기했고 스티브가 이 생각을 한 것이다. 이렇게 하면 매트가 경기에 출전하는 것 같고 매트를 경기장에 있게 하는 방법이 된다. 스티브가 4번을 입고 몇 점을 낼지는 몰라도 그 점수는 매트를 위해 낸 것이 된다. 모든 사람이 좋은 아이디어라고 생각했다. 나도 역시 그렇게 생각했다. 선발 선수들 중 하나인 스티브가 이 마지막 경기에 출전하여 점수를 내는 것이 매트가 느끼는 것처럼 스티브에게도 같은 의미가 되는 것은 아니다. 어찌 되었건, 졸업생의 밤에 매트의 이름이 불렸고 그는 자신의 유니폼을 입고 목발을 짚고 나와서 스티브에게 유니폼을 주었고 박수를 받았다.

내 차례가 되었을 때 나는 코치 앞으로 가서 그와 악수를 했다. 부모님은 반대편에서 크게 웃으며 나를 기다리고 계셨다. 나는 엄마에게 꽃을 주었고 우리는 뒤돌아서 아치를 지나 경기장을 가로질러 걸었다. 나는 두 분 사이에서 걸었다. 아빠는 키가 제일 크고 엄마는 제일 작고 나는 중간이었다. 그래서 사진을 찍을 때 키순서로 되었다. 저절로 그렇게 되어 있었다. 나중에 누가 나에게 말했는데, 우리가 비스듬한 경사처럼 보였고 사진사가 너무 큰 아버지와 너무 작은 어머니 그리고 중간 키의 나를 한꺼번에 사진기에 담기 힘들어했다고 한다. 나는 그게 참 웃긴 것 같다. 그것 때문에 나는 정신없이 웃었다.

모든 졸업생들이 호명되고 난 후 코치는 우리 모두를 경기장으로 모았고, 우리 팀의 사진을 찍었다. 우리끼리만 사진을 찍고 나서 부모님들과도 사진을 찍었다. 학교에서 사진을 찍는 사진사가 있었고, 많은 사람들 역시 자기 사진기를 가지고 와서 찍었다. 어떤 선수들은 소위 셀카로 사진을 찍었다. 이런 시간이 잠시 계속되었는데, 나는 너무나 경기를 하고 싶어서 폭발하기 직전이 되었다. 내가 스펜서포트 선수였다면 나는 벌써 폭발했을 것이다. 왜냐하면 이곳은 스펜서포트 팀 학교가 아니고, 축하 행사가 계속 이어지고 많은 사람이 사진을 찍느라 경기가 시작되지 않았기 때문이다. 스펜서포트 선수들은 사진을 한 장도 찍지 않았다. 그들은 그저 기다렸다.

드디어 존슨 코치가 경기장을 정리하고 우리는 경기 전 슈팅 연습을 했다. 슈팅 연습은 정말 좋았다. 점퍼를 벗고 경기 준비를 하는 것은 내가 기다려 온 것이었다. 사람들은 여전히 체육관으로 들어오고 있었고, 나는 친구나 아는 사람들이 있나 찾아보고 손을 흔들어 인사를 했다. 나는 경기에 집중하고 뛸 준비를 하려고 노력했지만 너무 많은 사람이 내게 와서 인사를 건네고 축하해 주고 행운을 빌어 주어서 힘들었다. 나는 한 번도 경기장에서 몸 풀기를 해 보지 못해서 이 시간이 견디기 힘들었다. 그래서 나는 몸을 풀고 정신을 가다듬고 사람들과 인사하는 중간 중간에 몸을 앞뒤로 흔들었다. 심지어 스펜서포트 팀의 몇몇 선수들도 나에게 와서 이야기를 건넸다. 우리는 이 팀과 여러 번 경기를 해 봤기 때문에 그들을 알고 있었다. 내가 2군 대표팀에 있을 때 스펜서포트의 2군에 있던 일부 선수들이 있어서 우리 모두는 서로를 안다. 그들은 착한 아이들이다. 나는 그 팀의 코치도 아는데, 그도 역시 나에게 와서 인사를 하고 행운을 빌어 주었다.

스피커에서 나오는 음악도 내가 집중하는 것을 방해했다. 지난 두 시즌 동안 경기를 치렀고 슈팅 연습을 충분히 했지만, 경기 전에 이렇게 많은 혼란이 있을 줄 몰랐다. 나는 지금까지는 그러한 혼란에 개의치 않았다. 그동안 나는 물병을 일렬로 준비해 놓거나 우리 팀 선수들의 이름과 개별 득점을 기억하느라 바빠서 주변의 다른 잡음을 알아차리지 못했다. 그러나 경기장에는 많은 잡음들이 있고 해야 할 일이 슈팅하는 것뿐일 때는 집중하기가 힘들었다.

마침내 잡음이 멈추고 모든 사람이 기립하여 국가를 불렀고 경기 시작 시간이 되었다. 다른 졸업생들은 개막 선언을 하기 위해 경기장으로 걸어 나왔다. 나는 졸업생이지만 경기에 나갈 준비를 하지 않았다. 코치는 이 이야기를 유니폼을 줄 때 말해 주었고, 경기 직전에 또 한번 말했다. 그래서 그가 나에게 다시 상기시킬 필요는 없었다. 이것은 우리에게 큰 경기였고, 코치는 경험이 많은 출전 선수들을 내보내야 했다. 나는 우리 팀이 스펜서포트 팀을 크게 앞질러서 코치가 나를 내보낼 생각을 할 수 있게 되기를 바랄 뿐이다. 그래서 나는 벤치에 앉아서 미친 듯이 응원하기 시작했다.

01

집중하라

Stay Focused

The Game of My Life

나는 사람들이 나를 남들과 다르게 바라보고 있는 것을 느끼
곤 했다. 하지만 형은 나를 다르게 보지 않는다. 나조차 다
르다는 것을 인식하지 못한다. 사람들이 나에게 자폐증이 어떤 것인
지 물을 때 나는 어떻게 대답할지 모르겠다. 그것은 그냥 나다. 그것
은 누군가에게 키가 크거나 작거나, 뚱뚱하거나 날씬한 것이 어떤 것
인지 묻는 것과 같다. 그것은 토마토에게 토마토가 되니 어떠냐고 묻
는 것과 같다. 그것은 평범한 것이다. 그건 나다. 나는 다른 사람들과
내가 다르다고 생각하지 않는다. 나는 정말 그렇게 생각하지 않는다.
나는 다른 사람들과 똑같이 세상을 바라본다. 나는 내가 다른 사람들
을 바라볼 때와 같이 거울 속의 내 자신을 바라본다. 다른 사람들이
사물에 대해 생각하는 방식과 거의 똑같이 나도 사물을 생각할 것이
다. 자폐증은 내가 조금 달라서 세상이 나를 약간 우습게 보는 것뿐

이다. 그러나 내가 말했듯이, 나는 남이 나를 우습게 보는 것을 정말 알아차리지 못한다. 그것을 알 때도 있지만, 다른 사람들이 나를 어떻게 생각하고 있는지를 생각하는 것 말고도 할 것이 너무 많아서 다른 사람에 대해 신경쓰지 않으려고 노력한다.

때때로 내 머릿속에 떠오르는 것들을 단어로 표현하기 어려운 것이 사실이지만, 자폐가 아니라도 이와 같은 어려움을 가진 사람은 많다. 그들은 자신이 의도하는 것을 말하지 못하거나 자신의 의도와는 다른 말을 한다. 그들은 말과 행동을 다르게 한다. 그들은 꼭 기억해야 할 것들을 잊어버린다. 여러분도 틀림없이 이런 사람들이나 어떤 상황에서 자신이 어떻게 보이고 행동하고 있는지를 많이 걱정하는 사람들을 알고 있을 것이다. 그러나 나는 너무 많이 걱정하지 않는 것을 배웠다. 나는 무엇을 하든 단지 할 수 있는 대로 최선을 다할 뿐이다. 나는 내 자신이 되고자 한다. 그것이 할 수 있는 전부다. 그렇지 않은가? 이것이 내가 부모님과 형 조시에게서 배운 교훈이다. 여러분도 알고 있듯이 계속하는 것이다. 여러분 자신이 되는 것이다. 집중하라. 집중하는 것은 내게 중요한 것 중 하나다. 나에게 어려움이 닥치거나 내 감정과 행동을 조절할 수 없게 되면 나는 숨을 깊이 쉬고 정신을 가다듬고 다시 집중하기 시작한다. 내가 어디서 그것을 배웠는지 모르지만, 흥얼거리거나 머리를 흔드는 나쁜 버릇들, 혹은 나조차도 무엇을 하고 있는지 모르는 수많은 이상한 것들을 하고 있다면 누군가 내게 그것을 지적하고 나는 집중하고 그것을 조절한다.

좋지 않은 것을 할 때 주로 엄마가 지적을 하는데, 다른 사람들도 그렇지 않은가? 나는 엄마가 많은 다른 어머니들과 같다고 생각한다. 엄마는 나를 위한 최상의 것을 원하고 다른 사람들이 가능하면 나를 가장 좋은 시선으로 바라봐 주길 원한다. 엄마는 나를 당황하게 하는 어떠한 것을 하거나 말하는 것을 원하지 않았지만, 나는 전혀 당황하지 않는다. 나는 쓸데없는 것에 신경 쓰지 않는다. 언젠가 의사를 찾아갔을 때 자폐 아동은 대체로 다른 사람들이 자신을 어떻게 보는지를 생각하지 않는다고 들었는데, 그것은 내게도 해당하는 말이다. 그러나 나의 엄마는 그것이 맞지 않는다고 생각한다. 엄마는 사람들이 나를 정상으로 생각하기를 바라고, 자폐가 아닌 형 조시를 보듯이 나를 본다. 형은 멀리 있는 대학에 가 있는데, 엄마는 아직도 매일 밤 전화를 해서 밥을 제대로 먹는지 방을 치우는지 숙제를 했는지를 확인한다. 엄마는 형에게도 최상의 것을 원한다.

나는 여러분이 어떤 일이 일어나고, 이루어지게 하려고 그것에 진짜 진짜 열심히 집중하고 노력하는지 궁금하다. 그것은 커다란 마법과도 같다. 그것은 자폐적인 분노 폭발이나 특이한 행동을 할 필요가 없으며 대단한 것이 아니다. 단지 그 상황에서 떨어져 집중하면 조절할 수 있다. 그러면 집중을 할 수 있다. 어찌 되었건 그것은 집중이 내게 해 준 일이다. 큰 경기가 있으면 나는 언제나 팀의 모든 선수들에게 집중하라고 계속 말한다. 그것은 내 인생의 좌우명과 같다. 나는 이것을 반복해서 말한다. 팀의 동료는 내가 반복해서 말하는 것을 놀리곤 한다. 코치는 나의 이런 모습이 흠집이 나서 계속 같은 자리를 튀는 레코드판 같다고 했다. 나는 흠집 난 레코드가 어떤 의미인지 몰랐는데, 누군가 내게 그것을 설명해 주어서 이해하게 되었다. 코치가 맞다. 나는 흠집 난 레코드처럼 될 수 있다. 이것이 내가 집중할 수 있는 방식이다. 나는 어떤 것이 될 때까지 머릿속으로 계속 반복한다. 나는 오로지 반복하고 반복해서 결국은 이룬다. 이것이 내가 사물을 분석하는 방식이다. 이것이 내가 배우는 방식이다.

글쓰기 역시 내 생각을 조리있게 표현하는 좋은 방법이다. 글쓰

짐 존슨(그리스 아테나 트로잔 농구 대표팀 코치)

집중을 유지하는 것은 제이슨에겐 자신만의 구호와 같은 것이 되었다. 지난 시즌에 그는 더욱더 집중하게 되었다. 마지막 경기에서 점수를 내자 방송매체들은 앞다투어 그를 취재하였다. 그는 유명인사가 되었다. 우리의 모든 플레이오프 경기에는 뉴스 카메라가 와 있었다. 지역 준결승전인 맥큐어드와의 경기 시작 전에 지역 스포츠 기자가 나를 인터뷰했고, 우리가 이기자 제이슨과의 인터뷰를 요청했다. 나는 그때 경기장에 있었고 제이슨은 관중석에 서 있었다. 나는 그를 불렀다. 나는 "제이-맥, 기자들이 너를 인터뷰하고 싶단다."라고 말했다. 그는 "코치님, 지금은 인터뷰할 수 없어요. 나는 지금 집중하고 있어요."라고 말했다. 그것은 다소 재미있게 들렸지만 그는 진지했다. 그는 완전히 집중했다. 이 소년에게 맥큐어드와의 플레이오프 경기에서 이기는 것보다 더 중요한 것은 없다. 그는 마치 경기 중인 것처럼 집중하고 있었다.

기는 집중하고 사물을 분석하는 좋은 방법이다. 가끔 나는 무언가를 말하기 전에 그것을 쓰고 싶다는 생각이 먼저 든다. 글을 쓸 때 의도하는 내용을 명확하게 표현하는 것이 소통을 쉽게 하듯이, 누군가와 일상적인 대화를 할 때도 말하기 전에 느긋하게 그것이 상대방에게 어떻게 들릴지를 생각한다면 대화가 더 쉬워진다. 그러나 다른 사람들이 대화를 하는 방식은 상대방이 말할 차례가 되면 그가 말하도록 기다리기 때문에 속도를 늦출 필요가 없다. 그리고 자신의 차례가 오면 상대방이 지루해하기 전에 기다림을 끝내야 한다.

다른 사람들이 어떻게 이렇게 하는지는 모르겠지만, 나의 경우는 모든 것이 오로지 내 머릿속에 있어야 훨씬 더 세상을 이해하기 쉬워진다. 어려움이 닥치면 그것을 밖으로 드러내는 순간이 되기 때문에 글쓰기는 내가 말하고 싶은 것을 생각하고 되돌려 들을 수 있는 시간을 준다. 나는 글쓰기를 통해 생각을 구조화하고 그것이 적절하게 드러나도록 한다. 나는 글로 쓰고 나서 다시 읽어 보고 그것이 일반적인 아이들이 말하는 것인지 살핀다. 그것은 다른 아이들이 머릿속으로 이야기하는 것과 같은 방법이고 내가 얼마나 다른 사람들과 이야기하고 싶어 하는지를 나타낸다. 나는 내 책을 쓰면서 카세트테이프에 내 생각을 말로 녹음하고 나서 하고 싶은 모든 말들이 이해되면 쓴 것을 다시 읽고 검토한다. 그리고 또 다시 읽고 나서 글을 완성한다. 아마 나는 내가 말하고 싶은 것 이상의 생각을 할 것이고 생각한 것들을 말하게 될 것이다.

내가 잊었거나 정확하게 기억하지 못하는 것들이 있을지도 모른다. 그리고 애초에 하려고 한 말을 바꾸고 싶은 마음이 생길지도 모른다. 필기도구를 가지고 다니거나 컴퓨터 앞에 앉아 있지 않아도 나의 일상생활에서 생각하기는 일종의 글쓰기다. 나에게 생각하기는 글쓰기와 같다. 글쓰기는 생각을 구조화하고 생각하고 있는 것, 기억하는 것, 내게 일어났던 믿을 수 없는 사건들에 대해 하고 싶은 이야기를 말하듯이 종이 위에 적는다. 나에게는 너무 많은 일들이 일어나기 때문에 제대로 된 방식으로 모든 것을 쓰기에는 너무 많은 분량의 종이가 필요하므로 이 방법이 내가 할 수 있는 유일한 방법이다.

연설을 하는 것도 마찬가지다. 나는 졸업생의 밤에 열린 경기 전에는 연설을 해 본 적이 없었는데 그 이후에는 연설을 많이 하게 되었다. 나는 왜 사람들이 나한테서 농구, 열심히 노력하기, 집중하기, 꿈을 간직하기 등을 듣고 싶어 하는지 이유를 모르겠다. 이전에는 사람들이 내게서 이런 것들을 듣고 싶어 하지 않았는데 지금은 다르다. 지금까지 많은 연설을 들으셨지만 부모님은 연설하는 내 모습을 사진 찍으며 내가 말을 하지 못하던 때를 떠올리며 힘들어하실지도 모르겠다. 부모님은 나의 말을 들으려고 다가오는 사람이 하나도 없었던 시절을, 그리고 교실 구석에서 다른 아이들과 놀지 않고 혼자 앉아 있기만 하던 나를 기억한다. 그래서 부모님은 내가 연설을 한다는 것을 믿기 어려울 것이다. 나의 연설은 대체로 같은 내용인데, 처음 두 번은 부모님이 도와주셨고 다음부터는 다른 사람들이 도와주었다. 그리고 한동안 연설하는 것이 꽤 좋았고 내 인생 전체를 들려 준다는 느낌이 들었다. 또한 나는 말하고 싶은 것을 미리 준비하지 못했거나 기록해 두지 않으면 횡설수설하게 된다는 것을 알게 되었다. 나는 당황하고 정신이 없었다. 다른 사람들도 나와 마찬가지일 것이라고 생각한다. 하지만 내가 미리 써 놓거나 한번 훑어보거나 말하려는 것을 기억해 두거나 사람들이 하게 될 질문을 생각해 보았다면 대체로 연설을 잘하게 될 것이다. 해야 할 것을 자신에게 말해 주기 위해서 머릿속에서 작은 소리로 이야기하는 것과 같다. 그 목소리는 때때로 엄마의 목소리, 코치의 목소리, 아빠나 형의 목소리, 혹은 나의 목소리다. 머릿속의 목소리는 해야 할 것을 말해 주어 도움이 된다. 머릿속의 목소리는 정신을 차리도록 도와준다.

많은 사람들은 내가 책을 쓴다는 말을 듣고 내가 농담한다고 생각했다. 그들은 나를 믿지 않았다. 그들은 내가 자폐인이라서 느리거나 단순하거나 지체되었음에 틀림없다고 생각한다. 나는 느리다. 그것은 내 뇌가 작동하는 방식이다. 내가 단어로 표현하려면 어느 정도의 시간이 걸린다. 내가 단어를 이해하는 것 역시 시간이 걸린다. 그리고 내가 이해할 수 있는 방법으로 사물에 대해 생각하는 데도 시간이 걸린다. 내가 말했듯이 다 쓰기에는 너무 많은 지면이 필요하고 너무 많은 이야기들이 있어서 특별한 방법으로 써야 하고 어느 정도 시간이 필요하다. 또한 나는 단순하다. 나는 사물에 대해 일반적으로 생각하지 않고 특별한 방법으로 사물을 좋아한다. 나는 내가 이해하고 조절할 수 있는 패턴으로 사물을 분석하기 위해서 나만의 일상적 행동을 좋아한다. 단순하게 하기. 이것이 내 방법이다. 나는 경기에 출전하기 전에 나가서 3점 슛을 하고 두 번 뛰고 쉰 다음에 프리드로 우를 한다. 나는 단지 팀 매니저이고 옷을 갖춰 입지는 않았지만 이 것은 경기 전 경기장에 내려가서 내가 하는 일상적인 몸동작이다. 나는 팀원들의 패스 연습에 참여하지는 않지만 선수들이 연습을 마치면 흩어져 있는 공들을 모아서 가져가는 일을 한다. 이때 나는 멈춰서 몇 번 슛을 하곤 한다. 나는 다른 누군가 이것을 눈치챌 것이라는 사실을 알지 못한다. 그리고 나는 경기장 중앙으로 달려가서 반지 낀 손가락에 입을 맞추고 팀 동료들이 있는 탈의실로 뛰어간다. 다른 일상적 행동은, 2학년 때 출전한 2군 대표팀 경기에서 세 개의 자유투를 던지고 성공한 이후로 경기 전 아침 식사를 항상 똑같은 메뉴인 라비올리, 완두콩, 닭고기 국수, 우유 한 잔으로 하는 것이다. 경기가 많았기 때문에 농구 시즌 동안에 어머니는 같은 음식 재료들을 많이 사야 했다.

모든 경기에서 나는 이러한 판에 박힌 일상적인 의식들을 해야 한다. 언제나 나의 일상적 행동은 농구에서든 다른 것들에서든 거의 대부분 같은 식이었다. 왜 그런지 여러분은 알고 있나요? 경기 전 일상적 행동뿐 아니라 모든 일상적인 행동에서 고등학교 시절 마지막 경기까지 나는 그와 같은 일상적인 의식을 바꾼 적이 없다. 나는 로체스터를 떠나 본 적이 거의 없다. 그러나 그날 이후 모든 것들이 흥미진진해졌고, 사람들은 나를 찾아오고 초대하기 시작했다. 갑자기 모든 것들이 바뀌었다. 그래서 나는 내 일상적 행동을 변화시키고 다른 것들을 할 수 있다면 동시에 전부 바꿀 수 있을지를 계산해야 했다. 통제 범위에서 일부를 포기해야 했고, 내가 좋아하는 방법인 단순함을 지키는 것이 아주 어렵게 되었다. 나는 내가 그렇게 할 수 있을 것이라고 생각하지 않았지만 연습했다. 정신을 집중하고 내가 해야 할 것이 무엇인지 혼자서 계속 반복하고 머릿속으로 연습했다. 내게 중요한 것이기 때문에 애를 썼다. 나는 낯선 호텔, 낯선 침대에서 잠을 자거나 다른 음식을 먹거나 새로운 사람들 속에 있으면 어떨지를 생각해야 했다. 디즈니랜드를 두 번 가고, 특수한 치료를 받으려고 코네티컷에 한 번 간 것, 그리고 워싱턴에 한 번 간 것을 제외하고는 로체스터를 떠난 적이 없었다. 이제 나는 셀 수 없이 많은 비행기를 타고 수많은 장소를 다니고 있으므로 오랜 시간 집중을 한다. 일상의 반복적 행동과 알고 있던 것들의 편안함을 포기하면 어떻게 될지를 생각해야 한다. 그리고 그것은 일상을 포기하면 어떻게 될지를 생각하는 것 이상으로, 내가 단상 위에서 혹은 방송국 카메라 앞에서 혹은 낯선 사람들로 가득한 방에서 말할 수 있을지를 생각하는 것이다. 내가 연설이나 인터뷰를 해야 한다면 나는 엄마나 아빠와 함께 앉아서 하고 싶은 말해야 한다.

예전에 나는 그렇게 많은 관심의 중심에 있게 되는 것에 익숙하지 않았다. 하지만 지금은 친구들 사이에서, 학교에서 사람들이 나에게 말을 걸어 올 때나 나를 부를 때 관심의 대상이 된 것이 좋다. 나하고 관련이 있을 때 관심받는 것을 좋아하기 때문에 사람들은 내가 관심의 대상이 되는 것에 완전히 무덤덤한 것은 아니라고 말할지도 모르겠다. 내가 알고 있는 장소와 알고 있는 사람들 속에 있을 때에는 관심에 대해 크게 신경 쓰지 않는다. 이것은 차이가 있다. 예전에 나는 이러한 관심의 대상이 된 적이 없다. 나는 특별히 관심에 신경 쓰지 않지만 관심에 익숙하지 않아서 이러한 소소한 것에 미리 신경을 쓰는 것은 많은 도움이 된다.

내 친구들은 내가 관심의 중심에 있는 것을 좋아한다고 말하겠지만 그건 친구들에게 해당하는 말이다. 학교에서는 사람들이 내게 와서 장난으로 주먹을 뻗고 축하해 주는 것을 좋아한다. 나는 내가 사람들을 웃게 하고 행복하게 만들 수 있는 것, 그리고 우리 반 친구들이나 동네 아이들과 사진 찍는 것을 좋아한다. 나는 사인하는 것을 좋아하는데 믿거나 말거나 많은 사람이 내게 사인을 해 달라고 한다. 전에는 유명인이 아니었는데 유명인이 된 것 같아서 신기하다. 나는 여전히 제이-맥이다. 나는 친구 부모님으로부터 내가 경기했던 것을 보고서 행복했다는 말을 들으면 좋다. 이 모든 것들이 좋고 나를 행복하게 한다. 그때_{졸업생의 밤 경기}까지 이것은 내 일상생활의 일부이고 그리스 아테나의 사람들은 나를 제이-맥으로 알고 있었다. 일 년에 두 번씩 함께 경기를 하는 다른 팀 선수들이나 코치들도 몇 번 경기를 하고 나면 나를 안다. 나는 수줍음이 없어서 경기 전에 그들과 이야기하러 가곤 했다. 나는 가끔씩 홀로 앉아서 허공을 바라보곤 했었다. 그러나 이제는 모든 사람과 이야기하고 싶다. 그들은 경기 중에 내가 얼마나 시끄럽고 광적인지에 대해서 농담을 한다. 나를 놀리는 것이 아니라는 것을 알기 때문에 나는 그러한 농담에 신경 쓰지 않는다. 그들은 내가 경기에 몰입하였고, 팀의 사기를 끌어 올리려고 노력하였으며, 나만의 방식으로 집중하였다는 것을 안다.

그러나 졸업생의 밤 경기에서 나는 점수를 냈고 그 경기로 인해 모든 것이 바뀌었다. 그 이후로 나는 익숙하지 않은 방식으로 관심의 대상이 되었다. 그것은 좋았지만 나쁘기도 했다. 나는 모르는 사람들과 이야기를 하고 가 보지 않았던 장소에 가게 되었다. 그것은 흥미로웠지만 조금은 무섭고 혼란스럽기도 했다. 학교 안에서 내가 아는 사람들과 사진을 찍고 그들에게 사인을 해 주는 것과 같은 모든 일들을 이제는 내가 모르는 사람들과 학교 밖에서 한다. 누군가 나에게 좋은 충고를 해 주기 전까지 나는 그런 것들을 그다지 좋아하지 않았다. 그들은 이렇게 새로운 사람들을 만나고 새로운 것을 경험하는 것은 오래 알고 지낸 사람이나 익숙한 것을 처음으로 만났을 때와 다르지 않다고 말했다. 그것은 단지 낯선 사람들이나 상황에서 편안함을 느끼려면 시간이 필요할 뿐이고 이제 나는 모든 것에 반복적으로 편안함을 느끼는 시간을 가져야만 한다는 것을 의미한다. 그게 전부다. 또한 사람들은 익숙해지는 것은 내가 형 조시와 함께 슛을 하곤 했던 농구 골대의 바구니와 같다고 말한다. 훌륭한 운동선수, 즉 훌륭한 슈터는 모두 하루에 천 번의 슛을 한다. 자유투 선 밖에서의 천 번의 슛. 구석에서의 천 번의 슛. 자유투 선 끝에서의 천 번의 슛. 천 번의 레이업. 나는 내가 그 정도까지 많이 슛을 했다고 생각하지는 않지만 어느 정도는 많이 슛을 했다. 잠시 후면 그것은 기억으로 남는다. 그것은 자연스러운 일이 된다. 같은 것을 너무 많이 해 왔기 때문에 몸

브리안 밴슨(어린 시절 친구, 그리스 아테나 팀 동료)

여러분은 경기 시작 전에 제이슨이 경기장에 있는 모습을 보아야 한다. 지난 졸업생의 밤 경기가 아니라 일반 경기를 말이다. 제이슨은 체육관에 있는 모든 사람들을 알고 있는 것 같았다. 여러분이 위를 올려다보면 관중석에서 다른 학교에서 온 누군가와 이야기하고 있는 그를 발견하게 될 것이다. 제이슨은 몸을 푸는 시간에 상대 팀 코치와 이야기하곤 했다. 나는 그렇게까지 많은 친구를 알지 못한다. 나는 확실히 그렇지는 않다. 그러나 거기에는 상대 팀 코치와 이야기하고 있는 제이슨이 있었다.

모든 사람이 제이슨을 알았다. 존슨 코치는 기억하지 못할 수도 있지만 그는 제이슨이 그리스 아테나에 입학하기 오래전부터 제이슨을 알고 있었다. 코치는 농구 캠프를 운영했고 제이슨과 나는 열 살에서 열두 살 때 함께 이 캠프에 참여했다. 우리는 아동기에 함께 많은 잡다한 것들을 했다. 그리고 제이슨은 사람들의 눈에 띄었다. 사람들은 그를 쉽게 알아본다. 사람들은 그저 그에게 끌렸다. 내 생각에 코치가 제이슨을 제이-맥이라고 부르기 시작한 때가 그때인 것 같다. 모든 것은 그때로 거슬러 올라간다. 제이슨은 농구 캠프에 참여해서 자신의 실제 성격을 있는 그대로 보여 주었다. 그는 농구를 할 때나 사람들을 웃길 때 그리고 자신의 존재를 알릴 때 열심히 했다. 그리고 사람들은 좋은 의도로 제이슨이 바라는 대로 했다.

58

은 어떻게 해야 하는지 안다. 그것은 자폐이기 때문에 하는 방법이다. 어찌 되었건, 그것은 내가 하는 방법이다.

　일부 사람들은 농구 경기는 자폐 소년에게 최상의 것은 아니라고 말하겠지만 농구는 팀 경기도 개인 경기도 될 수 있다. 둘 다. 많은 사람이 이렇게 생각하지 않겠지만 그것은 사실이다. 나는 그것에 대해 많이 생각해 왔다. 여러분도 이것에 대해 생각해 본다면 사실이라는 것을 알게 된다. 왜? 농구는 경기장의 모든 지점에서 혼자서 계속 슛을 할 수 있기 때문이다. 편해질 때까지 반복해서 연습하면서 머릿속에 '계속, 계속.'이라는 말을 내가 조절할 수 있다고 느낄 때까지 입력하는 것이다. 내 생각으로는 이런 모든 훈련을 혼자서 할 수 있기 때문에 농구는 자폐인에게 완벽한 스포츠다. 하루 종일 뒷마당의 농구 골대에 슛을 할 수 있다. 드리블을 연습할 수 있다. 하고 싶은 것이 무엇이든 계속하고 또 할 수 있고, 그러다 보면 어느 정도 통제력을 갖게 되는 것 같은 느낌을 갖게 된다. 마침내 약간의 통제력을 갖게 되면 팀의 일원이 되고 함께 경기를 하며 득점을 하게 된다. 이것으로 사교적으로 바뀔 수 있고 새로운 사람들을 만날 수 있으며 그들과 친구가 되고 지금까지의 나쁜 버릇들을 고치게 된다.

　이 장에서 내가 말하고 싶은 다른 한 가지가 있는데, 그것은 집중하기에 관한 것이다. 슈퍼볼이나 NBA 플레이오프 같은 큰 경기가 끝난 다음에는 언제나 인터뷰를 하는 선수를 보게 되는데, 그는 오로지 자신의 자리를 지키는 데 최선을 다했을 뿐이라고 말하곤 한다.

스포츠 경기에서 많은 코치들이 선수들에게 각자의 위치를 지키라는 말을 하지만 많은 선수들이 그 말의 의미를 언제나 알아듣는 것은 아니다. 팀의 몇몇 선수들은 존슨 코치가 자리를 지키라고 말하면 그 말을 알아듣지 못한다. 그러나 나는 그 말이 할 수 있는 한 최선을 다하라는 것이고 상대를 너무 두려워하지 말고 오직 팀이 이기도록 도울 방법이 무엇인가를 생각하라는 의미라는 것을 알고 있다. 너무 많은 것을 하려고 하면 어려움에 처하게 되기 때문에 너무 많은 것을 하려고 하지는 마라. 단지 되도록 최선을 다하면 된다. 내 생각에는 그것이 자신의 자리를 지키라는 것의 의미다. 그것은 지금껏 부모님과 형이 내게 말해 왔던 것들과 다르지 않다. 자신의 자리를 지켜라. 집중하라. 최선을 다하라. 그리고 할 수 없는 것을 걱정하지 마라.

나는 대부분 내가 말하고 싶은 것이 무엇인지 알지만 적당한 단어를 찾지 못하는 경우가 많다. 그래서 나는 연습을 해야 했고, 글쓰기는 연습이다. 나는 내가 이 책을 쓰고 있는 방식에 관해 이야기하고 있다. 무언가에 대해 계속 말하고 나서 다시 그것을 읽고 고쳐서 적절하게 만든다. 글쓰기는 내가 나의 자리를 지키는 방법 중의 하나다. 글쓰기는 집중하기이며, 내가 할 수 있는 최선을 다하는 것이고 통제하기다. 그리고 다른 것들이 더 있을까? 글쓰기는 농구와 같다. 그것은 뒷마당의 골대에 슛을 하는 것과 같다. 내가 단어들을 사용하고 그 단어들이 적당한지 살피는 것이다. 때때로 나는 도무지 단어가 떠오르지 않고, 또 어떤 때는 단어를 빨리 찾지 못한다. 그리고 찾고 싶은 단어를 찾아서 만족할 때도 있다. 내가 말하였듯이, 나는 느리고 단순하다. 그렇지만 지체는 아니다. 사람들은 '자폐'라는 단어를 들으면 흔히 지체를 떠올린다. 그것은 사실이 아니다. 때때로 자폐는 사람들이 내가 미쳤다고 생각하는 상태가 되게 만들지만, 대개는 사람들이 나를 없는 사람처럼 대하는 것과 같은 좌절을 느끼게 만든다. 그것은 마치 사람들이 자신이 하고 있는 말을 여러분이 이해하지 못한다고 여겨 당신 앞에서 직접적으로 여러분의 이야기를 하는 상황을 떠올려 보면 이해가 될 것이다. 그들은 당신을 진지하게 받아들이지 않는다. 그것은 좌절이다. 정말이다.

리바 고프 (고등학교 친구, 그리스 아테나 팀 동료)

나와 제이슨이 친해진 이유 중의 하나는 나에게 뇌성마비 형이 있기 때문이다. 나는 조금 다른 아이가 있는 환경 속에서 자라왔고, 제이슨은 조금 다른 아이였다. 다른 아이들이 항상 제이슨을 괴롭히곤 했는데 그럴 때만 가끔 좋지 않았다. 내 생각에 그런 것이 약간은 좋지 않았다. 그러나 제이슨은 알지 못했다. 그들은 제이슨을 이용했지만 제이슨은 관심을 얻는 것을 좋아할 따름이었다. 제이슨은 다른 사람들처럼 받아들여지고 농담하고 싶어 했다.

우리가 함께했던 것 중 하나는 가사 없는 노래 만들기였다. 우리는 제이슨의 집에서 노래를 만들고 랩을 했다. 랩을 하면서 그는 뛰고 나지막하게 운을 넣었다. 제이슨은 랩을 좋아했다. 제이슨에게는 경기 전에 습관처럼 하는 많은 일상적 행동들이 있다. 모두에게 용기를 주기 위해서 그는 자신만의 랩을 했다. 제이슨이 랩에 몰두하는 것을 보고 때때로 사람들이 웃기도 했지만, 제이슨에게 랩은 매우 중요한 것이었다. 이 랩은 제이슨을 알고 좋아하는 팀의 선수들뿐 아니라 관중석의 사람들까지 들을 수 있었다. 때로는 다른 아이들이 그를 놀리려고 해서 우리는 제이슨이 랩을 하는 것을 멈추게 하기도 했다. 제이슨은 그들이 웃고 있을 뿐이라고 생각했고 자기를 비웃고 있다는 것을 몰랐다. 그는 아무 생각이 없었다. 제이슨은 함께 어울리는 것을 원하기 때문에 그들과 함께 웃곤했다. 그래서 속상하다는 것이다. 그가 진정으로 원하는 것은 어울리는 것이 전부였다.

내가 말했듯이, 사람들이 여러분에 관해 어떻게 생각하고 있는지를 무시하는 것은 어렵다. 그러나 나는 사람들이 나를 놀리는 것을 그다지 신경 쓰지 않는다. 놀림은 그렇게 많이 일어나지 않고, 내가 알아차리지 못하는 경우도 많다. 내 친구들이 누구누구는 내가 없을 때 나를 놀리므로 좋지 않은 아이라고 알려 주기도 한다. 혹은 형이 상황을 말해 준다. 그리고 때때로 나는 스스로 알아차리기도 하지만, 모르는 체한다. 그렇게 하는 것이 더 편하다. 그러한 놀림에 맞서기보다는 그저 내 진정한 모습을 가지고 그것을 무시하는 것이 더 쉽기 때문이다. 아빠는 이런 사소한 것들에 집중하지 않으며, 엄마는 늘 다른 아이들이 나를 멍청이라고 놀린다고 생각하기 때문에 부모님은 이것에 대해 의논할 좋은 상대는 아니다. 엄마는 그것이 골탕 먹이기 같은 것이라고 생각하며, 그 아이들이 그저 어린 아이임에도 불구하고 아주 잔인하다고 생각한다. 나는 신경 쓰지 않는다. 내가 말했듯이, 항상 일어나는 일은 아니기 때문이다.

많은 사람이 자폐를 이해하지 못한다. 그들은 그 단어를 듣고 영화에서 봤던 것과 같을 거라고 생각한다. 나는 사람들에게 자폐적 성향을 가졌으나 성공한 사람들이 많다는 사실을 말해 주고 싶다. 자폐는 아주 흔하다. 어떤 사람은 매우 심각한 자폐 유형이고, 어떤 사람은 아주 약한 자폐 유형이다. 약간의 자폐라면 대학도 가고 좋은 직업도 얻고, 흔히 말하는 평범한 삶을 살 것이다. 나는 중간이다. 어릴 적에 나는 매우 심한 자폐 유형이었다고 한다. 그러나 나이가 들면서 나는 점점 더 사회적이 되고 다른 아이들과 더 많은 활동을 함께하게 되었으며, 이는 자폐를 극복하는 데 도움이 되었다. 하기 힘든 것들을 억지로 하고, 그것이 하기 편해질 때까지 계속 반복하도록 나를 몰아붙였다. 그렇지만 자폐에서 벗어날 수는 없다. 자폐를 완전히 치료할 수는 없다. 자폐증을 없애려고 복용하는 약도 없다. 이제 내 친구들은 전부 고등학교를 졸업하고 대학에 갔지만, 나는 대학에 가기 힘들다는 것을 분명히 안다. 나는 그것을 이해한다. 그러나 친구들이 대학에 가는 이유는 직업을 갖기 위한 것이고 나는 이미 직업을 가졌다. 물론 좋은 직업이다. 나는 동네 슈퍼마켓 웨그맨에서 일하고 그 일을 계속하고 싶다. 나에게 직업은 평범한 삶이다. 언젠가는 내 아파트를 갖게 되고, 모든 내 친구들과 마찬가지로 나 나름의 삶을 살게 될 것이다.

그러나 이 장에서 내가 가장 하고 싶은 말은 집중에 대한 것이다. 집중은 정말 가장 중요한 것이다. 책을 쓰거나 연설을 하거나 새로운 사람들을 만나거나 농구 경기를 하거나 가게에서 청소를 하거나 빵을 굽는 것은 중요하지 않다. 빵 굽기는 내가 지금 하고 있는 일 중 하나다. 사람들은 나를 신선한 빵을 굽는 빵가게에서 일할 수 있게 해 주었다. 가끔 나는 빵 한 덩어리를 집에 가지고 가서 한 입 먹어 보는데, 이 빵이 세상에서 가장 맛있는 빵이라고 생각한다. 내가 만든 빵이기 때문에 그런 맛이 난다. 내가 새로운 것을 하는 방법을 배워 이제 꽤 잘하게 되었기 때문에 그런 맛이 난다. 그러므로 무엇을 하고 있느냐를 문제 삼지 말고 오로지 좋은 일을 하고 있다는 것에 집중하라. 단지 일이 되게 하라. 사람들이 기대하는 것을 하고, 그 다음에 그 이상을 하고, 그리고 나서 조금 더 하라. 사람들을 놀라게 하라. 열심히 일하라. 그리고 집중하라. 여러분도 알다시피, 어떤 일이 생길지 모르기 때문에 항상 언제나 늘 집중해야 한다.

2006년 2월 15일 경기

경기 시간

경 기 시작 시간이 가까워 오자 나는 긴장하지는 않았지만 조바심이 났다. 내가 출전할 수 있는 기회가 있다는 사실을 미리 알았다면 나는 틀림없이 조금은 놀랐겠지만, 그날 나는 어떤 일이 벌어질지 궁금했다. 졸업생의 밤 행사는 성대했지만 나는 빨리 진행되기를 원했다. 나는 모든 것들이 어떤 방식으로 모습을 드러낼지 보고 싶었다. 그래서 조바심이 났지만 긴장하지는 않았다. 바라는 것이 일어날지 혹은 어떤 것이 밝혀질지 확실히 알 수 없을 때 긴장하기 마련인데, 나는 약간의 확신이 있었다. 내가 원하는 것은 경기 출전이고, 경기에 나간다면 나는 농구 골대로 슛을 날릴 방법을 찾을 것이 분명했다. 나는 미칠 정도로 그렇게 되기를 원했고, 그렇게 확실하지는 않았지만 내게 기회가 있다는 것을 알았다.

모든 졸업생들이 소개되었지만 체육관의 관중석은 겨우 절반 정도 채워져 있었고, 슛 연습을 하고 있을 때 사람들이 들어오기 시작했다. 관중석이 거의 다 차면서 사람들 또한 흥분하기 시작했다. 관중은 경기가 시작되기를 원했다. '여섯 번째 사나이' 구역에서는 소년들이 일어서서 큰 소리를 내며 관중석을 발로 굴렀다. 그들은 자신이 만든 밝은 금빛 셔츠를 입고 있어서 그들이 모여 앉아 있는 곳은 다른 관중석과 확연히 구별되었다. 크고 빛나는 금빛 태양이 경기장을 내리 쬐는 것 같았다.

경기 시작 직전에 꼭 있어야 하는 것 중 하나는 경기장 중앙에서 벌어지는 각 학교 치어리더들의 개막 응원이다. 나는 특히 그리스 아테나의 치어리더들을 보는 것을 좋아했다. 우리 팀 치어리더 중 여러 명을 알기 때문에 때때로 웃거나 손을 흔들어 주곤 했는데, 이번 경기에서는 치어리더에 큰 관심을 두지 않고 경기에 집중하기로 했다. 치어리더들은 행진하고 여기저기 뛰고 박수치고 응원했는데 그것이 내게는 소음 덩어리로 느껴졌다. 많은 치어리더가 내 친구이고 그들이 너무나 열심히 응원하고 응원을 통해 우리가 힘을 얻게 되는 것을 알기 때문에 내가 이렇게 말하는 것이 나쁜 것 같지만 경기에 너무 집중한 나머지 알아차리지 못했다. 평소에 치어리더들을 따라 손뼉을 치고 응원을 했지만, 졸업생의 밤에는 아니다. 미안하지만 나는 경기에 집중해야 했다.

그러고 나서 우리는 우리 팀 벤치 앞에 일렬로 서서 국가를 들었다. 노래를 하는 사람들만 빼고 체육관 전체가 조용했다. 우리 학교 치어리더들은 우리 팀 골대 앞에서 커다란 V자 형태로 섰는데, 나는 그것이 '승리'를 의미한다고 생각했다. 나중에 누군가 내게 그렇다고 말해 주었다. 그것 말고 또 다른 의미가 있을 수 있다면 아마 '용기'일 것이다. 그것은 사람들이 스포츠에 대해 이야기할 때 사용하는 또 다른 단어다.

고등학교 경기이지만 프로 경기 같은 느낌을 주기 때문에 나는 항상 경기에서 국가가 울릴 때 모두가 서 있는 이 순간을 좋아했다. 나는 우리 학교 치어리더들이 커다란 V자 형태를 만드는 것을 좋아했다. 그것은 우리가 단순히 고등학교 체육관에 있는 것이 아니라 NBA나 큰 대학 농구 경기에 있는 것처럼 느끼게 해 준다. 그리스 아테나에는 많은 학교 전통이 있다. 그것을 경기 때 체육관에 사람들이 자리를 메우는 방식에서 찾을 수 있다. '여섯 번째 사나이' 관중석에 앉은 소년들이 밝은 금빛 셔츠를 입고 발을 구르고 큰 소리로 응원하는 방식에서 그 전통을 찾을 수 있으며, 치어리더들이 '승리'나 '용기' 같은 것을 의미하는 커다란 V자 형태를 만들면서 당당하게 서 있는 방식에서 볼 수 있다.

또한 선수들이 선발로 소개될 때 모든 사람의 응원 소리를 들으면 알 수 있다. 이때 우리 팀이 호명되기 전에 방송으로 내 이름이 소개되었다. 내가 졸업 예정자이고 이 경기가 나의 마지막 경기라고 소개되었다. 나는 내 이름이 불릴 때 경기장으로 나가서 우리 팀 선수가 된 것에 대한 축하를 기다렸다. 나는 사람들이 축하할 것이라는 걸 몰랐는데, 거창한 응원이 있었다. 나는 그 응원이 좋았다고 생각했다. 사람들은 "가자, 제이-맥!" 등과 같은 소리를 질렀다.

모든 선수들이 소개되었을 때 우리 팀 선수들은 팀 전략을 짜기 위해 경기장 중앙으로 나갔고 나는 존슨 코치 옆의 벤치에 앉았다. 아버지는 내가 우리 집에서 가장 좋은 자리에 앉는다고 말씀하셨는데 사실이다. 나는 좋은 자리에 앉았다. 그렇지만 존슨 코치의 자리는 아니다. 코치는 경기 중에 오래 앉아 있는 것을 좋아하지 않았고, 그는 사이드라인을 따라 서성이기를 좋아했다. 나 또한 앉아 있고 싶지 않았다. 나는 앉아 있기에 너무 조바심이 났다. 나는 대부분의 경기에서처럼 펄쩍펄쩍 뛰고 응원했다. 여러분이라면 경기장에서 코치 옆에서 팀원과 함께 앉아 있을 때 그렇게 많이 뛰고 응원할 수는 없을 것이다. 셔츠와 넥타이 차림으로 몇 분 동안 펄쩍펄쩍 뛰고 나면 셔츠와 모든 것들이 풀어헤쳐지기 때문에 사람들은 나를 놀리곤 했다. 엄마는 경기에서 내가 흉해 보이지 않고 말쑥하기를 바라지만 나는 경기가 일단 시작되고 나면 엉망이 된다.

내 친구 존 슈왈츠가 우리 팀에게 공을 패스하고 스펜서포트의 센터가 공을 막았지만 다시 우리 팀이 공을 잡고 드리블하고 있었다. 공을 계속해서 드리블할 수 있다면 좋은 징조다. 그것은 당신이 악착같다는 것을 의미하고, 그것은 시간을 선수 자신의 방식대로 통제하고 있음을 의미하기 때문이다. 매트 셰한의 옷을 입은 스티브 커가 공을 구석진 곳으로 몰고 가서 슛을 세 번 던졌지만 골대에서 매번 벗어났고 스펜서포트 팀이 리바운드하였다. 우리 팀은 상대 팀을 흔들어 놓기 위해 경기 시작부터 중앙 압박을 하였고, 스티브가 공을 가로채서 우리 팀 최고의 선수인 리키 윌리스에게 낮게 패스했다. 그는 예전에 NBA 선수였던 시라쿠스의 존 윌리스의 동생이다. 리키는 중앙선을 가로질러 공을 치고 들어가 레이업 슛을 해서 우리 팀이 2 대 0으로 앞서게 되었다. 공은 들어가기 전 약간 골대 주변을 돌았는데 그것 역시 좋은 징조다. 그렇게 되면 승리의 빛이 비치기 시작함을 의미한다.

나는 '좋았어. 이 경기에서는 우리가 이긴다. 우리가 이 상태를 유지하면 스펜서포트는 기회를 잡지 못한다.'고 생각했다.

그러나 우리 팀이 페이스를 찾기까지는 다소 시간이 필요했다. 우리는 스펜서포트 팀을 최종 수비지역에 묶어 두었지만 두 번의 슛을 실패하였고 공격권을 넘겨 주게 되었다. 순식간에 이렇게 되었다. 서너 차례 공이 우리 팀과 상대 팀에서 왔다갔다한 다음에 존 슈왈츠가 공을 잡아서 낮게 몰고 가다가 살짝 위로 던져서 4 대 0으로 만들었다. 그는 상대 팀의 반칙으로 추가 점수 획득이 가능한 자유투 기회를 얻었지만 실패했다.

우리 팀의 여러 차례 슛 시도가 실패하였지만 경기가 우리 팀 페이스로 가는 것을 차단하기 위해 스펜서포트는 타임아웃을 신청했고, 타임아웃 이후 스티브 커가 리키 윌리스에게 낮게 공을 주었고 6 대 0을 만들었다.

벤치의 한 선수가 나에게 몸을 기울이며 말했다. "이 상태로는 첫 쿼터가 끝나기 전에 제이-맥 네가 출전할 수 있을 것 같아." 나는 누가 이렇게 말했는지 기억나지 않지만 정말 이렇게 말했다. 나는 우리 팀이 경기의 주도권을 잡기에는 아직 멀었다고 생각했다. 그러나 우리가 출발은 좋았지만 주도권을 잡았다고 말하기에는 이르다. 존슨 코치는 내가 출전하려면 우선은 우리가 크게 앞서야 되며 내가 출전하기 전에 팀의 모든 선수들이 출전하게 될 것이라고 말했기 때문에 나는 좀 더 기다리는 시간이 필요함을 알고 있었다.

이어서 스펜서포트의 수비수가 공을 가로챘고 가볍게 던져서 6 대 2를 만들었지만 내 친구 레버 고프가 3점 슛을 성공시켜 9 대 2로 만들었다. 그것은 경기 초반에 상대를 크게 앞서는 점수 차이였고, 우리가 기대하던 것이었다. 자랑 같은 것은 하고 싶지 않지만, 우리는 스펜서포트 팀을 그다지 두려워하지 않았다. 이전에 우리는 그들과 상대해서 꽤 잘 했다. 그들은 훌륭한 선수들이었고 우리 친구들도 많지만 그 해에는 성적이 그다지 좋지 않았고 한 달 전에 그 학교 체육관에서 열린 경기에서 우리가 처음으로 그들을 이겼었다.

나는 벤치의 존슨 코치와 부 코치 옆 자리에 앉았다. 나는 '좋았어. 친구들! 우리가 할 것은 침착하게 경기를 하고 슛을 하고 공이 오고 갈 때 기회를 잡는 거야. 좋았어. 친구들! 집중해.'라고 생각했다. 나는 내가 경기에 출전하는 것을 생각하지는 않았다. 이 말은 그러한 생각이 내게 있었다고, 그리고 없었다고도 할 수 있다는 의미다. 경기 출전은 나의 마음 속 뒤편에 있었지만 전면에 있지는 않았다. 경기 출전은 일어날 가능성이 있는 어떤 것에 불과하다. 코치는 나에게 기회를 주기 위해 최선을 다해 보겠다는 말을 했지만, 지금 이 순간 내가 생각하는 전부는 우리 팀이 경기를 주도해서 또 한 번 이기는 것이다. 이것은 우리에게 일종의 선언적 경기다. 우리는 이미 지역구 출전권을 얻었고, 이미 두 번째 경기에 참가할 수 있게 되었다. 이제 우리는 정규 시즌을 큰 승리로 마무리해서 몬로 지역 농구계의 모든 사람들에게 우리가 승리 팀이라는 사실을 알려야 한다. 모든 사람들에게 자신이 인정받고 싶어 하는 것을 말하는 것이기 때문에 이 경기를 선언적 경기라고 말하는 것이다.

02

큰 새

Big Bird

The Game of My Life

나는 다섯 살까지 말을 못했다고 하는데, 아마도 말을 하기까지 긴 시간을 기다린 것 같다. 부모님은 내가 말 비슷한 것조차도 하지 못하게 되는 건 아닐까 많이 애를 태우며 나를 걱정했다고 한다. 엄마는 때때로 내게 뭔가 잘못된 것이 있다고 생각이 될 때면 울었고, 나중에 내게 문제가 있다는 것을 알게 되었을 때도 울었다. 엄마와 알고 지내는 사람들은 엄마가 우는 모습을 절대 볼 수 없었고 단지 밖으로 나가겠다고 말하였던 것을 알 것이다. 엄마는 방으로 들어가서 문을 잠그고 30분 정도 운다. 그러면 기분이 괜찮아진다.

부모님은 처음에 내가 문제가 있다는 것을 몰랐고 나중에 의사로부터 내가 자폐증을 가지고 있다고 들어서 알게 되었다. 부모님은 내가 말을 하지 못한다는 것을 알 뿐이지 자폐에 대해서는 많이 알지 못했다. 나는 안기는 것을 싫어하고, 누가 내 몸을 만지려고 하면 몸이 경직되었다고 한다. 나는 이런 것들을 기억하지는 못하지만 이야기는 여러 번 들었다. 나는 포옹이나 입맞춤을 싫어하고 대화를 할 때 상대를 쳐다보지 않았으며 큰 소리로 웃거나 미소 짓지 않았다. 다른 사람들은 내가 다른 세계에 있는 것 같다고 말했다. 머릿속에서 나는 다른 곳에 있었다. 나는 때로 한밤중에 집 주변을 서성이고 뛰고 소리를 질렀다. 눈을 뜬 채로 계속 자고 있었고 부모님은 내가 소리 지르고 뛰지 못하게 하려고 나를 붙잡았지만 나는 누가 잡는 것을 싫어해서 더 크게 뛰고 소리를 질렀다. 내가 어릴 때는 잡고 있는 것이 별로 어렵지 않았지만, 자라면서 몸집이 커짐에 따라 엄마가 나를 붙잡아 가만히 있게 하는 것이 점점 더 힘들어지게 되었고, 여기저기 뛰는 나를 쫓아다니며 붙드는 것도 힘들어졌다. 엄마는 여기저기 뛰고 소리 지르는 나를 잡으려다가 어깨가 탈골되기도 하였다고 했다. 이건 내가 더욱 나이가 들고 커져서 생긴 일이다. 어머니는 내 잘못이 아니라고 하지만 내게 이런 말을 할 때면 나는 기분이 나빠진다. 나는 그렇게 할 수밖에 없었고 어머니는 단지 나를 조용히 시키려고 했을 뿐이다.

내가 한 살 반에서 두 살이 되던 해에 부모님이 나의 문제를 설명하기 위해서 '자폐'라는 단어를 처음 사용하였다. 부모님은 그 전에 이 단어를 들어본 적이 없었다. 아빠는 자폐가 과학 소설에 나오는 어떤 것처럼 들린다고 하였고, 엄마는 무엇인가에 대해 잘 모를 때 주로 하던 방식으로 자폐를 알아보셨다. 엄마는 자폐에 관한 자료를 되도록 많이 읽었다. 아버지는 내가 형 조시처럼 자라지 않는 것에 대해 걱정했다. 조시는 3개월 빨리 태어난, 소위 말하는 조산아였기 때문에 부모님은 이런 것을 걱정하셨다. 내가 들은 설명으로는, 조시는 또래 아이들에 비해 약간 느리게 행동했지만 계속 성장하고 있었다. 걷기, 말하기, 먹기 등 아기들이 하는 모든 것에서 조시가 늦었는데, 나는 그런 조시보다 더 느렸다. 그러나 걸음마는 조시보다 먼저 해서 나는 첫 돌 무렵에 걷기 시작했고, 조시는 14개월 쯤에 걸었다. 엄마는 내가 2개월 빨리 걸었다고 항상 말씀하신다. 그러나 다른 사람들 말로는 내가 형보다 늦게 길에 나와 걸었다고 한다. 말하기, 대소변 가리기, 읽기, 쓰기, 친구들과 놀기에서 나는 조시보다 느렸다. 부모님은 모든 것에서 나와 조시를 비교하고 조시의 발달이 늦었기 때문에 처음에는 내가 문제가 있다는 것을 모르셨다. 부모님은 보통 아이들이 성장하고 학습하는 방식일 뿐이라고 생각하셨다. 하지만 나중에 부모님은 내가 형 조시와 하는 것이 다르다는 것을 알고서야 다른 아이들이 말하고 노는 것을 살피고 내가 다른 아이들처럼 말하고 놀지 못하는 이유에 대해 궁금해하셨다. 소아과 의사인 보라 박사가 그 이유를 알려 주었다.

그는 나의 어릴 적부터의 주치의로 처음에 우리는 정기 검진 때만 병원에 갔기 때문에 박사는 일부 아이들은 다른 방식으로 발달한다고 말했다. 그는 아직 걱정하기는 이르니 계속 지켜보자고 했다. 나는 다른 사람들이 나를 걱정하고 엄마가 자기 방에서 울었다는 것과 심지어 내 자신을 이해시킬 수 없을 때 느꼈을 절망감마저 기억하지 못한다. 나는 그저 아기였을 뿐이다. 아마 나는 말할 것이 없어서 말을 하지 않았을지도 모른다. 말하기는 그리 대단한 것이 아니라 생각하기에 이게 내가 보는 방식이다. 말할 것이 생겼을 때 나는 말을 했다.

보라 박사는 조시가 할 말을 모두 다 하기 때문에 내가 말하지 않을 것이라고 추측했다. 조시는 너무나 말이 많았다. 엄마는 조시가 천상 게비 헤이즈Gabby Hayes, 역자 주: 1930년 서부 영화 배우라고 했다. 나는 그가 누구인지 모르지만, 틀림없이 말이 많은 사람일 것이다. 조시는 그랬다. 보라 박사는 조시가 나를 위해 내가 할 말을 먼저 다해 버리기 때문에 내가 말하지 않을 가능성이 있다고 했다. 우리는 언제나 함께 있었으므로 보라 박사는 나를 조시와 떨어뜨려 어린이집에 보내서 내가 말하기 시작하는지 보자고 했다. 조시가 내 주변에 없으면 스스로 말 비슷한 것을 할 수밖에 없을 것이라는 생각이었다. 한 살 반이 되어서야 사람들이 나를 검사해 보고 자폐라고 부르기 시작했다. 모두들 아직까지는 내가 정상인데 단지 말하는 것만 늦을 뿐이라고 생각했고, 그것이 좋은 생각 같아서 엄마는 지금 내가 일하고 있는 웨그멘 슈퍼마켓 옆 건물의 어린이집에 나를 보내기로 했다. 그곳은 일반 어린이를 돌보는 어린이집이었다. 어머니는 슈퍼마켓에 가는 길에 그곳을 발견했다. 어머니는 어린이집에 나를 보내 떼어 놓을 수 있게 되자 조시와 함께 슈퍼마켓에서 쇼핑을 했다. 매주 목요일마다 쇼핑하는 한 시간 동안 나는 어린이집 구석에 혼자 앉아 있기만 했다. 이것은 그곳 사람들이 엄마에게 한 말이다. 일 년 동안 계속 어린이집에 갔지만 내가 하는 것이라고는 오로지 혼자 구석에 앉아 노는 것이었다.

데이비드 맥얼웨인(제이슨의 아빠)

아주 어릴 때, 제이슨은 한밤에 비명을 질렀다. 누군가는 밤의 공포라고 했다. 제이슨은 밤새도록 자지 않았고 우리는 항상 제이슨을 붙잡으려 집 안을 돌아다니며 쫓아다니느라 지쳤다. 우리의 큰일은 제이슨이 조시를 깨우지 못 하게 하는 것이었다. 두 아이 중 하나만을 밤새 돌보는 것만으로도 충분히 괴로웠다. 우리는 다른 한 아이도 밤새도록 깨 있는 것을 원하지 않았다.

제이슨은 또한 씹기 문제도 있었다. 아기가 처음 태어났을 때 음식을 어떻게 먹는지 알 것이다. 제이슨은 오로지 그렇게 먹으려고 할 뿐이지 씹는 방법을 배우려 하지 않았다. 우리는 그것에 대해 소아과의사와도 상담을 했다. 제이슨은 그냥 먹지 않았다. 우리는 기본적인 음식을 주었고 제이슨은 토할 뿐이었다. 그러자 우리는 모든 음식을 아주 작은 조각으로 잘라서 줬지만 그것 역시 토해냈다. 제이슨은 울기 시작했고 화를 냈다.

이 문제는 제이슨이 일곱 살이 될 때까지 계속되었다. 아내는 제이슨에게 무엇이라도 먹이려고 애쓰는 치과의사 같았다. 그녀는 "먹어, 먹어, 먹어."라고 말했다. 항상 그렇게 했다. 아내는 제이슨이 다 먹을 때까지 바로 옆에서 앉아 있거나 억지로 먹여야 했다. 그것은 언제나 고생스러운 전쟁이었다. 아내는 항상 똑같이 움직이는 자동인형 같았다. 아이 앞에 음식 접시가 놓여 있으면 아내는 아이에게 먹이려고 한다. 내가 일터에서 돌아오자마자 우리는 매일 저녁 식사를 함께했지만 아내는 오래 먹지 않았다. 항상 제이슨을 먹였고 제이슨이 먹도록 강요했다. 우리 집의 식사는 즐겁지 않았고 힘든 일이었다.

내가 두 살 반이 되었을 때 나는 검사를 받았다. 부모님은 뭔가 이상이 있고 내가 단지 늦게 발달하는 것이 아니며 내게 사소한 어려움이 있는 것이 아니라는 것을 알았다. 이때가 부모님이 나를 자폐라고 했던 시기다. 한밤중에 여기저기 뛰고 소리지르는 것을 자폐적 분노발작이라고 한다. 나는 한밤중뿐 아니라도 다른 종류의 분노발작도 했다. 때때로 나는 새처럼 팔을 위아래로 펄럭이곤 했다. 그리고 간혹 발로 차고 소리치기도 했다. 내가 여기저기 뛰어다니면 통제하기가 어렵다. 그러나 가장 크고 심각한 문제는 말을 하지 않는 것이었다. 의사는 부모님에게 일정 나이까지 말을 하지 못하면 내 자폐성향의 심각성이 어느 정도 지속할지를 알려준다고 했다. 내가 말하는 시기에 따라서 해야 할 모든 것이 정해진다. 어떤 의사는 내가 전혀 말하지 못할 것이라고 했다. 이 시기가 엄마가 방에 가서 울었던 때다. 엄마는 내가 좀 더 자랐을 때 이것을 이야기해 주었다. 나는 지금 엄마가 나 때문에 울었다는 것에 미안해하지만 엄마는 내가 자폐가 될 것이라는 그때의 생각을 거의 기억하지 않는다. 내 생각으로 엄마는 나도 보통 아이들처럼 될 수 있다는 가능성을 보는 것에 익숙해진 것 같다. 나는 어떤 면에서는 보통 아이이고 어떤 면에서는 자폐다. 그래서 나중에는 어머니가 그렇게 많이 울지는 않았을 거라고 생각한다.

반면, 아빠는 크게 걱정하지 않으셨다. 그게 그분의 성격이다. 아빠는 모든 것을 긍정적인 시각으로 보신다. 아빠는 자신을 '잔에

물이 반이나 남았다고 말하는 사람'과 같은 부류라고 말씀하셨다. 아빠는 엄마가 모든 것을 부정적으로 보기 때문에 엄마는 '잔에 물이 반이나 비었다고 말하는 사람'과 같은 부류라고 했다. 엄마는 아빠가 내 상태를 받아들이지 않으려고 내가 말하고 싶을 때 말할 것이라고 생각했다고 하셨다. 그렇게 생각하는 것이 현실을 보는 좋은 방법이라고 생각하지 않는가? 엄마는 지나치게 걱정을 하신다. 엄마는 나를 말하게 하겠다는 강한 의지를 가지고 계셨다. 내가 말하는 것이 이후에 일어날 발달을 결정한다는 의사의 말 때문에 엄마는 내가 말하는 데 필요한 모든 것을 하셨다. 엄마가 말하기를, 나는 요구를 하는 데 손가락으로 많이 가리켰고 엄마의 주의를 끌려고 옷자락을 잡아당겼다고 한다. 물이 먹고 싶으면 음료수 병을 가리켰고 먹고 싶은 게 있으면 그것을 가리켰다. 그때마다 엄마는 내게 원하는 것의 단어를 말하게 했다. 엄마는 아기처럼 말하게 하는 방법으로 내가 사물을 말하도록 가르쳤다. 엄마는 내가 병을 원할 때면 "버-버."라고 하고 내가 물을 원하면 "무-무."라고 하셨다. 내가 네 살이었을 때 엄마가 내게 사용한 단어는 조시가 말을 하기 시작할 무렵에 사용했던 단어와 같았다. 그것이 말을 가르치는 엄마의 방법이었다. 엄마는 반복적으로 이런 단어들을 아기처럼 말해서 내가 똑같이 그것들을 따라 말하게 했다. 엄마는 때때로 내가 뭐라도 말하게 하려고 15초 동안 이렇게 했고 결국에는 포기하고 음료수 병이나 내가 원하는 것들을 주었다. 내가 옷자락을 잡아 주의를 끌면 어머니는 "엄."이라고 했다.

반복적으로 엄마는 이렇게 말하면서 자신을 가리키고 나는 둘을 연결했다. 엄마는 아빠에 대해서도 같은 방법을 사용했다. 엄마는 아빠를 가리키면서 "아."라고 말했다. 나와 함께 있을 때 아빠도 이렇게 하셨지만 엄마만큼 힘들어하시는 않았다. 아빠는 처음에 그렇게 하지만, 말할 때까지 나를 15초 이상 기다리게 하지 않으셨다. 아빠는 바르게 말할 때까지 나를 기다리게 하지 않고 내가 가리켰던 것을 주셨다. 물론 나는 이 모든 것을 기억하지 못한다. 가족들이 말해 준 것을 기억하는 것이다.

나는 나 자신 그 자체이므로 자폐가 된다는 것이 무엇과 같은지 설명하기는 어렵다. 대부분의 사람들이 어릴 때를 기억하지 못하는 것처럼, 나 또한 내가 어렸을 때 어땠는지 기억하지 못한다. 그래서 나는 네 살 때 나를 검사한 사람 중 한 사람이 내가 어땠었는지를 말하는 것을 함께 제시한다. 나는 이 사람을 기억하지는 못하지만, 이것은 아빠가 보관하고 있는 내 의료기록 파일에 있는 그녀의 보고서 중 일부다.

마리엔 무디 (언어치료사, 교육서비스 협력위원)

제이슨은 대부분의 시간을 반복 놀이를 하며 보낸다. 예를 들면, 장난감 집의 문을 열고 닫거나 장난감 음식을 딸그락거리거나 테이블 위에 붙은 표를 두들긴다. 제이슨은 모래와 새 모이 상자, 옥수수 가루 쟁반,

마카로니 테이블 같은 촉각을 자극하는 물건을 좋아한다. 제이슨은 플레이도우와 같은 고무찰흙 만지기를 싫어하고, 두들기거나 딸그락거리기 좋은 도구와 나무 핀을 갖고 놀기를 좋아한다. 또한 종이 위에 매직펜을 가지고 그리기를 좋아했는데 가끔 그리기를 멈추고 매직펜의 뚜껑을 두드리기도 했다. 이는 정상적인 사용법은 아니다.

　제이슨은 스스로 먹지 않는다. 그는 주로 조리되지 않은 음식을 먹었고, 프렌치 토스트, 팬케이크, 완두콩, 아이스크림 샌드위치 같이 약간의 조리가 된 음식만을 먹는다. 이것도 어머니가 수저로 떠서 먹인다. 제이슨은 집에서 가져온 물병과 뚜껑 있는 컵을 사용한다. 제이슨은 아직도 손을 사용해서 먹지 않지만 크래커와 쿠키는 손으로 집는다. 과자를 한꺼번에 주면 손에 넣고 부셔서 가루로 만든다. 간식 시간에 제이슨은 반 친구들과 함께 앉아서 간식으로 무엇이 나올지 궁금해한다. 그는 음식을 먹여 주는 어른을 가끔 쳐다보고 눈을 맞추면서 입을 벌리고 다문다.

　내가 말했듯이 이 사람이 쓴 내용에 대해서 하나도 기억나지 않는다. 엄마의 큰 업적인 내가 글을 읽게 된 일과 같이 누가 내게 말해 주는 것을 빼고, 나는 어릴 때 집에서 있었던 사건들을 너무 많이 기억하지 못한다. 엄마는 언제나 나뿐 아니라 조시에게도 책을 읽어 주었다. 큰 그림과 단순한 단어들이 같이 있는 큰 그림책이나 계속해서 같은 단어와 문구가 반복되는 간단한 이야기가 있는 동화책을 읽어 주었다. 나는 다른 아이들에 비해 많은 장난감을 갖지는 못했지만 가지고 있는 몇 안 되는 장난감들은 모두 말하는 장난감이었다. 엄마는 내가 조시와 장난감을 가지고 놀거라고 생각하셨기 때문에 조시의 장난감 또한 말하는 장난감이었다. 화살표를 농장 동물에게 돌리고 줄을 당기면 농장 동물 이름과 울음소리가 어떤지를 알려 주는 말하는 장난감을 생각하면 된다. 밀림의 동물들이나 트럭 같은 것들의 이름과 소리를 들려주는 장난감도 있다. 그런 장난감들은 나를 말하게 하려고 엄마가 우리에게 사준 것으로, 잡아당기면 말소리를 들을 수 있는 장난감이었다. 엄마는 나의 자폐 증상을 완화시킬 수 있는 방법이라면 모든 것을 시도했다.

엄마가 어떤 노력을 해도 나는 반응을 하지 않았다고 한다. 부모님의 시도 중 내가 반응한 유일한 것은 수영과 빛이었다. 부모님은 우연히 이것을 발견했고 이제 그것에 대해 말하겠다. 내가 어릴 때 엄마와 아빠는 훌륭한 수영선수였다. 부모님은 주말마다 우리를 수영장에 데리고 갔고 내가 물을 좋아한다고 하셨다. 조부모님은 우리가 가는 수영장 가까이에 사셨다. 조시는 수영을 싫어했지만 나는 내내 여기저기 물을 튀기며 다녔다. 부모님이 나를 살피지 않거나 구명조끼를 입지 않았거나 비누칠을 하지 않은 경우라도 어찌 되었건 나는 뛰어들었을 것이다. 내가 수영하는 방법을 모르기 때문에 아빠가 내 뒤를 따라서 뛰어들어야 했던 때가 두 번 있었다. 모두들 내가 물을 무서워하지 않는다고 했는데 나는 그저 계속 뛰어들었을 뿐인 것 같다. 자폐가 있으면 어떠한 것도 두려워하지 않는다. 그래서 내가 수영할 때는 부모님이 정말 많은 신경을 써야 했지만 아무리 많은 신경을 쓰더라도 내가 무언가에 처음으로 반응한 첫 순간이었기 때문에 부모님은 내가 수영을 하고 물을 무서워하지 않는다는 것에 흥분하셨다. 보라 박사도 그것이 긍정적인 사건이라고 했다.

내가 반응한 또 다른 것은 빛이었다. 부모님이 집에서 불을 끄고 켤 때 내가 마시고 먹고 그 밖의 것들을 하게 된다는 사실을 알게 되었다. 나는 어릴 때 전혀 먹지 않았다. 부모님이 나에게 음식을 줄 때마다 먹도록 강요했는데, 어느 날은 불빛이 켜졌다 꺼졌고 나는 병의 음료수를 마시기 시작했고 다음에도 그렇게 했다. 부모님의 표현대로 그것은 사건이었지만 계획적인 사건이었다. 처음 이 일이 있을 때 나는 할머니와 함께 있었다. 할머니가 어떻게 빛과 먹는 행동의 관련성을 아셨는지는 모르겠지만 할머니는 어머니에게 말했고, 두 사람은 집안 여기저기 뛰면서 불을 껐다 켰고 그 후로 내가 먹을 때는 다른 사람이 스위치나 램프 같은 것 옆에 앉아서 불을 켰다 껐다. 이러한 방식은 오랫동안 계속되었다.

내가 말하지 않은 기간이 길어질수록 모두들 많이 걱정했다. 그러던 어느 날, 내가 말을 했다. 부모님의 말로는 나는 조시와 함께 '세서미 스트리트' 역자 주: 우리나라의 '딩동댕유치원' 과 같은 미국의 어린이 프로그램를 보며 거실에 앉아 있었다고 한다. 나는 '세서미 스트리트'에 그다지 관심이 없었다. 단지 조시와 함께 있고 싶었다. 우리가 무엇을 보고 있는지는 중요하지 않았고, 그저 우리는 같이 보고 있었을 뿐이라는 것은 확실했다. 아마 나는 화면을 보고 있지도 않았을 것이다. 나는 항상 들고 다니는 작은 이불을 가지고 있었다. 부모님은 그 이불을 '미미'라고 불렀다. 부모님이 왜 그렇게 불렀는지는 모르지만 부모님은 그렇게 불렀고 어린 시절 나는 어디에나 그 이불을 가지고 다녔다. 그것은 실제로 천 기저귀였지만 모두들 이불이라고 불렀다. 사람들은 내가 항상 두들길 트리덴트 껌 통 두 개도 가지고 다녔다고 한다. 그것은 내 주요한 장난감이었다. 자폐가 있는 사람들은 무언가에 빠지는데 어떻게 그렇게 되었는지는 모르겠지만 나는 이 껌 통에 빠졌다. 그것은 분홍 포장지 속의 풍선 껌 종류로, 하루 종일 그것들을 함께 두들겼다. 통 하나가 망가지면 부모님이 다른 것을 하나 더 사 주셨다. 통을 항상 두들겨서 계속 깨지기 때문에 부모님은 집안 여기저기에 통을 비치해 두셨다. 나는 그 많은 껌들 전부를 어떻게 하셨는지는 모른다. 그 모든 껌을 어떻게 하셨는지를 알면 재미있을 것 같다.

데비 멕얼웨인(제이슨의 엄마)

우리는 텔레비전에 나오는 많은 이야기를 믿지 않는다. 아이들이 어릴 때는 케이블 방송도 보지 않았고 일요일 아침 지역 방송국인 PBS에서 방영하는 세 시간짜리 '세서미 스트리트'를 남편이 녹화하고 주중에 아이들이 녹화 테이프를 본다.

목요일 오후 네 시간 동안 나는 부엌에서 음식을 만들었고 조시가 내 주위를 뛰어다니며 "엄마, 제이슨이 말해."라고 했다. 제이슨이 한 말은 "큰 새."였다. 그게 전부였다. 제이슨은 텔레비전에 큰 새가 나오자 가리키면서 "큰 새."라고 말했다.

의사는 자폐아가 한 단어라도 말할 수 있게 되면 의사소통을 시작하는 문이 열리는 것이라고 말했기 때문에 이 사건은 매우 중요한 것이었다. 이것을 위해 그동안 우리는 수많은 노력을 했다. 제이슨에 대한 우리의 첫 목표였으므로 조시가 그 말을 했을 때, 나는 하던 것을 떨어뜨리고 직접 보기 위해 거실로 뛰어나왔다. 나는 매우 흥분했다. 제이슨은 트리덴트 통 두 개를 두들기면서 소파 앞에서 텔레비전을 보고 있었다.

나는 제이슨 앞에 무릎을 꿇고 앉아서 아이의 얼굴을 두 손으로 감쌌다. 그것은 내가 배운 제이슨을 주의집중시키는 방법이었다. 제이슨의 얼굴을 감싸고 아주 가까이에서 나를 똑바로 보게 한 다음 "큰 새, 큰 새, 큰 새."라고 계속 말했다. 나는 거의 미친 여자 같았다. 제이슨은 특유의 멍한 시선으로 나를 바라볼 뿐이었지만 나는 계속 "큰 새, 큰 새, 큰 새."라고 했다.

드디어 내 어깨 바로 뒤로 큰 새가 텔레비전에 다시 나오고 나는 내가 아주 가까이에 있어도 제이슨이 그 새를 볼 수 있다는 것을 알게 되었고 제이슨은 입을 열어 "큰 새."라고 말했다. 보통의 아이들과 똑같았다. 그리고 나는 비명을 지르고 울고 펄쩍펄쩍 뛰었다. 그것은 우리 가족에게 굉장히 중대한 순간이었다.

남편도 역시 그 사건이 무엇을 의미하는지 알기 때문에 나는 남편에게 전화를 했고 다음에는 친정어머니에게 전화를 했다. 나는 내가 알고 있는 모든 사람들에게 전화를 했다. 그것은 가장 흥분되는 사건이었다. 제이슨이 말을 한 것은 우리를 정말로 놀라게 했기 때문에 나는 부엌으로 다시 돌아가서 그날 저녁 식사 시간에 무엇을 했는지 생각나지 않는다. 어찌 되었건 그날 저녁 식사 메뉴는 그리 중요하지 않았다.

엄마는 내 얼굴을 두 손으로 감싸는 행동을 아직도 한다. 내가 득점을 내고 난 후 흥분의 도가니가 된 경기장에서도 엄마는 그렇게 했다. 나는 엄마가 어디서 그런 것을 배웠는지는 모른다. 아마 논문에서 읽었거나 엄마 스스로 알게 된 것일 수도 있다. 엄마는 그것이 나를 집중하게 한다고 말씀하셨지만, 실제로는 나를 미치게 할 뿐이다. 엄마가 이 글을 읽고 마음이 상하지 않았으면 좋겠지만 미안하게도 엄마의 의도와는 맞지 않는다. 엄마는 내 얼굴을 잡고 있을 때 내가 더 집중을 할 것이라고 생각하지만 실제로 나는 엄마가 놓아주기를 기다릴 뿐이다. 나는 그렇게 하는 것이 싫다. 게다가 나는 엄마가 다른 사람들에게 말할 때처럼 방 저쪽에서 말할 때도 잘 들을 수 있다. 엄마는 너무 크게 말한다. 물론 나는 엄마가 방 저쪽에서 말하는 소리를 들을 수 있다. 여러분이 우리 엄마를 한 번 만나서 말하는 것을 듣는다면 내가 엄마 말을 들을 수 있다는 것을 알게 될 것이다.

어찌 되었건 그것이 내가 처음으로 말을 하게 된 이야기이며, 그때부터 나는 계속 말을 했다. 아기처럼 "엄." "아." "조시."라고 말했고, 완전한 문장을 말하고 이야기를 하기까지 많은 시간이 걸리지는 않았다. 엄마는 가끔 내가 말을 많이 하지 않을 때가 더 좋았다고 말하기도 하는데, 나는 그런 뜻이 아니라는 것을 안다. 내게 너무 많이 말하지 말라는 뜻으로 그렇게 말씀하신다는 것을 알지만 그것 때문에 팔짝팔짝 뛰고 모두에게 전화를 하는 엄청난 일을 한 사람이 엄마라는 사실을 기억하라고 농담하고 싶어진다. 내가 처음으로 '큰 새'라고 말했던 것에 관한 이야기를 해달라고 하면 엄마는 그때처럼 흥분하고, 나는 속으로 '자, 무엇을 기대했었나요?'라고 묻는다.

내가 말하기 전에 부모님은 내게 특수교육을 받게 하였다. 그것은 로체스터 지역 내 자폐 및 다른 장애인들을 위한 BOCES 프로그램으로 몬로에서 운영되었고 내가 세 살 때 교육 수혜가 허가되었다. BOCES는 Board of Cooperative Educational Services협력적 교육서비스위원회의 약자로 뉴욕 주 전역에서 실시되는 프로그램이다. 특별한 지원이 필요한 학생을 위한 특별 서비스와 일반학교에는 없는 부가적 서비스를 제공한다. 교육이 허락되자마자 부모님은 나를 그곳에 보냈다. 그곳의 아이들은 매우 다양했다. 학습장애, 지체장애, 자폐 또는 뇌성마비 등 다양한 장애를 가지고 있었다. 청각장애아 한 명이 수화를 배웠고 나머지도 수화를 보고 배웠다. 나는 말을 할 수 없었지만 몇 가지 수화는 이해할 수 있었다. 아직도 수화를 기억하지만 자주 사용하지 않아서 많이 잊었다.

나에게 가장 적합한 프로그램의 가능 여부에 따라 나는 매년 다른 학교를 다녔다. 한 해에는 거의 한 시간이 걸려서 처치빌이라는 곳까지 가야 했다. 실제로는 한 시간 거리가 아니지만 버스가 너무 많은 정류장을 거쳤다. 아침 7시에 나를 태우고 가서 오후 4시 반이나 5시에 집에 내려주었다. 한 번은 내게 딱 맞는 프로그램을 하는 학교가 집 근처에 있던 적이 있었다. 학교에서 나는 친구들을 사귀지 않았다. 내 말은 내가 친구들과 다정하게 지내고 싶어도 학교 밖에서 서로 볼 수 없었다는 뜻이다. 나는 사교적이지는 않는데 시간이 지나서 나이가 들수록 매우 사교적이 되어 재미있다. 나는 항상 말하고 인사하고 새로운 사람들을 만나지만 내가 어릴 때 우리 반 아이들은 모두 서로 달랐다. 일부는 말을 하고 일부는 말을 하지 못했으며, 일부는 놀았고 일부는 놀지 않았다. 부모님은 학교 행사에 참석하곤 하였는데, 다른 많은 아이들보다 내가 더 나아보여서 아빠는 나의 자폐에 대해서 조금 더 좋게 생각하셨다. 아빠는 다른 아이들이 하는 것과 내가 하는 것을 비교하셨다. 아빠는 나의 기능이 더 좋다고 말하셨다. 엄마는 내가 나보다 기능이 좋지 않은 아이들과 함께 하루 종일 한 교실에 틀어박혀 있다고 기분이 더 나빠지셨다. 이것은 부모님의 '반이나 비었네.'와 '반이나 남았네.'라는 생각의 차이를 보여 주는 좋은 예이며, 어떻게 같은 것을 다른 방식으로 보는지 알려 준다. 나는 그 중간의 어딘가에 있었고 이것이 엄마에게는 나쁜 것이 되고 아빠에게는 좋은 것이 된다.

우리 가족에게 가장 빛나는 순간의 하나는 디즈니 월드에 간 것이었다. 내가 두 살 반 때였다. 내가 여덟 살 때와 열세 살 때도 갔는데 나는 사진 말고는 처음에 갔던 때를 기억하지 못한다. 형 조시 또한 기억하지 못한다. 우리 둘은 정말 너무 어렸다. 처음 갔을 때가 1월이어서 로체스터 공항에 갔을 때 나는 겨울 코트를 입어야 했고 디즈니 월드에 갔을 때는 더워서 코트를 벗어야 했다. 이것은 틀림없이 나에게 곤란을 주었을 것이고, 조시에게도 역시 그랬을 것이다. 마술왕국에서 후크 선장과 함께 찍은 사진이 있다. 조시는 정말로 후크 선장을 보고 싶어 했다. 우리는 집에서 피터팬 비디오를 봤고 조시는 언제나 피터팬을 보는 걸 좋아했다.

내가 자폐이지만 우리는 그저 평범한 가족 같았다. 우리가 훌쩍 자라서 어릴 적 사진들을 보면서 조시는 부모님께 우리가 기억하지 못할 줄 알면서 왜 디즈니 월드에 데려 갔는지를 물었다. 부모님은 우리가 평범하지 않더라도 평범한 가족처럼 되기를 원했기 때문이라고 말했다. 평범한 가족들이 하듯이 부모님은 디즈니 월드로 갔다. 자라면서 나는 디즈니 월드에서 찍은 사진들을 보면서 항상 디즈니 월드에 가고 싶었기 때문에 그때를 기억하려고 했다. 기억을 할 수 없었기 때문에 진짜 거기에 갔다고 할 수 없어서 마침내 디즈니 월드에 다시 갔다. 내가 더 크면 나를 디즈니 월드 같은 곳에 데리고 가는 것이 쉽지 않다고 부모님이 항상 말하셨다. 내가 세 살 때까지 부모님은 집을 떠나 아주 많이 낯선 장소에 나를 데리고 가기 어려웠다고 말하셨다. 부모님은 내가 어떻게 반응할지 예측할 수 없었다. 그러나 부모님은 나를 두 번 더 데리고 가셨는데 그때는 내가 너무 많이 힘들게 하지는 않은 것 같다. 내 기억 속의 여행에서 아마 나는 자폐적 분노발작 같은 것이 있고, 두 살 반 때는 '정상'은 아니었을 것도 같다. 자라면서 나는 집에서 가까운 놀이 공원이나 디즈니 월드 같은 곳에 가서 모든 놀이 기구를 탔다. 커다란 롤러 코스터는 전부 다 탔다. 처음 디즈니 월드에 갔을 때는 내가 너무 작아서 어떤 것도 타지 못했겠지만 다음번부터는 모든 것을 탔다. 내 키로 탈 수 있는 것은 무엇이든 탔다.

내가 기억하는 또 다른 것은 많은 검사를 받았다는 것이다. 나는 스트롱 메모리얼Strong Memorial이라는 곳에 갔다. 그곳은 다양한 검사를 하는 병원이었다. 다섯 명의 의사들이 나를 검사했다. 검사는 하루 종일 걸렸다. 어머니는 하루 종일 나와 함께 있었다. 청력과 언어를 검사하는 사람들이 있었다. 내 몸과 머리를 검사하는 의사들도 있었다. 이 모든 검사를 한 후 내가 심각한 자폐증을 보인다고 평가했다. 자폐는 만 명 중 한 명에게서 발견되는, 사례가 흔치 않은 병이라고 했다. 이러한 사실을 듣고 엄마는 몹시 좌절했다. 엄마는 내가 그렇게 드물고 심각한 경우가 되는 것을 원하지 않았다. 나중에 엄마는 자기 방에 들어가서 울었던 날들 중 스트롱 메모리얼에 다녀온 후가 두 번째로 많이 울었다고 말하셨다.

부모님은 내가 어릴 때 나를 아주 성가시게 한 것 중 하나는 청각이었다고 했다. 내 귀는 매우 민감했다. 이러한 증상은 많은 자폐 아동에게서 나타난다. 길에 쓰레기 차가 있으면 나는 소리를 지르면서 귀를 막는다. 어머니가 아주 가까이에서 믹서기나 진공청소기를 돌리면 나는 소리를 지르며 귀를 막는다. 이렇게 시끄럽고 쿵쿵거리는 소리를 듣는 것은 매우 고통스럽다. 갑자기 나는 소리와 보통 사람들도 펄쩍 뛰게 하는 소리는 전부 싫다. 의사는 내 귀가 민감해서 갑작스럽고 시끄러운 소리에 괴로워한다고 했다. 나는 어릴 적 당시에 느꼈던 그 고통의 느낌을 기억하지는 못하지만 부모님께 여러 번 들어서 알고 있다. 이 문제를 해결하는 방법에 대한 엄마의 생각은 믹서기와 진공청소기를 그냥 돌리는 것이었다. 엄마는 내가 그 소리에 익숙해지면 더 이상 문제가 되지 않을거라 생각했지만, 아직도 그것은 문제다. 사실은 나이가 들수록 더 심각해진다. 내 청각은 점점 더 민감해진다.

데비 맥얼웨인

나는 독서와 텔레비전을 통해서 많은 지식을 얻는다. 무엇보다 나는 제이슨의 진단을 받아들이고 싶지 않았다. 진단 결과를 받아들이기는 했지만 제이슨이 자폐라는 점을 잊기도 했다. 책에 뭐라고 쓰여 있더라도 제이슨은 다를 거라고 생각했다. 제이슨을 정상으로 만들기 위해서라면 무엇이든 할 것이라는 것이 내가 아는 전부다. 의사가 하는 말은 나를 더욱 예민하게 만들기 때문에 때때로 나는 의사의 말과 반대로 하곤 했다. 예를 들면, 제이슨이 말하기 전에 촉진적 의사소통(Facilitative Speaking)이라고 불리는 것이 새롭게 등장했다. 그것은 컴퓨터를 통해서 아이에게 말을 가르치는 것이다. 나는 제이슨에게 그것을 적용하는 것을 반대했다. 나는 싫다고 말했다. 나는 제이슨이 특정 도구에 의지하게 하고 싶지 않았다. 나는 제이슨이 이 도구를 사용해서 말을 배우게 된다면 스스로 말하는 법을 배우지 못하게 될 것을 알고 있었다. 이것은 내 개인적인 신념이다. 그것은 전문가에게 맞서는 것이었지만 개의치 않았다. 이 아이는 내 아이이기 때문이다.

그들은 또한 제이슨에게 리탈린(역자 주: 중추신경자극제로 뇌의 신경전달물질인 도파민을 활성화하여 과잉행동을 완화시키고 주의집중을 향상시키는 것으로 알려짐)을 복용시키길 원했다. 제이슨은 집중도가 좋지 않았고 의사들은 리탈린이 도움이 되리라 생각했다. 나는 싫다고 말했다. 제이슨이 일단 말을 하기 시작하면 학습하고 집중하도록 극소량을 사용하는 것은 허락하겠다고 말했지만 내 생각에 이것 또한 의지 도구의 하나다. 나는 의지 도구를 믿지 않는다. 나는 조시가 집이나 학교에서 계산기를 사용하지 못하게 했고 지금 조시는 대학에서 수학을 전공한다.

그리고 제이슨에게는 청각 문제가 있다. 그것은 확실한 문제였다. 나는 내가 제이슨을 그 문제로부터 억지로 벗어나게 할 수 있다고 생각했다. 제이슨이 시끄러운 소리에 익숙하게 만들어서 그 소리가 더이상 그를 괴롭히지 않게 하는 것이다. 그것은 제이슨 같은 아이들에게 적용되는 청각 민감성을 둔화시키는 방법이다. 내 기억으로 그것은 청각 통합 훈련이라고 불렸다. 그것은 샌디에이고에 사는 의사에 의해 개발되었다. 환자에게 헤드폰을 씌우고 어떤 음악을 연주했고, 듣기 과정을 부드럽게 하기 위해서 일정 시간 동안 번갈아서 볼륨을 바꾼다.

텔레비전 보도를 보았을 때는 금요일 밤이었다. 토요일 아침까지 나는 가장 가까운 시설이 있는 곳과 이러한 치료를 하는 곳에 관한 모든 것을 알아냈다. 그것은 코네티컷의 하트포드라는 곳에 있었고 나는 당장 예약을 했다. 두 달 동안 차례가 오지 않았지만 나는 빨리 예약을 했고 예약 시간이 되었을 때 우리 모두는 제이슨을 검사하려고 코네티컷으로 갔다. 나는 무엇이든 하려고 했다. 나는 의사가 하라는 모든 것을 다 하지는 않았고 제이슨에게 최선의 것을 선택해서 했다.

부모님은 아직까지 코네티컷으로의 여행에 관해 이야기한다. 그것은 한 가족의 전성기와 같았고, 전성기는 좋은 것으로 들린다. 나는 그것이 그렇게 좋지 않다고 생각하지만 특이하기는 했다. 가족들은 그것을 기억한다. 나는 기억을 못하지만 조시는 기억한다. 그는 어느 정도 성장한 상태였고 그것을 마치 모험처럼 기억한다. 그래서 그것은 일종의 전성기인데 모험류의 전성기다. 우리 가족 모두는 2주 동안 그곳에 가 있어야 했다. 엄마는 조시와 아빠를 집에 남겨 두고 가려하지 않았다. 엄마는 할아버지 댁에 조시를 맡기려 하지 않았다. 대체로 조부모님은 엄마가 일을 하거나 다른 것들을 해야 하면 우리를 돌보셨지만 그렇게 오래는 아니었다. 엄마는 모두가 함께 있기를 원했다. 엄마는 어느 날 우리가 코네티컷으로 갈 거라고 말했다. 아빠는 떠오르는 생각이 없다고 말했다. 아빠가 일자리를 비운다는 것은 부모님에게 큰 일이 아닐 수 없다. 아빠는 좋은 직업을 가졌지만 휴가 시간이 많지 않았다. 이것은 아빠에게 휴가였다. 여러분은 어떤지 모르지만 나라면 2주 동안의 휴가를 코네티컷의 치료실에서 보내고 싶지 않다. 다른 수가 없었다. 우리는 2주 내내 모텔 원룸에 머물러야 했다. 우리는 Super 8에서 묵었다. 디즈니 월드를 가던 때와 나중에 내가 워싱턴에 갈 때를 제외하고 우리가 모텔이나 호텔에 머물던 유일한 시기였다.

14일 동안 매일 아침 30분과 오후 30분 동안 엄마와 함께 치료실에서 보냈다. 그것은 검사 같은 것이 아니고 치료였다. 듣기를 더 좋게 하고 덜 민감하게 하는 것이었다. 매일 똑같은 의사가 나를 치료했다. 아빠와 조시는 모텔에 있거나 대기실에서 우리를 기다렸다. 나에게 의사가 커다란 헤드폰을 씌울 때 나는 어머니 무릎 위에 앉아 있었다. 나는 이 헤드폰을 좋아하지 않았다. 헬멧을 쓸 때처럼 헤드폰이 내 머리를 삼키는 것 같은 느낌이 들었다. 아직도 나는 헤드폰이 그리 좋지 않다. 내 친구 모두는 iPod에 담긴 음악을 헤드폰으로 잘 듣지만 나는 좋아하지 않는다. 내 어린 시절에 나는 헤드폰을 정말로 싫어해서 계속 헤드폰을 벗어버렸다. 처음 한두 번은 헤드폰을 씌우면서 엄마와 내가 싸웠고 계속 헤드폰을 벗어버리면 다시 계속 씌우다가 오래지 않아서 헤드폰에 익숙해졌다. 나중에는 30분 내내 헤드폰을 계속 쓸 수 있게 되었다. 아침 30분과 오후 30분 동안 음악을 들려주었다. 볼륨을 높였다 낮추었다. 모든 소리를 변화시켰다.

여전히 듣기에 어려움이 있기 때문에 그 치료가 효과가 있었는지는 모르겠다. 내 귀는 여전히 민감하다. 아직도 날카롭고 크고 쿵쿵거리는 소리는 괴롭다. 그러나 이 여행은 내가 더 나아질 수 있다면 부모님은 다양한 모든 것들을 시도하리라는 사실을 보여 주는 것이기 때문에 이야기하고 싶었다. 이것이 엄마가 새로운 치료법을 텔레비전에서 듣고서 아빠가 2주나 직장에 못 나가더라도 우리 모두가 그 치료를 받기 위해 2주 동안 모텔에 머물게 된 사연이다.

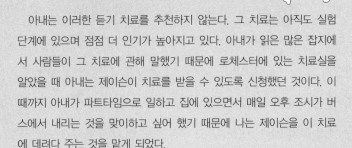

데이비드 맥얼웨인

아내는 이러한 듣기 치료를 추천하지 않는다. 그 치료는 아직도 실험 단계에 있으며 점점 더 인기가 높아지고 있다. 아내가 읽은 많은 잡지에서 사람들이 그 치료에 관해 말했기 때문에 로체스터에 있는 치료실을 알았을 때 아내는 제이슨이 치료를 받을 수 있도록 신청했던 것이다. 이 때까지 아내가 파트타임으로 일하고 집에 있으면서 매일 오후 조시가 버스에서 내리는 것을 맞이하고 싶어 했기 때문에 나는 제이슨을 이 치료에 데려다 주는 것을 맡게 되었다.

이런 식으로 우리는 제이슨에게 수많은 치료를 제공했다. 우리는 틀에 얽매이지 않고 정신건강 전문인으로부터 지도도 받지 않았다. 우리에게는 단지 일반 소아과의사가 있었고, 우리만의 치료법들을 우연히 발견하고 종합했다. 아내는 무엇인가를 읽으면 그것을 시험해 보았다. 처음에 효과가 없으면 다시 해 보거나 하지 않았다. 자폐 자녀를 기르는 방법에 관해서 다른 사람들과 공유할 비법은 없다. 우리는 그저 한 번 시도해 보았고 그게 전부였다.

제이슨이 다섯 살 때 받은 치료는 두 번째 듣기 치료였다. 보험 혜택이 되지 않는 치료라서 우리는 천 달러를 부담했다. 변호사가 우리가 갈 수 있도록 도와주었다. 나는 14일 동안 하루에 오전과 오후 두 번 치료실에 데려다 주었지만 전기 스위치를 켰다 끌 때와는 달랐다. 특정 소리에 예민해지는 것이 갑자기 없어지지는 않았다. 조금씩 진전될 뿐이었다.

코네티컷 여행 내내 나는 조시와 함께 다른 아이들을 바라보면서 대기실에서 기다렸다. 이때 나는 처음으로 제이슨만이 귀를 막고 몸을 앞뒤로 흔드는 유일한 아이가 아니라는 사실을 알게 되었다. 제이슨이 분노폭발을 보이는 유일한 아이가 아니었다. 물론 나는 이 모든 것들을 알고 있었다. 나는 관련 논문이나 보도 자료를 읽었고 제이슨과 같은 유형의 자폐증을 가진 아이들이 많이 있고, 이것은 많은 가족의 삶에 영향을 미친다는 것을 알고 있었지만 그 대기실에서 나는 그 사실을 새삼 깨닫고 실감하였다. 그곳은 우물 안 개구리를 깨닫게 하는 장소였다.

나는 내 어린 시절에 대해서 더 많이 말하고 싶지만 내가 기억하는 것은 좀 더 크고 난 후 가족이 말해 준 것이다. 나는 그 전성기를 내가 쓴 대로 기억한다. 전성기가 좋은 것이든 나쁜 것이든 상관없다. 전성기란 그저 특이한 것으로 우리 가족 사이에서 두고두고 하는 이야기다. 나는 다섯 살까지 말을 하지 못하고, 너무 갖고 싶은 것이 있으면 손으로 가리키는 것 말고는 의사소통을 하지 않았던 것을 기억한다. 내가 처음으로 학교에 갔을 때 주로 교실 구석에만 앉아 있던 것을 기억한다. 나는 거의 아무것도 하지 않았다. 다른 또래와 어울려 놀지 않았고 다른 아이들의 행동에 반응하지 않았으며, 갑작스럽고 시끄러운 소리에는 반응을 했지만 이 또한 바람직한 형태의 반응은 아니었다.

나는 또한 6~7세까지 배변 훈련이 되어 있지 않았다. 이것은 부끄럽지만 많은 자폐아가 이러한 문제를 갖고 있기 때문에 그것을 언급하려 한다. 부끄러운 것이 아니다. 의사는 부모님에게 자폐아는 스스로 화장실 훈련을 하게 되니 걱정하지 말라고 했다. 혼자 힘으로 하는 데 시간이 오래 걸릴 뿐이다. 여섯 살부터 낮에는 스스로 화장실에 가지만 밤에는 기저귀를 차야 했다. 한번은 워싱턴으로 여행을 갔을 때 부모님이 밤에 내게 기저귀 채우는 것을 잊어버렸다. 이때가 여행지의 숙소에서 밤을 보내는 몇 안 되는 경우 중 하나였다. 아빠는 엄마가 취침용 기저귀를 채웠다고 생각했고, 엄마는 아빠가 채웠다고 생각했다. 그리고 아침에 일어나 내게 기저귀가 채워지지 않은 것을 알았지만 싸지 않아서 괜찮았다. 그래서 나의 밤 기저귀는 이날로 안녕했다.

나와 내 가족에게 변화가 시작되는 순간들은 여러 번 있었다. 나는 말하기 시작했다. 나는 기저귀를 차지 않아도 되었다. 나는 점점 더 사교적이 되었다. 내가 한 번 말하기 시작하면 학습이 가능하다는 생각에 나는 학교에서 더 많은 것을 배우기 시작했다. 이때 엄마가 나의 학습을 도울 리탈린이라는 약을 투여할 것을 결정했다. 언제나 엄마는 내가 말을 하기 시작하면 리탈린을 사용해도 된다고 말했지만, 우리가 약을 복용하는 것을 싫어했다. 두통과 감기가 있을 때조차 엄마는 우리에게 약을 먹이지 않았다. 그래서 엄마는 의사들에게 최소량을 처방해 달라고 했고, 보라 박사나 다른 선생님에게 말하지 않고 처방된 양의 반만 먹였다. 엄마는 리탈린을 처방받았지만 전혀 먹이지 않았다. 그런데 엄마는 6개월 후 교사 회의에 가서 내가 약을 먹은 후 학교생활이 많이 좋아졌다는 교사의 말을 듣게 되었다. 엄마는 평소에 많이 웃지 않는 편이었지만 이미 6개월 전에 약을 끊었음에도 약의 복용효과가 나타났다는 이야기를 듣고 웃었다고 했다.

특수교사는 학급의 아이들을 진심으로 걱정하고 우리 중 하나가 어떤 부분에서 발전을 보이면 매우 흥분한다. 우리 중에 누구라도 글자를 인식하거나 새로운 형태의 수학문제를 풀면 특수교사는 매우 기뻐하며 축하해 준다. 특수학급의 많은 내 친구들은 일반 학급의 아이들처럼 서로를 응원하고 돕는다. 차이가 있다면 우리는 자폐이거나 학습장애이거나, 일반 아이들처럼 생각하거나 집중할 수 없게 만드는 어떤 문제를 가졌을 뿐이라는 것이다.

가장 큰 변화는 조시가 나에게 관심을 가지기 시작했다는 것이다. 내가 말하기 전까지 우리는 서로에게 다가가지 않았다. 어머니는 우리가 어릴 때 같은 방에 놓고 텔레비전을 보게 하거나 함께 앉혀 놓고 책을 읽어 주셨다. 조시는 지금까지 나를 괴롭히지 않았다. 이제 우리는 형제같이 될 수 있고 형제처럼 싸울 수 있고 형제처럼 달려들 수 있다. 이제 나는 조시가 하던 농구 경기, 동네 산책 같은 것들을 할 수 있다.

이것이 앞으로 내가 말하고자 하는 내용이다.

2006년 2월 15일 경기

중간휴식

접 전을 이루는 경기는 사람들을 흥분시킨다. 스펜서포트 랜저 스는 우리 팀과 막상막하로 최선을 다해 열띤 경기를 하고 있었지만 계속해서 쉬운 레이업과 짧은 패스를 놓치고 있었다. 그들 은 공격이 막히면 우리 팀을 밀착 수비했지만 흐름을 타지 못했고, 우리 팀도 마찬가지였다. 득점 없이 코트를 여러 번 왔다갔다했지만 우리 팀이 크지 않은 점수 차로 이기고 있었다. 우리가 경기를 지배 하고 있었지만 큰 점수 차는 아니었다.

1쿼터 중반 즈음에 내 친구 스티브 커가 활기를 띠기 시작했다. 농구에서 우리가 활기를 띠고 있었다고 말하는 것의 의미는 악착같 은 경기 감각을 가졌다는 것이며, 스티브가 활기를 띠기 시작하면서 정말로 속도를 낼 수 있었다. 스티브가 3점을 던져 점수는 12 대 4가 되었고, 잠깐의 경기 중단에 의한 휴식 이후 스티브가 또 한 골을 넣어 점수는 14 대 4가 되었다. 그 후 두 팀은 점수를 주고 받아서 1쿼터를 16 대 8로 마쳤다. 이것은 거의 경기를 지배했다는 것과 같지만 그때는 그렇게 느껴지지 않았다. 보통 점수가 상대 팀과 두 배로 차이가 나면 두 배로 경기를 잘한다는 것을 의미하지만, 점수판에 적혀 있는 것은 중요하지 않다. 그것은 여전히 우리가 지역본선에 나가기 위해 스펜서포트 팀을 월등히 따돌릴 만큼 따돌리고 있는 것 같이 느껴지지 않았다. 우리는 이기고 있었지만, 우리가 경기를 장악하고 있다고 느껴지지는 않았다.

존슨 코치는 1쿼터 후에 가진 작전시간에 아주 만족해하는 모습이 아니었다. 화를 내지는 않았지만, 만족해하지도 않았다. 존슨 코치는 우리가 뛰어나게 경기를 진행할 때는 타임아웃이나 휴식시간에 이에 대한 좋다는 감정을 나타내곤 했다. 하지만 지금 우리는 간신히 리드하고 있는 중이었다. 스피커에서는 〈Who are you?〉라는 곡이 흘러나오고 있었다. 내 친구 중 한 명은 코치가 선수들을 준비시키고 지역 우승을 위해 이번 경기에서의 필승을 다짐하고 있는 상황에서 이런 노래는 맞지 않는 이상한 노래라고 말했다. 나는 동감하지 않았다. 코치가 우리 팀이 할 수 있다는 것을 알고 있는 것처럼, 그리고 우리가 어떤 팀인지 경기에서 보여 주고 싶은 것처럼, 경기를 시작하라고 응원하려고 〈Who are you?〉라는 노래를 틀어 준 것이다. 우리 팀 홈경기에서는 우리를 위해 이 노래를 여러 번 틀어 주었다. 이 노래는 우리의 주제곡이었고, 경기장에서 지금 이 노래가 흘러나오는 것

103

은 정말로 우연의 일치였지만 1쿼터에 딱 맞았다. 가끔 어떤 일들은 그 순간이 모두 이전에 계획된 것처럼 딱 들어맞는 일들이 일어난다.

스티브 커는 벤치에서 2쿼터에 나가기 위해 내 옆에 앉아 있었고 우리는 슛을 쏘는 것과 골이 들어가지 않았을 때 이를 극복하는 것에 대해 이야기했다. 또한 우리가 어떻게 하면 경기를 장악할 수 있는지에 대해서도 이야기했다. 스펜서포트 팀을 대항할 수 있는 것은 아무것도 없다. 그들은 상당히 훌륭한 선수들이고 훌륭한 팀이었다. 그러나 우리는 강해지고 경기에서 이기고 싶었다. 안타깝게도, 스펜서포트 팀이 득점을 올려서 점수는 16 대 10이 되었지만, 리바 고프가 또 하나의 3점 슛을 넣어서 19 대 10이 되었다.

나는 스티브 커가 벤치에서 내 옆에 앉는 것이 좋았다. 그는 우리 팀에서 나의 절친한 친구 중 한 명이다. 스티브 커와 브라이언 벤슨 그리고 리키 윌리스와 리바 고프가 나의 절친한 친구다. 브라이언은 내가 평생 알고 지낸 친구다. 스티븐 커는 우리 동네에 살고 있고, 우리는 함께 운동을 하면서 자랐다. 야구, 골프, 수영, 농구…… 아이들이 할 수 있는 운동은 무엇이든 등록해서 했다. 일단 엄마가 어른의 보호 없이도 내가 동네 주변에서 자전거를 타는 것을 허락하면서부터 우리는 함께 자전거를 탔다. 스티브와 리키 그리고 리바는 내가 고등학교 때까지 만나지는 않았지만 자주 어울렸다. 경기 동안을 제외하고 함께 어울릴 기회가 많지 않은데, 그들은 항상 경기에 투입되는 주전선수였기 때문이었다. 2쿼터에 스티브와 나란히 벤치에

앉아서 경기를 보는 것이 함께 어울려 텔레비전으로 경기를 보는 것
처럼 느껴졌다. 우리 팀이 해야 하는 것이 무엇인지에 대해서 이야
기할 때만, 우리가 응원하는 팀이 아니라 우리 팀이 경기를 하고 있
다는 것이 느껴졌다. 우리 팀이 경기를 하고 있고 우리는 텔레비전
을 보고 있는 것이 아니라 바로 우리 앞에서 진행되는 경기를 보고
있는 것이었다.

　　리바가 3점 슛을 쏜 다음, 스펜서포트 팀의 선수 중 한 명이 우
리 편 골대로 빠르게 드리블하면서 슛을 시도할 때, 우리 팀이 수비
반칙을 했고, 존슨 코치는 일어서서 왔다갔다하기 시작했다. 이것은
존슨 코치가 당황했을 때 하는 행동이다. 나는 두 번의 시즌 동안 우
리의 모든 경기에서 그를 지켜보았기 때문에 알고 있었다. 내가 앞에
서 썼던 것처럼, 우리가 경기하는 동안 그는 잘 앉아 있지 않는다. 존
슨 코치가 일어서는 것은 우리가 하는 경기 방식이 마음에 들지 않을
때다. 존슨 코치는 벤치에서 소리를 많이 지르는 코치는 아니지만,
그가 일어섰을 때는 할 말이 있다는 것을 나는 알고 있었다. 존슨 코
치가 일어서면, 그것은 우리 경기에서 뭔가 작전 변경 또는 지시하고
싶은 것이 있다는 의미였다. 그리고 일단 그가 일어서면, 계속해서
일어선 채로 있었다. 다시 앉는 것을 잊어버린 것 같았다.

　　스펜서포트 팀의 선수가 자유투 하나를 성공시켜서 19 대 11이
되었다. 그리고 반대편 코트로 이동하다가 우리는 반칙을 얻어 두 개
의 자유투를 성공시켜 21 대 11이 되었다. 그 시점에, 존슨 코치가 다

시 않았고—나는 우리가 경기를 조금 더 잘하기 시작했기 때문이라고 생각한다—경기진행 상황이 굳이 특별한 지시를 하지 않아도 될 것 같다고 판단한 것 같았다. 적어도 우리가 실수를 하고 있지는 않았다.

그때 스티브 커와 브라이언 벤슨이 경기에 나갔다. 브라이언은 겨우 10학년이었고, 시즌의 전체 경기를 뛰지 않았다. 이번 시즌의 마지막을 향해 가면서 브라이언은 몇 분씩 경기에 투입되었지만 많이 뛰지는 않았다. 하지만 브라이언은 정말로 잘했다. 다음 해에 브라이언은 우리 팀의 베스트 선수 중 한 명이 될 것이므로, 그가 이 경기에 들어가게 되었을 때 나는 무척 기뻤다. 나는 우리가 팀으로서 잘할 때도 좋지만, 내 친구가 잘할 때도 좋았다. 나는 두 가지 모든 상황이 일어나기를 응원했다. 그리고 내가 경기에 나가도 그들이 나를 응원해 줄 것이라는 것을 알고 있었다. 이런 것이 바로 팀 메이트라는 것이다. 우리는 서로 응원해 주고 승리를 위해 함께 노력했다.

리키 윌리스가 멀리서 공을 던져서 23 대 11이 되었고, 처음으로 우리가 경기 주도권을 갖게 되었다고 느끼기 시작했다. 경기장에 있는 모든 사람이 그렇게 느꼈다. 경기가 한 팀에 유리하게 전환되는 것을 본 적이 있다면 경기 주도권의 변화가 무슨 말인지를 알 수 있을 것이다. 고등학교, 대학, 프로 팀……. 그것은 중요하지 않았다. 모든 것이 한 팀의 방향으로 흘러가기 시작하는 상황이 지금 벌어지고 있는 것이었다. 우리는 큰 점수 차로 이기기 시작했다. 스펜서포트 팀 코치는 자신의 팀이 경기에서 밀리는 것을 바라지 않았기에 타임아웃을 불렀고, 나는 그것이 적절한 타임아웃이라고 생각했다. 내가 코치였어도 이 시점에 타임아웃을 불렀을 것이다. 이번 타임아웃 동안, 퀸의 〈We Will Rock You〉가 스피커를 통해 흘러나왔다. 이 노래는 농구 경기나 축구 경기에서 늘 틀어주는, 중요하고 큰 경기 때 들을 수 있는 노래 중 하나였기 때문에 우리가 전문적인 경기를 하고 있는 것처럼 느껴졌다. 이 노래 역시 우리의 주제곡 중 하나였고 관중석의 사람들은 이 노래를 무척 좋아했다. 관중석에 있는 모든 사람들이 박수를 치며 발을 쿵쿵거렸다. 그런 소리를 들어본 적 있는지 모르겠지만, 고등학교 체육관 관중석에서 수많은 사람들이 발을 구르면, 그것은 상당히 시끄럽다. 그리고 관중석이 오래된 나무 종류가 아니라 금속 종류로 만들어져서 그 소리는 약간 천둥소리 같았다.

스펜서포트 팀은 타임아웃을 마치고 선수들 중 한 명이 공을 몰고 가서 레이업 슛을 하여 23 대 13을 만들었지만 다시 우리 팀 리키 윌리스가 3점 슛을 넣어 26 대 13이 되었다. 리키가 적절한 곳을 발견할 때까지 우리 선수들은 자신의 포지션에서 공을 잘 돌리고 리키는 수비를 잘 피해 슛하기 좋은 자리를 잘 찾는다. 우리 팀에는 리키, 리버 그리고 스티브처럼 좋은 선수들이 몇 명 있다. 우리가 그들에게 적절한 곳에서 공을 던져 주면 그들은 슛으로 연결시킨다. 이들은 내가 가장 좋아하는 선수들이며, 우리 팀의 활기를 충전시키는 역할을 한다. 나는 코트에서 뛸 수 있는 기회가 오고 슛을 할 수 있게 되면 사람들을 흥분시키는 선수가 되고 싶다.

:

타임아웃 동안 〈We Will Rock You〉가 나온 이후 관중의 함성
은 더욱 커졌다. 응원하는 많은 친구들은 계속해서 관중석에서 발을
구르며 우리 팀이 경기 주도권을 갖게 되는 것을 도와주려고 했다.
가끔씩 뉴스에서 관중이 경기에 몰두했다는 것을 듣게 되는데 지금
이 그런 것 같았다. 26 대 13으로 우리는 두 배의 점수 차를 만들었
고, 사람들은 점점 더 흥분하기 시작했다. 우리가 경기를 지배한다고
느꼈고, 그때 응원석에 있는 아이들이 내 이름을 외치기 시작했다.
여하튼 나는 처음으로 그 소리를 들었다. 내가 2군 팀에서 3개의 자
유투를 던질 때 나를 위해 했던 것과 같은 응원을 시작했다. "제이-
맥! 짝! 짝!" 그리고 나서 바꾸어서 내 이름을 박수 없이 길게 늘려서
"제이이이맥! 제이이이맥!!"이라며 계속해서 응원했다. 그 소리는
마치 놀리는 것 같기도 했다.

"제이-맥!"

그러나 나를 놀리는 소리는 아니었다. 그 소리는 응원하는 소리
였다. 그 소리는 마치 넓은 공간에서 멀리 있는 나를 부르는 것 같은
소리이거나 나를 경기로 부르는 소리였다. 몇 년 전 2군 팀 경기에서
있었던 한 번을 제외하고, 한 무리의 아이들이 나를 응원하거나 내
이름을 부르는 유일한 시간이었다. 내가 경기하는 것을 보고 싶고 지
금 우리가 두 배의 점수로 이기고 있으므로 코치가 나를 투입시키기
에 적절한 순간이라고 그들이 생각하는 것 같아서 나는 기분이 좋았
다. 그러나 코치는 아직 나를 경기에 투입시킬 준비가 안 된 것 같았

다. 나에게 이 상황에 대해 아무런 말도 하지 않았지만, 나는 그가 나를 경기에 투입시키기 전에 나머지 다른 선수들을 경기에 투입시킨다는 것을 알고 있었고, 벤치에는 아직 경기에 들어가지 않은 여러 명의 선수들이 있었다. 이것은 공평하고 옳은 일이다. 내가 코치였어도 그렇게 했을 것이다. 이 선수들 모두 오랫동안 우리 팀에 있었다. 그들 중 몇 명은 경기에서 얼마 뛰어보지 못했다. 그들 중 몇 명은 상급생이었다. 내가 경기에서 뛰고 싶은 만큼 그들도 그럴 것이다. 그들보다 내가 먼저 투입되는 것은 옳지 않았다. 나는 그것을 이해한다. 내가 말했던 것처럼, 나는 바보가 아니다. 나는 스포츠라는 것이 어떤 것인지 알고 있으며 공평한 것이 무엇인지 알고 있었다. 또한 이 선수들이 나보다 더 많은 경험을 가지고 있고, 우리는 겨우 13점 앞서가고 있으며, 경기가 끝날 때까지는 아직 시간이 많이 있었다.

그러나 내가 이러한 모든 것을 이해하고 있다 하더라도, 모든 아이가 "제이-맥! 제이-맥!" 하면서 내 이름을 외치는 것을 듣는 것은 꽤 기분이 좋았다. 나는 관중석에 앉아 계시는 부모님을 생각했다. 엄마는 졸업생의 밤 행사 동안 내가 엄마에게 주었던 꽃을 들고서 많은 아이들이 내 이름을 부르는 것을 들으며 나를 자랑스러워하였을 것이다. 나는 부모님도 내 이름을 외치고 있는지 궁금했다.

우리는 28 대 15의 유리한 상황에서 다시 점수를 주고받았고, 전반전이 끝나기 직전 리키 월리스는 슛을 쏘았고, 다시 스펜서포트 팀의 가드가 종료 벨이 울리기 전에 슛을 쏘려고 빠르게 드리블하며 전진했다. 응원하는 아이들은 카운트다운을 하기 시작했다. "십, 구, 팔, 칠…" 1~2초 남은 상태에서 스펜서포트 팀의 가드는 중앙선에 이르지 못했다. 그는 심지어 중앙선에 그려진 원에도 이르지 못했다. 하지만 공을 던졌고 거의 들어갈 것 같아 보였지만 공은 백보드를 치고 림을 튕기고 나왔다. 공이 백보드를 그렇게 세게 치지 않았다면 쉽게 들어갔었을 것이다. 그 슛은 우리가 가끔 지역 신문에서 보게 되는 기적같은 슛 중의 하나 같았다.

나는 안쓰럽다고 생각했다. 쿼터 종료를 2초 남겨 두고 슛을 쏘아 골인시켰다면 그건 지역 뉴스에 나올 만한 것이었다. 또한 이것은 상대 팀에 10점 뒤진 상황에서 스펜서포트 팀이 경기 주도권을 가지고 전반전을 마칠 수 있는 것이었다. 나는 '그 선수가 이와 같은 공을 던졌다는 것은 살면서 기억해야 할 특별한 일이다.'라고 생각했다. 그리고 나는 지역 뉴스에서 볼 수 있는 꽤 괜찮은 장면이라고 생각했다. 물론 나는 우리 팀이 이기기를 바랐고, 큰 점수 차로 이기길 바랐지만, 점수에 대해 정말로 신경 쓰지 않아도 되는 슛이었다. 그런 슛은 들어가라고 응원할 것이다. 상대 팀에게 주도권을 빼앗기지 않고, 혹은 우리가 리드하는 것을 그다지 방해하지 않는다면 스펜서포트 팀의 선수가 멋진 슛을 성공시키는 것은 괜찮은 일이었다. 졸업생의 밤 경기에서 다른 팀의 한 선수가 전반전 마지막에 중앙선 부근에서 슛 하는 것을 보았음은 기억해야 할 특별한 일이 될 것이다. 아이들이 이런 슛을 하는 것은 흔히 볼 수 있는 일은 아닐 것이다.

03

성 장

Growing Up

The Game of My Life

나와 형 조시는 쌍둥이 같다. 내가 말하기 시작한 이후부터 우리는 모든 것을 함께했고 모든 시간을 함께 보냈다. 내가 말을 시작하기 전에는 단지 같은 방에 함께 있는 것이었지만 이제는 그이상으로 우리 둘은 실제 무엇이든 함께하고 있다. 이제 우리는 진짜 형제이며 가족과 같다. 조시는 일반 아동이고, 우리 부모님은 내가 형처럼 평범한 아동이 되기를 바라셨으므로 나는 모든 것을 형과 똑같이 했다. 형이 무엇에 흥미를 느끼고 있든지, 그것이 야구든 농구든, 나도 그것에 흥미를 가졌다. 볼링도 그랬다. 우리는 한동안 토요일 아침에 볼링을 했다. 나는 다른 아동들처럼 잘할 수 있었다.

내가 처음에 흥미를 느끼지 않으면, 부모님은 어떻게 해서든 등록을 시켜서 내가 터득하기를 기대하고 기다렸다. 부모님은 프로그램에 등록한 것을 조시와 나에게 말해 주지 않아서 처음에는 이끌려서 참여했지만 얼마 후에 나와 조시는 자발적으로 하게 되었다. 운동 프로그램에 처음 참여할 때는 정해진 틀이 있는 조직화된 운동으로 활동을 시작했다.

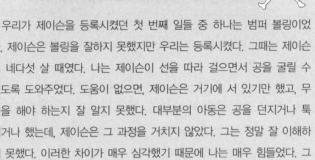

데이비드 맥얼웨인

우리가 제이슨을 등록시켰던 첫 번째 일들 중 하나는 범퍼 볼링이었다. 제이슨은 볼링을 잘하지 못했지만 우리는 등록시켰다. 그때는 제이슨이 네다섯 살 때였다. 나는 제이슨이 선을 따라 걸으면서 공을 굴릴 수 있도록 도와주었다. 도움이 없으면, 제이슨은 거기에 서 있기만 했고, 무엇을 해야 하는지 잘 알지 못했다. 대부분의 아동은 공을 던지거나 툭 치거나 했는데, 제이슨은 그 과정을 거치지 않았다. 그는 정말 잘 이해하지 못했다. 이러한 차이가 매우 심각했기 때문에 나는 매우 힘들었다. 그곳은 탁 트여 있어서 모든 사람들이 볼 수 있었다. 한 번은 제이슨이 도망가려 해서 제이슨이 도망가지 못하도록 내가 셔츠를 잡고 있었는데도 어느새 달아났다. 나는 왜 제이슨이 나가려고 했는지 모르지만 레인을 따라 똑바로 가지 않고 다른 레인으로 건너서 달아나려 했다. 나는 제이슨이 볼링공에 다치기 전에 잡으려고 바로 따라갔다. 결국 나는 제이슨의 셔츠를 잡았고 다시 끌고 왔다.

사람들은 자폐에 대해 잘 알지 못한다. 아마도 제이슨을 통제가 안 되는 아동 정도로 생각할 것이다. 제이슨을 문제아로 생각할 수 있지만 제이슨은 문제아가 아니었다. 그는 어찌할 수가 없었다. 그렇다 하더라도, 나는 당황스러웠다. 누구나 자신의 자녀가 다른 아동과 비슷하기를 바랄 것이다. 프로그램에 등록을 시키고 이러한 일들이 일어나면서 나는 제이슨이 다른 아동과 얼마나 다른지 알게 되었다.

우리가 좀 더 컸을 때, 조시는 동네 친구들이 아주 많았다. 그들은 늘 함께 어울리며 공놀이를 했고, 내가 7~8세 정도 되었을 때 나도 그들과 함께 어울리기 시작했다. 그것은 내가 말도 하지 않고 아무것도 하지 않았던 모든 시간이 지나고 평범한 동생이 되기 시작한 지 1~2년 정도 되었을 때였다. 조시는 나를 데리고 다니는 것이 싫지 않고 좋았다고 말한다. 아마도 그는 좋기도 하고 좋지 않기도 했던 것 같다.

조시는 친구들을 좋아했을 텐데, 내가 구석에 앉아 있거나 앞뒤로 몸을 흔들거나 무엇인가를 하고 있었던 동안에도 나와 함께 있었다. 내가 본래 평범한 사람이라는 것을 알았을 때 그는 놀랐을 것이다. 그렇지만 나는 독특했고 많은 관심을 받았다. 그래서 항상 그렇지는 않았겠지만, 그는 그런 상황을 좋아하지 않았던 것 같다. 그는 그저 일반 아동이 되기보다는 큰 형이 되어야 했다. 나를 데리고 다니는 것에 대해 형의 친구들도 좋아하지는 않았을 것이다. 그들은 나를 괴롭히고 놀리곤 했지만, 그렇게 심하지는 않았다. 그것은 보통 누구의 동생에게나 하듯 큰 아이들이 작은 아이들을 괴롭히는 정도였다. 조시의 친구 중 한 명은 긍정적 표현으로 내가 마스코트 같다고 말했다. 조시의 친구들 중 몇 명은 남동생이 있었고 같은 방식으로 대했으므로 내가 자폐이기 때문에 괴롭힌 것 같지는 않다. 단지 그들은 나보다 나이가 많기 때문에 나를 괴롭히는 것뿐이었다. 그들이 동생과 지내는 일반적인 방식이었다.

내가 말을 시작하고 다른 사람들과 상호작용을 하자 조시는 나에게 관심을 기울이기 시작했다. 그전에는 단지 늘 자신의 주변에 있는 자폐를 가진 어린 동생이었을 뿐이었다. 엄마가 부엌에서 저녁을 준비하는 동안 우리가 한 방에 있을 때면, 형이 나를 돌보아 주었지만 놀아 주는 것은 아니었다. 나와 이야기하지 않았고 나를 괴롭히거나 나와 함께 야단법석을 떨었다. 나는 그의 주변에 있는 것이 정말로 즐겁지는 않았던 것 같다. 그러나 내가 말하기 시작하면서 모든 것이 변했다. 내가 어떠한 단어도 전혀 말하지 않다가 갑자기 말하기 시작했거나, 하룻밤 사이에 말하기 시작한 것은 아니었고 점차 변해 갔다.

나의 성격도 바뀌었다고 모든 사람이 말했다. 형과의 관계도 변해 갔다. 몇 달 후에 나는 완전한 문장으로 말을 할 수 있게 되었다. 나 자신을 이해시키기 위해 내가 해야 하는 말을 할 수 있었다. 부모님은 내가 말을 하기 전에는 우리 집이 훨씬 더 조용했다고 말하곤 한다. 내가 말이 많기 때문에 이것은 사실이라고 할 수 있다. 엄마는 내가 첫 단어를 말한 후에도 계속 나에게 말을 하도록 시키고 또 시켰다. 내가 첫 단어들을 말하고 나서 바로, 나는 첫 문장을 말해야 했다. 나는 다른 모든 아동이나 조시처럼 말해야 했다. 엄마는 어떤 물건을 요청하는 방법으로 내가 물건을 가리키는 것을 허락하지 않았고, 내가 실제로 단어를 말할 때까지 못 들은 척했다. 엄마가 내게 학교에서 하루 종일 무엇을 했는지 물으면, 나는 학교에서 하루 종일

한 일들을 말해야 했다. 나는 "아무것도 안 했어요."라고 말하거나, 아마도 조시는 했었을 것 같은 어깨를 으쓱하는 행동을 할 수 없었다. 엄마와 아빠는 계속해서 나에게 책을 많이 읽어 주었는데, 이것은 말하는 방법과 내가 하고 싶은 말을 하기 위해서 정확하게 어떤 단어를 사용해야 하는지를 가르쳐 주기 위한 또 하나의 방법이었다.

데비 맥얼웨인

나는 항상 자폐 아동들과 관련된 것들을 읽었다. 자료에서는 일단 자폐 아동이 말을 하기 시작하면 가정에서 손위의 형제자매들이 얼마나 중요한지에 대해 말하곤 했다. 자폐 아동을 도울 수 있는 가장 큰 방법 중에 하나는 그를 밖으로 나오게 하는 것이다. 그래서 나이가 비슷한 두 남자 아동이 있다는 것은 우리에게 유리한 점이 아주 많고 운이 좋은 일이었다.

제이슨은 항상 부엌에서 가까운 거실 구석에서 껌 통을 가지고 놀았고 조시가 무엇을 하는지에 따라 우리는 항상 그를 집 밖으로 데리고 나갔다. 스키 수업, 테니스 수업, 볼링 등 무엇이든지 제이슨도 해야 했다. 적어도 시도라도 해야 했다. 그는 바이올린은 시도하지 않았다. 조시가 바이올린을 연주하기 시작하자 제이슨도 형처럼 악기를 연주하고 싶어 해서 우리는 그에게 드럼을 가르치기 시작했다. 바이올린은 제이슨이 연주하기에 너무 어려운 악기였고 악보를 읽을 수 없어서 드럼을 배우게 되었다. 드럼은 제이슨에게 완벽한 악기였다. 그것은 단지 수업을 받으면서 두 팩의 껌을 함께 흔드는 것과 같았다.

제이슨이 더 많은 것을 할수록, 그는 형처럼 일반 아동이 되어 갔다. 조시는 의사가 되어서 제이슨을 치료해 주고 싶다는 말을 하곤 했으며, 제이슨의 소화기관은 보기 싫지만 제이슨이 정상적이 되었으면 좋겠다고 말했다. 그러나 내가 읽은 책에는 정상인 아동은 아무도 없다고 했다. 나는 '정상'이라는 단어를 좋아하지 않았다. 왜냐하면 사람은 단지 사람이기 때문이다. 나는 그 단어를 좋아하지 않아서 늘 '정상'이라는 단어의 사용을 자제해 왔다. 나는 '장애(disability)'라는 단어도 좋아하지 않아서 사용하지 않았다. 그리고 나는 정말로 '지체된(retarded)'이라는 단어를 좋아하지 않아서 그 단어도 사용하지 않았다. 그러나 이러한 단어들이 제이슨과 조시가 인생 내내 들어야 하는 단어들이라면, 어떻게 하면 좋을까?

나는 인내심이 정말 부족하다는 말을 많이 들었다. 내가 앞에서 이것에 대해 이미 썼지만, 그것을 반복할 필요가 있다고 생각하기 때문에 여기에서 다시 쓰려고 한다. 나는 앞으로 어떤 일이 있을 것이라는 말을 들으면, 그 일이 일어날 때까지 계속해서 그것에 대해 묻고 또 물었다. 나는 기다릴 수가 없었다. 부모님은 내가 계속 요구하기 때문에 나에게는 말해 주지 않는 편이 더 나았다고 말하곤 했다. 아마도 내 주변에 있는 사람은 많은 인내심을 가져야 했을 것이다. 주변 사람은 나의 조바심을 참아야 했다. 나는 일이 이루어질 때까지 기다리는 방법을 알지 못했고, 사람이 가끔 자기가 의도하지 않은 것들을 말하기도 한다는 것을 알지 못했다. 조시는 이것이 나를 정말로 골칫거리 아동으로 보이게 만들었다고 말했고, 나도 그렇다고 생각한다. 하지만 나는 골칫거리가 되려고 했던 것은 아니다. 나는 단지 뭐든지 다 알고 싶었고, 궁금한 것에 대해 바로 답을 얻고 싶었으며,

나를 궁금하게 만드는 것들에 대해 확실하고 분명하게 알고 싶었을 뿐이었다. 아마도 이것은 엄마가 나에게 정확한 언어를 사용하라고, 내가 원하는 것을 정확하게 말하도록 한 것과 관련이 있는 것 같다. 그래서 나는 무엇이든 분명하게 하고자 했고, 적어도 이것은 세상을 보는 나의 일방적인 방식이 된 것 같다.

부모님은 조시가 11~12세이고 내가 10~11세가 될 때까지 집에 혼자 남겨 두지 않았다. 심지어 내가 열세 살이 되었을 때까지도 그랬다. 그래서 나는 직장에 있는 엄마에게 항상 전화를 해야 했다. 나는 방과 후에 돌아오면 전화를 해야 했고, 농구를 하러 나가고 싶다거나 옆 동네에 사는 친구 브라이언에게 놀러 가고 싶을 때면 꼭 전화를 해야 했다. 우리가 더 어렸을 때, 엄마가 출근을 하거나 볼일이 있을 때면 항상 할머니가 우리와 함께 계셨다. 어떤 때는 우리가 할머니댁으로 가기도 하고, 상황에 따라 할머니가 우리 집으로 오시기도 했다. 나는 다루기 힘든 아동_{사람들이 이렇게 말하곤 했다}이라 부모님 외에 나를 다룰 수 있는 유일한 사람이 할머니였다. 사람들이 다루기 어렵다고 말하는 것은 다룰 수 있는 사람이 많지 않다는 뜻이다.

내가 8~9세 정도 되었을 때부터 우리 가족이 지금도 이야기하는 재미있는 이야깃거리가 생겼다. 조시와 친구들은 아직도 그것에 대해 이야기한다. 내가 어렸을 때 그들은 나에게 어떤 일을 시키려고 시도하곤 했는데, 그 일은 내가 하고 싶지 않은 일들이었다. 그들은 나에게 1달러를 주면서 일을 시키거나 보상없이 그냥 시키기도 했고 나는 그것을 했다. 그들은 다른 어린 아동들에게도 같은 것을 시켰던 것 같은데 나에게만은 좀 다른 점이 있었다. 그것은 위험한 일들이 아니었다는 것이다. 왜냐하면 조시는 나를 돌봐야 했고 나의 형이며 나에 대한 책임이 있었기 때문에 엄마가 내가 하는 것을 좋아하지 않았던 잔디 깎기와 같은 일은 시키지 않았다. 이 점이 바로 이야기의 핵심이다. 나는 다칠까 봐 기계로 된 것들을 사용하지 않으려고 했다. 모든 사람은 그런 걱정을 했고, 엄마는 나에게 잔디를 깎는 것을 허락하지 않았다. 내 연령의 다른 모든 아동은 집에서 잔디를 깎지만 나는 하지 않았다. 어느 여름에 조시와 친구들은 내가 잔디 깎는 기계를 사용해선 안 된다는 것을 알고 있었음에도 나에게 1달러를 주면서 잔디를 깎으라고 했다. 나는 문제를 만들고 싶지 않았고 조시와 친구들이 나를 아기 같다고 생각하게 하고 싶지 않아서 그들이 하라는 대로 했다. 덧붙이자면, 나는 1달러가 갖고 싶기도 했다.

조시 맥얼웨인(제이슨의 형)

사람들이 지나가는 길에 엄마에게 제이슨이 무엇을 하고 있는지 이야기해 주었고, 엄마는 화가 났다. 엄마는 우리가 하는 일들에 대해 항상 화를 내셨다. 그러나 모든 사람이 알다시피 우리는 어린 아동이었다. 엄마는 집 앞에 쓰러져 있는 어린이용 자전거를 잡아서(누구의 자전거였는지 분명하게 기억이 나지는 않는다) 뛰어 올라 미친 사람처럼 페달을 밟기 시작했다. 엄마는 평소에 헐렁하고 편한 옷을 입는데, 자전거를 타고 오는 엄마의 모습은 옷에 자전거가 가려서 마치 날아오는 것처럼 보였다. 바람이 불어서 옷은 크게 펄럭였고, 엄마는 우리 쪽으로 오면서 소리를 질렀다. 대여섯 집 정도 떨어진 곳에서부터 우리에게 소리를 질렀다. 엄마는 매우 흥분한 상태였다. 나는 매우 당황스러웠다. 나의 친구들은 몇 년 동안 그것을 가지고 나를 놀렸다. 엄마는 어린이용 자전거를 타고 오는 내내 큰 소리로 투덜거리면서 나쁜 마녀처럼 자전거를 타고 내려왔다.

나는 그것 때문에 곤란한 적이 많았고 제이슨도 그랬다. 부모님은 제이슨에게도 벌을 주었는데, 제이슨 역시 엄마가 잔디 깎는 기계를 만지는 것을 싫어한다는 것을 알고 있었기 때문이었다. 제이슨이 벌을 받은 점에 대해서는 속상했다. 왜냐하면 나와 친구들이 제이슨을 부추겼기 때문이다. 제이슨도 알고 있었지만 우리가 그를 구슬려서 하게 한 것이었다.

조시와 친구들이 나에게 장난을 쳤다. 그러나 그들이 나에게 최소한의 배려를 해 주었기 때문에 나는 싫어하지 않았다. 그리고 재미있기도 했다. 나 역시 내 친구가 있었다. 브라이언 벤슨은 우리 동네에 살고 있었고, 자라는 동안 그는 나의 가장 친한 친구 중 한 명이었고, 지금도 여전히 나의 가장 친한 친구 중 한 명이다. 그는 나보다 두 살 어리지만, 어렸을 때 우리는 많은 스포츠를 함께했다. 우리는 함께 티볼 역자 주: 야구와 소프트 볼의 중간 형태로, 투수가 없이 막대 위에 공을 올려놓고 치는 경기을 했는데 부모님은 내가 어린 아이들과 함께 경기를 하는 것이 낫다고 생각했다고 하셨다. 나는 5~6세에 시작할 수 있는 것들을 일곱 살이 될 때까지 기다렸다가 브라이언과 함께 등록을 했다. 또한 여름에 우리는 어린이 골프 리그를 함께했다. 그리고 브라이언은 나와 아빠 그리고 형과 함께 업스테이트 뉴욕의 사우전드 아일랜드에 있는 우리 가족의 별장에 함께 가곤 했다. 우리는 보트도 타고 낚시도 하고 튜브 타기도 했다. 조시도 항상 친구 한 명을 데려오곤 했다. 그러면 그것은 정말 남자들만의 주말이 되었다. 가끔씩 할머니가 요리나 자질구레한 일들을 도와주러 오시기는 했지만, 다른 여자는 끼워 주지 않았다. 할머니는 우리와 함께 있는 것이 좋았다고 했다. 몇 년 동안 계속해서 우리는 별장에 갔다. 그것은 마치 전통 같았고 캠프 같았다. 우리는 해마다 그것을 학수고대했다. 엄마는 집에 남아 있는 것만으로도 휴가였다고 농담을 하곤 했다. 그 시간이 엄마에게는 유일하게 평화롭고 조용한 시간이었다고 했다.

나와 형은 많이 싸우기도 했다. 내 기억에서는 그렇다. 심각하게 서로 때리면서 싸우지는 않았지만 평범한 형제들처럼 싸웠다. 적당한 싸움이고 사소한 언쟁이었을 뿐이었다. 주로 조시가 나를 괴롭혔다. 그는 어떻게 하면 나를 화나게 하는지 알고 있었다. 우리는 그렇게 지냈다. 어렸을 때, 우리는 함께 텔레비전을 많이 보았다. 부모님은 우리가 텔레비전 정규 프로그램을 보는 것을 좋아하지 않으셔서 텔레비전 정규 프로그램은 보여 주지 않고 디즈니 영화와 같은 비디오를 많이 보여 주었다. 비디오 중 몇 개를 우리는 보고 또 보았다. 그래서 영화에서 대사를 하면 우리는 다음에 나올 대사를 알고 있었다. 그러나 얼마 후부터 비디오 보는 것을 그만두고 스포츠를 보기

시작했다. 그것은 우리가 보는 유일한 텔레비전 정규 프로그램이었
다. 조시는 나보다 더 스포츠에 열광하였던 것 같다. 얼마 후에 우리
는 어떤 영화, 혹은 어떤 스포츠를 보든지 거기에 나오는 행동들을
따라했다. 그들이 싸우면 우리도 싸웠다. 그렇게 싸움이 시작되었다
고 생각한다.

데이비드 맥얼웨인

제이슨이 열 살 즈음에 특히 실제 스포츠에 관심을 보이기 시작하면
서 조시는 제이슨에게 항상 좋은 영향을 미쳤다. 제이슨은 스포츠를 보
고 좋아하는 팀을 갖는 것에 몰두했다. 제이슨은 상황을 잘 파악해서 제
이슨이 응원하는 팀은 항상 이겼다. 그는 해마다 어느 팀이 더 잘하느냐
와 어느 팀이 우승할 가능성이 높은지에 따라 좋아하는 팀을 바꾸었다.
그 팀이 어느 팀이든지, 조시는 그의 라이벌 팀을 응원하면서 제이슨을
놀렸다. 그럴 의도가 있었던 것은 아니지만, 제이슨을 자극하는 것을 좋
아하였다. 그것은 좋은 경쟁이었고 나쁘지 않았다.

이와 관련된 일화가 있다. 샤킬 오닐이 레이커스 팀의 선수가 되었을
때, 제이슨은 레이커스를 응원하였고, 새크라멘토 팀이 항상 레이커스 팀
과 경쟁을 했기 때문에 조시는 새크라멘토 팀을 응원했다. 이 무렵, 레이
커스 팀이 챔피언십에서 우승을 했다. 매일 아침 두 아들은 일어나서 자
신들의 팀에 대해 논쟁을 했다. 남자 아이들이 어떤지 알 것이다. 잠자리
에 들기 전에 하던 논쟁은 아침까지 이어졌다. 언제나 논쟁을 시작하는
것은 조시였다. 매일 아침, 조시는 제이슨을 자극하는 방법을 찾았다. 그
는 "샤크가 지난밤에 다쳤데. 그는 이번 시즌에 뛸 수 없을 거야."라고
말하면서 제이슨을 약올렸다. 제이슨이 울면서 나에게 달려와 형이 말한
것들을 이야기하면 나는 샤크가 다치지 않았다고 말해 주어야 했다. 그

리고 나는 제이슨에게 "샤크가 다쳤다면, 신문에 기사가 나왔을 거야."라고 말해 주었다.

　다른 아동이라면 그런 이야기를 듣고 흘려버리겠지만, 제이슨은 그러지 못했다. 아무것도 아니라는 듯 어깨를 으쓱하거나 움직일 수 없었다. 그는 정말로 흥분했고, 조시는 제이슨의 흥분하는 모습이 재미있어서 계속 같은 장난을 쳤다. 매일 아침 일어나는 일이었다. 제이슨에게 샤크가 다쳤다면 신문에 났을 거라고 말해 준 다음날, 그는 울면서 내게 뛰어왔다. 제이슨은 "샤크가 다른 팀으로 옮긴대요."라고 말했고, 나는 "샤크는 옮기지 않는단다."라고 말하자, 제이슨이 "신문에 났어요, 신문에 났다구요."라고 했다. 그래서 신문을 가져와서 훑어보니 조시가 직접 신문 가장자리에 샤크가 새크라멘토로 옮긴다고 적어 놓은 것이었다. 나는 웃기 시작했다. 나는 조시에게 화를 낼 수 없었다. 그는 제이슨을 괴롭히려고 쓴 것이 아니고, 그냥 스포츠면 가장자리에 그렇게 써 두었던 것이다. 그리고 제이슨이 속아 넘어간 것이었다. 제이슨은 계속 소리를 지르고 있었다. "신문에 났어요, 신문에 났다구요!" 그리고 구석에 있던 조시는 웃고 또 웃고 있었다. 이런 일들은 어느 형제들에게나 있는 일이고, 단지 조시가 항상 유리하다는 것일 뿐이었다.

　나는 샤크 샤킬 오닐의 이야기를 기억하고 있다. 조시가 샤크가 팀을 옮긴다고 말해 나를 정말로 화나게 했지만, 아빠가 모든 것을 설명해 주면 그렇게 나쁘지는 않았다. 나는 그것을 믿기도 하고 믿지 않기도 하다가 나중에는 아마도 조시에게 화도 내지 않았던 것 같다. 조시가 나에게 장난을 치려고 가장자리에 그렇게 써 놓은 그런 일들은 꽤 재미있는 일이었다고 생각한다. 자폐에 관한 잡지에 나온 이야기 중 하나는 자폐 아동이 농담을 이해하지 못한다는 것이지만, 나는 그렇지 않다고 생각한다. 적어도 요즘은 그렇지 않다고 할 수 있다. 내가 어렸을 때, 그리고 내가 말을 하지 않았을 때는 유머감각이 없었을 것이다. 그러나 지금 나는 유머감각이 있다고 생각한다. 요즘 나는 나에게 일어나는 일들에 대해 웃을 수 있다. 요즘 내가 농담을 듣는다면 받아들일 수 있다. 샤크 장난에 내가 그랬던 것처럼 여전히 쉽게 화를 내기는 하지만, 일단 진정하고 나면 받아들일 수 있다. 정말로 그럴 수 있다. 농담인지 생각해 보고 이해하고 나서 재미있다고 생각한다. 나는 내가 심하게 화를 냈던 일에 대해서, 결국 화를 낼 필요가 없었던 일들에 대해서 웃을 수도 있다. 내가 말했던 것처럼, 내가 가장 좋아하는 선수가 그의 가장 좋아하는 팀에 트레이드 된다고 생각하게 하기 위해 조시가 가장자리에 써 놓은 것은 재미있는 일이었다.

처음에 나는 조시와 같은 학교에 다니지 않았다. 나는 나와 같은 아동을 위한 최상의 프로그램이 있는 학교를 계속 찾아서 거의 해마다 로체스터의 주변에 있는 여러 학교로 옮겨 다녔다. 우리는 배치placement와 이용가능성availability에 따라 옮겨 다녔다. 부모님은 가끔 나에게 어떤 학교에 들어갈지 물어보기도 했지만, BOCES에 자리가 있는 곳으로 가야 했다. 나는 우리가 살고 있는 로체스터에 있는 스펜서포트, 힐튼, 칠리, 처치빌, 켄달, 그리고 마지막으로 그리스를 다녔다. 몇 년 동안, 내게 가장 좋은 학교를 찾기 위해서 약 한 시간씩 버스를 타고 다니기도 했다. 처치빌이 가장 멀었고, 학교에 도착할 때까지 정류장도 많았다. 내가 기억하는 것은 그 정도다.

새로운 학교로 해마다 이동하는 것은 아이에게 좋은 상황이 아니라고 생각한다. 나는 자폐였고, 다루기 힘든 아동이었기 때문에 새로운 친구를 사귀는 것이 너무 힘든 일이었다. 해마다 새로운 학교에서 새로운 친구들을 만나야 했으므로 더욱 힘들다. 나의 친한 친구들이 우리 동네에 사는 일반 아동이었던 이유는 내가 알고 지낸 일반 아동이 조시의 친구이기 때문이었다. 한 해를 마칠 무렵에, 나는 특수학급 친구들을 많이 알게 되었지만, 한 학년을 마치고 나면 우리는 더 이상 만날 수가 없었다.

해마다 새로운 곳을 다녔는데 그리스는 우리 동네 학군 내에 있는 학교여서 내겐 좋은 학교였지만 당시에는 교사 대 학생의 비율이 1 대 6인 학교를 찾아야 했기 때문에 여러 학교를 옮겨다닌 후에야 그리스에 다닐 수 있게 되었다. 처음 몇 년 동안 다녔던 학교는 나에게 적당한 프로그램을 제공하기 때문에 그곳에 배치되었다. 아마 이 부분이 여러분이 관심 있는 부분일 것이다. 매년 엄마가 교육위원회 사람들에게 내게 진정으로 필요한 것이 무엇인지를 말하면 그들이 적절한 프로그램을 진행하는 학교를 알아보았다. 학교가 정해지면 나는 그곳을 다녔다.

이후에, 나는 특수교육을 위해 여전히 바람직한 비율인 1 대 12 프로그램에만 자격이 주어졌다. 내가 13세까지만 BOCES 프로그램을 받을 수 있었다. 더 이상은 BOCES 프로그램에 참여할 수 없어서 우리 동네 학군 내에 있는 학교로 되돌아가야 했다. 그리스에도 특수학급이 있었으며, 나는 일반 아동과 같은 건물을 쓸 수 있어서 조시와 그의 친구들, 그리고 우리 동네에 사는 내 친구들을 하루 종일 만날 수 있었다.

내가 어렸을 때, 나는 체육 시간에만 일반 아동과 함께 수업을 받았다. 학교에서는 나와 같은 아동이 일반 아동과 함께 수업에 참여하도록 하는 것을 주류화mainstreaming, 역자주: 주류화란 통합교육과 관련된 용어로, 장애 아동이 하루의 일부 또는 전체 시간을 일반학급에서 활동에 참여할 수 있도록 배치하는 것으로, 가능한 한 일반 아동의 주된 생활흐름에 장애 아동이 참여할 수 있도록 하는 것을 의미한다.라고 불렀다. 나는 특수학급 아동이 일반 아동과 함께 학교에 다니는 것을 설명하는 단어를 어떻게 만들어 냈는지는 모르겠다. 어떤 사람은 나에게 그것은 특수학급 아동과 일반 아동이 모두 같은 레인에서 함께 수영을 하는 의미라고 설명해 주었다. 그것이 주류main stream라고 말했지만, 우리는 함께 수영을 하지 않았기 때문에 나는 그 설명을 이해하지 못했다. 우리는 학교에 다녔다. 사람들이 나에게 묻는다면 그냥 일반 학교라고 말했을 것이다. 왜냐하면 특수교육 요구 아동이 일반 아동과 함께 학교에 다니는 것이기 때문이었다.

어쨌든, 체육 시간은 하루 중 내가 가장 좋아하는 수업이었다. 나는 운동에 소질이 있었고, 스포츠를 좋아했으며, 일반 아동과 같았다. 나는 미술이나 목공예와 같은 수업도 좋아했다. 다른 수업들은 그다지 좋아하지 않았다. 역사와 영어시간에는 읽어야 하는 내용이 너무 많았다. 나는 정말이지 읽을 것이 많은 시간은 좋아하지 않았다. 일부 선생님은 특수학급 아동이 읽는 것에 능숙하지 않다는 것을 알기 때문에 읽을 자료를 쉽게 만들어 주기도 했다. 나는 수업시간에 책을 읽어 주는 것을 듣는 것은 좋아했지만, 내가 읽는 것은 좋아하지 않았다. 점심시간에 나는 특수학급 아동과 함께 식사를 했다. 그들 중 많은 아동이 나의 친구였으므로 함께 식사하는 것은 당연한 일이었다. 특수학급 친구들 중 많은 아동은 말을 하지 않았고 눈도 잘 맞추지 못했지만, 우리는 이래저래 모두 비슷했기 때문에 아무도 그런 것에 주목하거나 신경 쓰지 않았다. 나와 우리 반 아이들은 서로의 생일파티에 가지는 않았지만 우리는 친구였다. 나는 동네 친구들도 많고, 형의 친구들도 있었으며, 특수학급 친구들도 있었다.

내가 스포츠에 꽤 소질이 있다는 것이 알려졌다. 조시는 나와 늘 공을 가지고 놀았기 때문에 그 사실에 대해 무척 행복해했다. 그는 모든 것에서 나의 첫 번째 코치였다. 우리는 공을 가지고 하는 모든 종류의 운동을 했다. 나는 조시처럼 되고 싶었지만, 가끔씩 내가 조시보다 잘하게 되면 그는 더 이상 하지 않았다. 크로스 컨트리처럼. 그가 먼저 팀에 들어갔고 내가 따라 들어갔는데, 내가 조시를 이길 수 있다는 것을 알게 되자 조시는 그만두었다. 그런 이유로 그만둔다고 말하지는 않았지만, 나는 그렇게 생각했다. 조시는 우리 지역 농구 리그전에서 선수였고, 학교 팀에 지원을 했지만 뽑히지 않았다. 그래서 이후로 더 이상 농구를 하지 않았지만 나는 계속했다. 이것에 대해서도 더 이야기하게 되겠지만, 나는 12학년 내내 농구를 했다. 농구를 하면서 나는 항상 조시를 생각했다. 왜냐하면 형은 나에게 공을 던지는 방법을 가르쳐 준 사람이기 때문이었다.

내가 처음으로 열심히 했던 첫 번째 운동은 야구였다. 아빠는 볼링이나 수영이라고 말하지만, 그건 진정 팀 스포츠는 아니었다. 야구는 팀 스포츠였으나 자폐 아동이 참여하기에는 어려운 팀 스포츠였다. 야구는 자폐 아동에게 힘든 운동이었고, 코치에게도 힘든 운동이었으며, 다른 선수들에게도 힘든 운동이라고 사람들은 말했다. 하지만 야구가 나와 내 상황에서 어려웠던 유일한 이유는 아무도 어떻게 될지 알지 못했기 때문이었다. 그뿐이었다. 내가 자폐적 감정폭발을 하는지, 혹은 그들이 나를 다르게 대해야 하는지, 아니면 편안하게 해 주어야 하는지 아무도 알지 못했다. 그러나 그들은 이러한 것들에 전혀 상관하지 않았다. 그들은 나를 일반 선수들과 같이 대했고 나는 꽤 괜찮게 했다. 우리는 이러한 방식으로 서로를 이해해 나갔다.

나는 팀에서 훌륭한 선수도 아니었고, 그렇다고 아주 형편없는 선수도 아니었다. 나는 어떤 운동이건 상관없이 야구처럼 항상 중간쯤 했다. 5년 동안 같은 어린이 리그 코치의 팀이었고 우리는 항상 우승을 했다. 팀 코치의 이름은 짐 드파스칼이었다. 내가 일곱 살이었을 때, 처음에는 티볼을 사용했고, 내가 열세 살이 되었을 때 하드볼을 사용했다. 왜 그런지는 모르겠지만, 드파스칼 코치는 항상 나를 자신의 팀에 넣어 주었다. 아마도 우리가 항상 우승을 했기 때문에 그는 내가 행운의 상징이라고 생각했던 것 같다. 그렇지만 나는 그가 좋은 코치였기 때문에 우리가 우승할 수 있었다고 생각한다. 그는 항상 팀 선수들에게 타자가 되어야 한다고 말했다. 그는 아이들이 타석에서 어깨에 배트를 들고 서 있기만 하는 것을 좋아하지 않았고, 우리가 배트를 휘두르기를 바랐다. 하지만 나는 모든 것을 쳐냈기 때문에 그는 나에게는 그렇게 말하지 않았다. 나는 그렇게 기억한다.

데이비드 맥얼웨인

제이슨에게 운동은 딱 맞는 것이었다. 사람들은 제이슨을 매번 스트라이크로 아웃시킬 수 있었다. 그가 맞지 않게 공을 세 번 던지면 그는 매번 방망이를 휘둘렀다. 늘 그런 식이었다. 하지만 나는 그를 보기만 해도 즐거웠다. 모든 사람이 그를 좋아했다. 야구를 할 때 제이슨은 정말 귀염둥이였다. 다른 아이들의 부모들이 자녀를 응원하듯 나는 제이슨을 응원했고, 모든 사람도 제이슨이 잘하기를 바랐다. 나는 부모님과 장인, 장모님과 함께 관중석에 앉아 경기를 보면서 제이슨이 운동장에 있는 다른 아이들과 같다고 생각했다. 정말로 제이슨이 경기하는 것을 보았다면 차이를 전혀 느끼지 못했을 것이다.

새로운 시즌이 시작되어도 나는 누구에게도 제이슨이 자폐라는 것을 말하지 않았다. 나는 제이슨이 자신만의 첫인상을 갖게 되기를 바랐다. 아내가 시즌 시작 후 처음으로 하는 일은 새 코치에게 바로 전화를 걸어 제이슨이 자폐 아동이라는 것에 대해 이야기하는 것이었지만, 나는 제이슨이 다른 대우를 받지 않기를 바랐고 코치가 경기에 그를 투입시키는 것을 두려워하지 않기 바랐다. 제이슨은 자폐 아동이기는 하지만 다른 아이들이 경기를 하는 것처럼 경기에 참여할 수 있었다.

　　내가 어렸을 때 부모님은 별로 다투지 않으셨지만, 의견 일치를 보지 못하는 몇 안 되는 것 중 하나가 내가 자폐 아동이라는 것을 사람들에게 알릴 것인지에 대한 것이었다. 평소에 부모님이 의견 일치를 보지 못하는 것이 있다면 그것은 나와 자폐에 대한 것들이었는데, 대부분은 엄마가 원하는 대로 했다. 더 나은 방법으로는 엄마는 자신이 하고 싶은 대로 하고 아빠가 따르는 것이었다. 아빠는 내가 할 수 있다고 보이는 것은 무엇이든지 등록하고 싶어 했다.

　　엄마는 어떤 것에 등록하기 전에 생각해 보고, 자료를 읽어 보고, 사람들과 그것에 대해 이야기했다. 엄마는 자폐를 다루기 위한 방법에 대해 아주 확고한 생각을 가지고 있었다. 그녀는 관련자료를 모두 읽고, 나를 모든 주치의에게 데리고 다니며 모든 치료사와 이야기하고 도움이 된다고 생각하는 다양한 모든 치료를 시도하는 유일한 사람이었다. 엄마는 텔레비전에서 자폐를 가진 환자들의 뇌에 종양과 같은 것이 자라고 있고 그것을 제거할 수 있다는 것을 보면, 다음날 로체스터에서 가장 큰 병원인 스트롱 메모리얼 병원에 가서 내가 검사를 받을 수 있도록 예약을 했다. 그 병원은 내가 어렸을 때 모든 검사를 받았던 곳이었다. 나의 주치의 중 한 사람인 살카스 의사 선생님도 그 병원에서 근무를 했다. 그는 자폐 전문가였다. 우리는 예약 시간에 맞추어 갔고 나는 검사를 받기 위해 잠을 자야만 했다. 하지만 그들은 그 내용이 나에게는 적용되지 않는다고 밝혔다. 수술을 통해 제거할 수 있는 것이 아니었다. 그래서 나는 여전히 자폐로 남게 되었다.

아빠는 선생님들에게 아무것도 말하지 않았다. 아빠는 엄마가 하고 싶은 대로 하도록 내버려 두었다. 아빠가 학교와 관련하여 하는 말은 "쉽게 가자."는 것이다. 그러나 엄마는 달랐다. 예를 들면, 의사와 학교 선생님들이 내가 집중할 수 있도록 도와주는 어떤 약물을 시도하고자 할 때, 엄마는 약은 '목발'과 같다고 생각했기 때문에 먹이고 싶어 하지 않았다. 어떤 일을 쉽게 만들어 주는 것들을 엄마는 '목발'이라는 단어로 표현하곤 했다. 엄마는 내가 약물 없이도 스스로 자폐를 극복할 수 있다면, 그것이 진정한 극복이라고 생각했다. 엄마는 내가 자폐를 이겨내기 위해 약물을 사용한다면, 내가 복용하는 것을 중단했을 때 다시 제자리로 돌아오게 될 것이라고 생각했다. 엄마는 나에게 그렇게 설명했다.

또 다른 예로, 엄마는 내 숙제를 한 번도 도와준 적이 없었는데, 도움은 목발이기 때문에, 그리고 엄마가 나를 도와주면 선생님은 내가 어떤 일을 스스로 할 수 있는지 절대 알 수 없다고 생각하셨기 때문이었다. 엄마는 내가 숙제를 이해한다고 알고 있었으므로 내가 혼자 하도록 놔두셨다. 엄마는 내가 틀렸다면 선생님이 수정해 주고 더 자세하게 설명해 주시면 그다음에 엄마와 집에서 확인하자고 말씀했다. 나는 그 방법이 좋은 전략이라고 생각했다. 아빠가 이 생각에 동의하는지 아닌지 나는 몰랐지만, 아빠는 "엄마는 우리가 너의 숙제를 도와주어야 한다고 생각하지 않는 것 같구나."라고 말씀하셨기 때문에 아빠에게 숙제를 도와달라고 말하지 않았다. 조시에게도 같은 식이셨다. 조시는 그저 평범한 아동일 뿐인데도 부모님은 조시를 도와주지 않았다. 부모님은 심지어 조시에게 대부분의 사람이 수학 공부를 위해 사용하는 계산기를 사용하지 못하게 했다. 하지만 내가 말했던 것처럼, 엄마는 우리가 목발을 사용하는 것을 좋아하지 않았고 엄마는 조시가 어렸을 때 계산기를 전혀 사용하지 않았기 때문에 지금 대학에서 수학을 전공하고 있으며, 수학 교사가 되기 위해 공부를 하고 있는 것이라고 말했다.

내가 운동을 시작했을 때, 아빠는 엄마가 그렇게 하지 않기를 바랐음에도 엄마는 항상 코치에게 먼저 내가 자폐라는 것을 이야기했다. 내가 크면서, 나 역시 엄마가 그렇게 하는 것을 바라지 않았다. 내가 당황했다거나 그런 것은 아니었고, 나는 다른 평범한 아동들처럼 대우받고 싶었다. 내가 어렸을 때는 이런 것들을 알고 있었다고 생각하지 않는다. 엄마는 코치에게 자신을 소개하고, 내가 자폐를 가지고 있으며 도움이 필요하다는 것을 이야기했다. 내가 중학교에 다닐 때, 나는 크로스컨트리 팀에 지원했고 엄마는 코치에게 가서 내가 신발 끈을 묶지 못한다는 것을 이야기했다. 그래서 모든 경주나 연습을 하기 전에, 내 신발 끈을 묶어 주는 수호 천사를 갖게 되었다. 수호 천사는 우리 팀에서 나의 신발 끈을 묶어 줄 수 있는 다른 아동이었고, 엄마는 그 아이를 그렇게 불렀다. 수호 천사는 운동부에서 팀원들이 붙여 준 이름이었다.

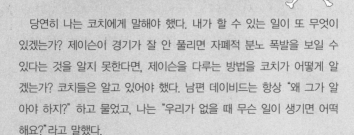

데비 맥얼웨인

당연히 나는 코치에게 말해야 했다. 내가 할 수 있는 일이 또 무엇이 있겠는가? 제이슨이 경기가 잘 안 풀리면 자폐적 분노 폭발을 보일 수 있다는 것을 알지 못한다면, 제이슨을 다루는 방법을 코치가 어떻게 알겠는가? 코치들은 알고 있어야 했다. 남편 데이비드는 항상 "왜 그가 알아야 하지?" 하고 물었고, 나는 "우리가 없을 때 무슨 일이 생기면 어떡해요?"라고 말했다.

데이비드는 우리가 항상 제이슨과 함께 있다고 생각했다. 우리 둘 중 아무도 함께 있을 수 없으면, 시부모님이나 우리 부모님께 부탁드려야 한다는 것이었다. 그렇게 해야 한다고 생각했다. 모든 경기, 모든 연습, 모든 클리닉, 제이슨이 무엇을 하고 있건 간에 그가 처음 시작했던 6~7세 무렵부터 학교 팀에서 뛰게 된 중학생일 때까지 내내 우리 중 한 명은 함께 있었다. 그 이후에 제이슨은 점수에 대한 분노를 통제할 수 있었고, 학교 환경에 적응해 있었기 때문에 나는 제이슨이 스스로 자신을 제어할 수 있다고 생각했다. 부모 자원봉사자가 코치 활동을 하는 어린이 리그(little League)나 GBA 청소년 야구와는 달랐다. 이들은 선생님들이며 훈련받은 전문가들이므로 일이 생기면 제이슨을 다룰 수 있었다.

우리 팀에서 나의 수호 천사는 단지 나의 신발 끈만 묶어 주는 일을 한 것이 아니었다. 그들은 많은 일을 도와주었다. 수호 천사라고 부르기는 했지만, 그들은 나의 진정한 친구가 되었다. 때마다 수호 천사는 친구들이 돌아가면서 맡았다. 나를 도와주기 위해서 누가 있는지, 같은 상황에서 누가 함께 뛰고 있는지, 또는 연습에서 같은 훈련을 하고 있는지에 따라 달라졌다. 그리고 그것이 누구든, 그들은 나의 신발 끈을 묶어 주는 것을 즐거워했고 나에게 따라오라고 말해 주었으며, 아주 더운 날에는 물을 많이 마시라고 조언해 주었다. 친구와 함께한다는 것은 서로 도움을 준다는 것이다. 가끔씩 어떤 일에서는 나도 그들을 도울 수 있었다. 우리는 함께하기 위해서 학교나 선생님 아니면 엄마의 도움을 필요로 하지 않는다. 그냥 하면 된다. 그것은 팀 스포츠의 훌륭한 점이다. 이는 팀원을 가지고 있으며, 팀원들은 신발 끈을 묶는 하찮거나 작은 일이라도 서로 돕는다는 것을 의미한다.

2006년 2월 15일 경기

긴장감이
고조되는 시간

보통 경기 중간 휴식시간에, 존슨 코치는 우리를 데리고 로커 룸으로 가서 경기에 대해 이야기한다. 우리는 그리스 아테나에서 가장 좋은 로커룸을 가지고 있지는 않아서 가끔 교실로 가서 중간 휴식시간 작전회의를 했다. 나는 그리스 아테나의 나쁜 점에 대해 말하려는 것이 아니다. 그리스 아테나는 매우 좋은 학교였고, 선수들이 앉을 수 있는 많은 공간도 있었으며, 냄새도 나쁘지 않았다. 그래서 스펜서포트 경기 때 학교 내 교실에서 작전회의를 했던 우리는 가장 가까운 교실로 가서 둘러 앉아 우리가 집중하는 것이 얼마나 중요한지, 그리고 다른 경기들이 어떻게 진행되고 있는지에 대해 이야기를 했다. 로커룸에 들어갈 때 특이한 점은 주변에 다른 사람들이 없다는 것이었다. 로커룸에 들어가면 나와 팀원들만 있다. 다른 사람에게는 열어 주지 않았다. 교실 밖의 주변에는 많은 사람이 있었다.

복도에도 아동이 있었고, 주변에 사람들이 서 있었으며, 창문을 통해
쳐다보고 있었다.

나는 우리가 앉기도 전에 코치가 무슨 이야기를 하려고 하는지
알고 있었다. 그 점이 존슨 코치가 좋은 코치라는 점이다. 사람들이
그와 몇 년 동안 팀에서 운동을 했다면, 그가 어떤 생각을 하는지, 코
트에서 여러분에게 원하는 것이 무엇인지, 벤치에 있는 선수들에게
원하는 것이 무엇인지 알 수 있게 될 것이다. 기본적으로 그는 우리
가 경기하는 방식을 좋아했지만, 다른 특정 상황은 좋아하지 않았다.
나는 그렇게 말할 수 있다. 우리 선수들 모두도 그렇게 말할 것이다.
우리가 경기를 리드하고 있지만, 큰 점수 차로 이기고 있지는 않았
다. 우리는 스펜서포트 팀과 점수 차이를 크게 벌리지 못하고 있었
다. 코치는 점수가 경기가 어떻게 진행되고 있는지 그리고 우리가 얼
마나 경기를 잘하고 있는지를 전부 보여 주는 것이 아니라고 했다.
나는 오랜 시간 벤치에서 코치를 도우면서 코치와 함께 있었고 코치
와 같은 생각을 하고 있었기 때문에 내가 코치인 것 같다는 생각이
들었다. 농구에서 어떤 경기는 말한 그대로 그렇게 된다. 사람들이
그 경기에서 또 다른 팀을 만들어 낼 수도 있고 그들을 경기에 참여
시키지 않을 수도 있다. 어떻게 될지는 알 수 없기 때문에 농구가 대
단한 경기라는 것이다. 이론상으로는 팀의 승리를 쉽게 이끌 수 있지
만 실제 농구 경기에서의 점수는 엎치락뒤치락한다. 한 팀이 중요한
2점 숏을 쏘고는 더 이상의 숏을 쏘지 못할 수도 있다. 점수 차가 적

을 경우에는 어떠한 일도 일어날 수 있는 것이 농구 경기인 것이다.

이것이 내가 대표팀 선수로서 첫 번째 경기 중간 휴식시간에 나눈 대화내용이었고, 나는 듣고 있기도 했고 동시에 듣고 있지 않기도 했다. 나는 내가 경기에 들어가게 되면 어떤 일이 생길지 생각하고 있었으며 나는 득점을 해서 우리 팀에 도움이 될 수 있는 기회가 오기를 바라고 있었다. 마치 코치가 나에게 말하고 있는 것 같은 느낌이 들었다. 이야기를 들으면서 나는 그렇게 느꼈다. 다른 경기 때 있었던 경기 중간 휴식시간에 이루어졌던 대화에서 코치가 어떤 이야기를 하든 내가 할 수 있는 것은 없었다. 그러나 이번에는 그가 경기와 관련해서 말하는 것을 받아들일 수 있었다. 대부분의 선수가 이기는 것에 대해 걱정하지 않았고 코치도 그다지 걱정하지 않았다. 그는 선수들에게 계속해서 집중하라고 이야기하고 있었다. 이것이 우리가 지켜야 하는 것들이었다.

나는 경기에 내가 들어갈 차례가 곧 올 것이라는 것이 좋았다. 16분 정도 남아 있었고, 코치가 나를 경기에 출전시킬 계획이 있다면 곧 그렇게 할 것 같았다. 이것이 내가 듣고 있지 않았을 때 이루어진 대화였고, 남은 경기 시간에 일어나기를 기다릴 수 없었던 부분이었다. 나는 공상에 빠져 있었다. 장내 아나운서가 내 이름을 부르고 사람들이 열광하면 어떨까 하고 생각하고 있었다. 관중이 열광할 것이라는 것을 나는 알고 있었다. 내가 아직 들어가지도 않았는데 그들은 이미 열광하고 있었다.

우리가 휴식시간을 마치고 후반전 시작 전 연습을 위해 경기장에 돌아왔을 때, 체육관에는 더 많은 사람이 있는 것처럼 느껴졌다. 경기 시작 전에 경기장이 거의 찬 것 같았는데, 지금은 정말로 꽉 차 있었다. 쉬는 시간이 끝나고 경기가 시작된 이후에 더 많은 부모님들이 오셨다고 생각했다. 아마도 스펜서포트 팀의 부모님들도 더 오셨을 것이다. 왜냐하면 그들은 졸업생의 밤 행사를 위해서 일찍 와 있을 필요가 없었기 때문이다. 그리고 사람들은 전반전이 진행되는 동안 계속 모여들어서 체육관 양쪽이 거의 모두 꽉 차 있었다.

나는 준비운동을 했다. 나는 준비된 상태로 있고 싶었다. 여러 개의 슛을 3점 라인 뒤에서 던졌다. 내가 왜 3점 슛을 하는지 모르겠지만 나는 많은 롱리바운드를 잡았고 어디에 서 있건 간에 그 자리에서 공을 던졌다. 공을 던지는 사이사이, 관중석에 있는 친구들과도 이야기를 나누었다. 준비운동을 할 때 관중석에 있는 사람과 대화를 해서는 안 된다는 것을 알지만, 나는 참을 수가 없었다. 나는 친절한 사람이라 사람이 내게 말을 걸어오면 그와 대화를 한다. 노란색 티셔츠를 입고 응원하는 아이들이 중간 휴식시간 동안 코트 바닥을 닦고 있었고, 모든 사람들이 자유롭게 서서 이야기하면서 나를 축하해 주고 있었다. 이제까지 나는 벤치에서 코치의 옆에 앉아 있는 것을 제외하곤 아무것도 한 것이 없었다. 그러나 오늘은 달랐다. 사람들은 나를 축하해 주고 있었고 나를 축하해 주어서 기분이 좋았다. 그들은 "출전해라, 제이-맥!" 그리고 "행운을 빈다." "이겨라! 이겨라!" 하고 외쳤다. 내가 공을 던질 때 몇 명의 예쁜 소녀들이 나에게 "안녕!" 이라고 했고, 나는 그것이 좋았다. 보통 내가 여자아이들 주변에 있을 때에는 부끄러워하지는 않지만 여자아이들이 내 주변에 있었던 적이 별로 없어서 그들이 나에게 "안녕!"이라고 말하는 것을 별로 좋아하지 않았다. 그래서 나는 그들에게 다시 "안녕!"이라고 말하고 계속 공을 던졌다.

우리는 후반전을 시작하기 위해 공을 잡았고, 공격권을 정하기 위한 점프에서 우리 팀 리키 윌리스가 공을 잡아서 공격권을 갖게 되었다. 두 번째 쿼터의 중간쯤 이후로 스펜서포트와의 점수는 30 대 15로, 계속해서 두 배의 점수 차가 유지되고 있었다. 나는 "좋았어, 시작이 좋은 걸. 바로 이거야."라고 했다. 바로 다음 스펜서포트 팀이 공을 잡았을 때, 우리는 공을 뺏어 쉽게 레이업슛을 하기 위해 속공을 펼쳤다. 상대방 코트로 갔을 때 나는 우리가 경기를 다 이겨 놓았다고 생각했는데, 슛이 들어가지 않았다. 그것은 여전히 경기는 진행되고 있다고 생각할 수 있도록 그들에게 기회를 주는 것 같았다—이 말은 코치가 항상 하는 말이다. 그러나 다시 실책으로 스펜서포트 팀은 공격권을 놓쳤고, 이번엔 우리 선수 중 한 명에게 파울을 했다. 이는 우리 팀에서 스펜서포트 팀에게 경기를 계속 할 수 있는 기회를 주는 것 같았고 그들은 계속해서 그 기회를 우리에게 되돌려 주었다. 우리는 경기를 통제하고 싶지 않는 것 같았고 그들도 그런 것 같았다. 경기를 뜨거운 감자라고 부르는 것을 들어본 적 있는가? 이것은 사람들이 계속해서 뜨거운 감자를 주변 사람들에게 던지는 것이며 시간이 다 되었을 때 감자를 가지고 있는 곤경에 처하고 싶지 않은 것이다. 여러 가지 면에서 이 경기는 뜨거운 감자와 같았다. 아무도 통제를 하려고 하지 않는 것 같았다.

우리 팀의 첫 번째 자유투는 성공했지만, 두 번째 것은 들어가지 않았다. 스펜서포트 팀은 그들의 코트 끝에서 패스된 공으로 숏을 성공시켰다. 우리도 우리 편 공을 레이업해서 다시 돌아왔다. 그리고 스펜서포트 팀의 코치는 자신의 팀 선수들이 집중할 수 있도록 30초 타임아웃을 요청했다. 그 상황에서 좋은 타임아웃이라고 나는 생각했다. 왜냐하면 3쿼터를 2~3분 정도 남겨 놓고 있었고, 그리스 아테나 팀이 주도하고 있었기 때문이었다. 모든 것이 그리스 아테나 편으로 흐르기 시작했기 때문에 내가 스펜서포트 팀의 코치라 하더라도 타임아웃을 불렀을 것이다. 코치 입장에서는 경기의 흐름을 끊고 재충전하는 휴식의 기회가 되기를 바랐을 것이다. 선수의 입장에서는 경기장에서 쓰러지는 한이 있어도 경기의 흐름을 뒤집기 시작할 때까지는 경기를 계속하기를 원할 것이다.

타임아웃 동안, 장내 아나운서가 우리의 후원클럽booster club. 역자 주: 스포츠 팀 또는 단체와 관련하여 기금을 제공하기 위해 만들어진 조직에서 운영하는 복권의 당첨 번호를 불러 주고 있었다. 그 행운권의 당첨액은 204달러나 되었다. 나는 우리 부모님이 복권을 사는지 궁금했다. 부모님은 우리 학교에서 기금 마련을 위해 이루어지는 대부분의 행사에 참여했다.

행운권 번호는 468971이었다. 아무도 당첨금을 타러 본부로 오지 않았고 당첨번호를 가졌다고 소리치는 사람이 아무도 없었다. 내가 당첨번호를 가졌다면, 204달러는 매우 큰 돈이기 때문에 위아래로 뛰면서 소리를 질렀을 것이다. 당첨번호를 가진 사람이 체육관에 없는지 뛰면서 소리 치는 사람을 볼 수 없었다. 우리 부모님은 체육관에 있었지만 본부로 가지 않았기 때문에 당첨되지 않은 것 같았다. 부모님은 뛰면서 소리 지르지도 않았다. 나는 타임아웃 동안 그런 생각들을 하면서 보냈다. 코치가 나를 경기에 들여보낼 것이기 때문에 코치의 이야기에 귀를 기울여야 했지만, 나는 50/50 복권에 대해 생각하고 있었다.

타임아웃을 마치고 경기가 재개되면서 우리 팀은 중앙선 너머로 곧장 밀고 들어갔다. 코치는 우리가 항상 다른 팀을 계속 압박하며 경기하는 것을 좋아했다. 내가 말했던 것과 같이 이것은 코치의 중요한 전략 중 하나로, 특히 상대 팀이 코트 밖으로 나간 공을 안으로 다시 패스하려고 하는 순간에 밀착 수비를 하는 것이다. 리바운드를 하지 못하거나 루스볼역자 주: 공의 소유권이 어느 팀에도 속하지 않은 상태이 되었을 때, 그것은 진정한 하프코트 프레스는 아니었다. 하프코트 프레스 수비는 밀착 수비인 전면 수비로 정당한 수비다. 어쨌든 스펜서포트 팀의 가드는 3점 숏 라인 뒤에서 계속 숏을 던졌고, 우리는 리바운드해서 공을 잡아 상대 쪽 코트로 들어가서 공격을 진행했고 부진했던 기습공격 담당 선수가 파울을 얻어 냈다. 우리는 두 개의 자유투를 모두 넣고는 상대팀이 인바운드 플레이를 하려고 할 때 하프코트 프레스를 했다.

3쿼터의 처음 몇 분 동안, 경기는 거의 그렇게 흘러갔다. 계속 왔다갔다했지만, 대부분 우리 팀이 공을 잡고 있었다. 그러나 우리가 계속 압박해 가고 흐름을 주도해 나갔지만, 점수를 많이 벌려 놓지는 못했다. 사실, 우리는 여러 개의 슛을 넣지 못했고 레이업슛을 시도하기 위해 상대 코트를 파고 들거나 지연 작전으로 공을 돌릴 때 여러 차례 제지를 당했다. 점수판을 보니 39 대 24였다. 점수는 여전히 우리 팀이 우세하게 리드하고 있는 것 같았지만 3쿼터에서의 점수는 11 대 9로, 분명히 이것은 코치가 원하는 상황이 아니었기에 타임아웃을 요청했다. 역시 적절한 타임아웃이었다. 타임아웃 동안 우리는 휴식을 할 수도 있고, 원하지 않는 방향으로 경기가 흘러 가기 전에 어떻게 진행되고 있는지 생각해 볼 수 있었다. 타임아웃이란 그런 것이다. 그것이 경기 마지막에 요청한 타임아웃이거나 라스트 세컨드 슛_{마지막 초에 던지는 공}에 해당되는 것이 아니라면, 타임아웃 시간에 일반적으로 특정 전략이나 세트 플레이에 대해 이야기하지는 않는다. 가끔씩 그러기도 했지만, 보통은 그렇지 않았다. 일반적으로 그 시간에 선수들은 한숨 돌리고 코트에서의 상황을 생각한다. 집중해서 경기에 대한 일반적인 이야기를 하는 시간이었으며, 특별한 이야기를 하지는 않았다. 이것이 타임아웃이 적절했다는 의미다.

타임아웃 동안에, 나는 50/50 복권 티켓에 당첨된 사람이 없다는 것을 알게 되었다. 장내 아나운서가 다른 번호를 뽑았고 이번에는 102달러만 해당된다고 했다. 아나운서는 처음 번호를 불렀을 때 아무도 반응이 없어서 번호를 두 번 불러 주었다. 두 번째 당첨자도 역시 체육관 내에 없었고, 이 상황은 상금 획득의 기회를 갖지 못하게 됨을 나타낸다고 생각했다. 내가 복권에 왜 그렇게 신경을 썼는지 그 이유는 모르겠지만, 추측건대 그것이 내 머릿속으로 들어와 박혀 있었던 것 같다.

나의 친구 리버 고프는 타임아웃이 끝나고 잔걸음으로 드리블을 하며 쉽게 레이업숏을 할 수 있는 길을 찾아갔다. 스펜서포트 팀이 공격권을 놓쳐서 우리는 공격선 끝에서 압박하기 시작했다. 우리는 몇 개의 숏을 놓치기는 했지만 계속해서 리바운드를 잡았고 결국 우리 선수 중 한 명이 제자리로 돌아오려고 하다가 파울을 당했다. 경기의 흐름을 끊고 재충전을 한 우리 팀의 마지막 타임아웃 이후로 얼마 지나지 않아 실제로 경기가 우리 팀에게 매우 우세하게 진행되었다. 그다음 우리는 다시 공을 뺏었고 우리 팀 선수 중 한 명이 3점 숏을 넣었다. 그리고 나는 우리 팀이 48 대 24로 이기고 있다는 것을 알았다. 이것은 코치가 타임아웃을 부른 이후로 9 대 0의 점수가 났음을 뜻했다. 이것으로 타임아웃이 좋았는지 아닌지 알 수 있게 되었을 것이다. 타임아웃 이후 우리 팀은 9점을 득점하고 상대 팀은 한 점도 내지 못했다는 것은 타임아웃이 적절했다는 것을 의미한다.

관중석에 응원하는 아이들이 '제이-맥'이라는 구호를 외치는 것을 듣기 시작한 것은 후반전이 시작되었을 때였다. 그들은 다양한 종류의 소리를 내었다. 전에 했던 것과 같이 "제이이이이 맥! 제이이 이이 맥!"이라고 길게 소리내었다. 또는 박수를 치면서 "제이 맥! 짝! 짝!" "제이 맥! 짝! 짝!"이라고 여러 번 외치고 외쳤다. 3쿼터가 채 1분 도 남지 않았고 그들은 계속해서 구호를 외치고 소리는 점점 더 커졌 다. 나는 아이들 중에서 응원 단장이 있는지 아니면 그들이 느끼는 것을 말하는 것인지 궁금했다. 하지만 그것은 효과가 있었다. 6학년 아이들은 구호를 '제이-맥'으로 바꾸고 박수를 치거나 길게 늘어뜨 려 말하지 않고 반복해서 그 구호만을 외쳤다. 그리고 곧 그것은 우 리가 풋볼이나 야구 경기장에서 보는 것과 같은 웨이브처럼 체육관 전체에 울려 퍼지기 시작했다.

대부분의 아이는 자신의 이름이 외쳐지는 것에 당황하지만 나는 그렇지 않았다. 좋기는 했지만 존슨 코치가 응원하는 아이들에게 내 이름을 불러달라고 내가 부탁했다고 생각하게 하고 싶지는 않았다. 그들은 계속해서 내 이름을 더 크게 외쳤다. 경기는 계속 진행되고 있 었고 4쿼터의 시간이 다 지나가기 전에 더욱 리드를 하려고 노력하고 있었지만 관중석에 있는 많은 사람이 그 경기를 보고 있다고 생각하 지 않았다. 보고 있는 사람들도 있었고, 보고 있지 않은 사람들도 있 었다. 그들은 응원을 하고 박수를 치느라 너무 정신이 없어서 경기장 에서 경기가 어떻게 진행되는지 관심을 기울일 수가 없었다. 스펜서 포트 팀은 그들의 시즌이 우리의 리드를 제지하는 것에 달려 있는 것처럼 경기를 하고 있는 상황이었다. 그들은 계속해서 숏을 놓쳤지만, 공격 리바운드를 해서 따라잡으려고 고군분투하고 있었다. 존슨 코치는 이 상황을 그다지 좋아할 수는 없었다. 어느 순간 우리 팀 선수가 공격 리바운드를 하여 드리블로 전진하고 있는데 스펜서포트 팀의 한 선수가 그에게서 공을 뺏었다. 하지만 우리 팀은 그것을 다시 뺏어서 우리 코트의 끝으로 밀어 넣었다. 리버 고프가 오펜스 리바운드를 해서 바로 탭_{역자 주: 공중에서 손목으로 공을 쳐서 골을 넣음}하여 50 대 24로 만들었다. 이것은 존슨 코치가 타임아웃을 한 이후 11 대 0으로 진행되고 있다는 뜻이었고, 이제 사람들은 모두 흥분했다. 전체 체육관이 "제이-맥 나와라! 제이-맥 나와라!" 하고 외치기 시작했다.

　장내 아나운서가 다시 와서 아무도 50/50 복권의 상금을 탄 사람이 없다고 이야기했지만, 그다지 많은 사람이 듣는 것 같지 않았다. 응원소리와 박수소리가 커서 "제이-맥 나와라! 제이-맥 나와라!"라는 소리 이외에는 들을 수 없었다. 휴식시간에 보았던 그 예쁜 여학생들이 응원하는 아이들이 있는 곳에 있었고, 나의 이름을 외치고 있었다. 정말 기분 좋은 일이었다.

04

그리스
아테나
Greece Athena

The Game of My Life

중학교와 고등학교에 가는 것이 내게는 매우 흥분되는 일이었다. 대부분의 학생은 학교에 가는 것에 지나치게 들떠 있거나 흥분하지 않는다. 그러나 나는 다른 친구들과는 달랐다. 나는 학교의 모든 소음과 활동들을 좋아했고 사회의 일부로서 학교를 좋아했다. 나는 실제 학교의 여러 부분에 대해 아주 많은 관심을 가지고 있지는 않았지만, 그렇다고 그렇게 싫어하지도 않았다. 그리고 나는 친구들을 만나는 것과 날마다 가는 신나는 장소를 좋아했다. 그렇지 않았다면 학교생활은 꽤 지루했을 것이며, 단지 집 주변을 어슬렁거리거나 동네에서 무엇인가를 하고 집으로 가는 다른 아이들을 기다렸을 것이다. 나는 교실에서 무언가를 배우는 것을 좋아했다. 특히 수학과 같은 과목을 좋아했다. 읽기를 아주 좋아하지는 않았지만, 다른 친구들이 수업에서 이야기해 주는 것을 좋아했다.

　　부모님 역시 내가 중학교와 고등학교에 가는 것에 대해 심리적
으로 불안해하셨다. 이것은 부모님이 지금 내게 말해 주었기 때문에
아는 것이지, 그때는 내가 느끼지 못하도록 뒤에서 말했다고 한다.
부모님은 내가 몸집이 작아서 우리 지역에 있는 일반 아동과 함께
학교에 갈 수 없을 것에 걱정했다. 그것이 가장 큰 걱정거리였다. 부
모님은 해마다 나를 위해 새로운 BOCES 프로그램을 계속해서 찾아
야 하는 것을 걱정했다. 부모님은 내가 여러 곳을 다녔지만 내게 적
절한 곳이 없다는 것을, 내가 집에서 너무 먼 학교에 가기 위해 버스
를 타고 오랜 시간 등하교하는 것을, 그리고 일반 아동이 나와 함께
하는 것을 좋아하지 않을 것을 걱정했다. 엄마는 이런 걱정으로 매우
우울해하고 방에서 혼자 정말 많이 울곤 했었다고 최근에 나에게 말
해 주었다. 나는 그런 일이 있었다는 것이 기억나지 않는다.

　　나이가 들면서 형이나 형의 친구들과 하는 운동에 좀 더 참여하
게 되었고, 그에 따라 나는 점점 더 특별한 사람이 되어 갔다. 운동을
하는 것이 나의 자폐 성향에 도움이 되었고, 나를 더욱 사회적인 사
람이 되게 하였다. 해마다 병원에 평가를 받으러 가면, 보라 박사는
엄마에게 나의 발달이 너무나 놀랍다고 말하곤 했다. 어릴 때 나는
심각한 중증 자폐로 진단을 받았지만, 10세, 12세, 14세가 되었을 때
는 더 이상 그렇게 심해지지 않았다. 자폐 정도는 점점 경도가 되었
다. 운동이 나의 자폐 성향에 도움이 되었다고 말하는 의미가 바로
이 때문이다. 나는 다른 아동과 같은 방법으로는 결코 읽거나, 쓰거

나, 어떤 것에 대해 생각할 수 없었지만 다른 사람들이 생각하는 것보다 훨씬 더 많은 것을 할 수 있었고, 현재 나는 우리 지역에서 일반 아동과 함께 학교에 갈 준비가 되었다.

우리는 그리스에 있는 4개의 고등학교 중 하나인 그리스 아테나로 갔고, 이곳은 우리가 살고 있는 로체스터 변두리에 위치해 있다. 이 외에도 그리스 아카디아, 그리스 올림피아 그리고 그리스 오디세이가 있었으며, 우리는 우리가 살고 있는 지역에 따라 이 중 하나에 가야 했다. 팀의 이름은 트로잔, 타이탄스, 스파탄스 그리고 레오파드였다. 우리 지역의 이름 때문에 이러한 이름이 모두 고대 그리스를 생각나게 하겠지만, 그것이 내가 학교에 갈 때 혼란스러워한 이유는 아니었다. 나는 아테나에는 중학교와 고등학교가 함께 있었기 때문에 혼란스러웠다. 나는 일부의 아이들을 알고 있었다. 조시가 나보다 한 학년 선배여서 나는 그의 친구들을 모두 알고 있었다. 나는 학교를 옮겨 다니는 것을 그만둘 수 있었다. 어렸을 때 나는 학교를 여기 저기 옮겨 다니는 것을 좋아하지 않았다. 이 부분에 대해서는 부모님도 나와 같았다. 나는 친숙한 것을 좋아하기 때문에, 해마다 새로운 곳에서 학교를 다니는 것과 새로운 친구들과 선생님을 만나는 것을 좋아하지 않았다. 나는 모든 것들이 일정하게 되어 있는 것을 좋아한다. 자폐 관련 책이나 논문에서 보면, 자폐성 아동은 일상적인 것들을 좋아한다고 쓰여 있는데, 그것은 나에게도 역시 해당되는 것이다. 아마도 그것은 모두에게 해당될 것이다. 그것은 당신이 자폐인 것과

153

는 상관없을 것이다. 예상되는 것을 안다면, 훨씬 더 나을 것이다.

그래서 나는 어느 정도 예상했던 대로 그리스 아테나에 갔다. 사실 그곳이 어떤지 정확하게 알지는 못했지만, 건물을 알고 있었고, 일상을 알고 있었으며, 많은 아이, 선생님 그리고 코치를 알고 있었으므로 그리 많은 걱정을 하지는 않았다. 부모님은 걱정하셨지만, 사실 나는 그다지 걱정하지 않았다. 부모님은 아마도 나와 나이가 같은 정규 학년에 나를 넣은 것이 실수였다고 생각했을 것이다. 부모님은 당시엔 이에 대해 내게 말하지는 않았다. 부모님이 내게 이야기했었다면, 나는 그것이 실수가 아니라고 말했을 것이다. 그러나 나의 장애 때문에, 부모님은 나를 초등학교와 중학교에 몇 년 동안 더 있도록 하였다. 뉴욕의 BOCES 프로그램에서 나는 21세까지 고등학교에 다닐 수 있지만, 21세까지 고등학교에 다니고 싶어 하는 사람이 누가 있겠는가?

데이비드 맥얼웨인

제이슨이 이야기하고 있는 것은 거주지에 해당하는 원래의 학군에서 같은 연령의 아동과 함께 교육받도록 결정한 것에 관한 것이다. 제이슨은 힐튼에서 유치원부터 6학년까지 있는 학교에 다녔으나, 아테나에 있는 초등학교들은 유치원부터 5학년까지 있다. 그는 이미 6학년을 마쳤기 때문에 아테나 중학교에서 7학년에 배정되었지만 우리는 그를 6학년으로 배정했어야 했다. 제이슨의 생일이 10월이어서 6학년 학생들보다 두 세 달 정도 빠른 것이지만 이러한 차이는 아무도 알아채지 못했을 것이다. 제이슨은 중학교가 시작되는 첫 학년(역자 주: 미국의 경우 6~8학년이 중학교인 경우가 많음) 또래와 함께 시작했기 때문에 차이를 알지 못했을 것이다. 6학년이든, 7학년이든, 그것은 그리 중요한 문제가 되지 않았을 것이다.

우리는 처음에 이를 중요하게 생각하지 않았다. 아내와 나는 제이슨이 중학교에 입학하는 것을 보는 것, 다른 아이들처럼 수업시간에 맞게 교실을 이동하는 것, 그리고 학교에 있는 자신만의 특별한 로커를 사용하는 것이 너무나 기뻤다. 제이슨은 숫자를 조합하는 자물쇠를 사용할 수 없었으므로 열쇠를 사용하여 여는 자물쇠를 설치해 주었고, 이 자물쇠를 그는 아주 잘 다룰 수 있었다. 그러나 이것이 적절한 조치가 아니었음을 이후에 깨달았다. 제이슨의 친구들이 졸업을 하고 이사를 할 때면 우리는 제이슨이 다음에 해야 하는 것을 걱정하여 한두 해 정도 학교를 더 다니게 해야 하지 않을까를 염려하곤 했다. 그때마다 우리의 생각이 좋은 생각이 아님을 알았다. 제이슨이 상급생인 동안에 함께 이것에 대해 이야기했었으나 그는 학교에 남아 있고 싶어 하지 않았다. 그는 '슈퍼시니어(supersenior. 역자주: 고등학교를 1년 더 다니는 상급생)'가 되고 싶어 하지 않았다. 이 용어는 상급생 학년을 1년 더 다니는 아이들을 위해서 붙여 준 것이고 부정적 의미를 내포하고 있지만, 제이슨의 경우에 그것은 부정적이지 않았다. 제이슨과 같은 경우에, 학교를 마치면 무엇을 해야 할지 걱정이 되기 때문에 1년 더 학교를 다니는 것은 긍정적인 것이었다. 사람들은 직장을 가질 수 있을지와 같은 것들을 걱정할 것이다. 따라서 한 해 더 학교에 남아 있는 것은 우리의 많은 걱정을 덜어 주는 것이 될 것이다.

나는 절대 슈퍼시니어가 되지 않을 것이다. 그것은 그들이 붙여 준 이름이고, 듣기 좋게 만든 것이었다. 부모님이 그것을 강요하지

않은 것은 다행이었다. 그렇지 않으면 내가 다시 강력하게 요구해야
만 했다. 나는 이미 졸업반이었다. 나는 모든 수업에 출석했고 해야
할 일들을 모두 했다. 선생님들은 모두 나를 좋아했다. 그리고 농구
팀에 있던 다른 졸업반 아이들은 모두 졸업을 했다. 그래서 다시 돌
아가서 1년 동안 더 대표팀에서 뛰고 싶지 않았다. 나는 이미 졸업생
의 밤과 같은 모든 것에 참석했다. 아마 이 글을 읽는 여러분도 이와
같은 것들을 두 번 하지는 않을 것이다. 그렇지 않은가? 내가 그리스
에서 학교에 다니기 시작했을 때 어땠는지를 말하고 싶기 때문에 나
의 졸업반 해에 대해 많은 것을 쓰고 싶지 않다. 그리스에서는 특수
교육을 받는 아동은 체육시간이나 점심시간에 일반 학급에서 함께
지낸다. 또한 음악이나 미술, 목공예 시간도 마찬가지로 일반 학급에
서 수업을 받는다. 수학, 읽기와 같은 다른 모든 과목은 특수교육을
받는 아동에게 적절하게 이루어졌고, 나의 친구들을 만날 수 있다는
것은 좋은 점이었다. 우리는 일반 아동과 같이 이동 수업을 했다. 나
는 점심시간에, 체육시간에, 수업 사이에 이동을 할 때 복도에서 조
시와 그의 친구들을 자주 볼 수 있었다. 그들이 나를 통합된 아동으
로 특별하게 부르지는 않았지만 내가 힐튼에 있을 때보다 훨씬 더 통
합된 아동들과 가까워진 것 같았으며, 그리스는 내가 다닌 마지막 학
교였다. 학교에서 나는 대부분의 다른 아이들과 비슷한 하루 일과를
보냈다.

　이전 학교와 가장 큰 차이점은 이제 나는 학교 체육에 참여할

수 있다는 것이며, 체육은 내가 항상 하고 싶었던 것이었다. 그래서 나는 첫 학기에 크로스컨트리 팀에 참여했다. 크로스컨트리 팀에서는 특별한 제한을 두지는 않았다. 제한이 있었다 하더라도, 나는 해낼 수 있었을 것이라고 생각한다. 나는 훌륭한 달리기 선수였고, 빨랐다. 내가 할 수 없는 유일한 한 가지는 신발 끈을 묶는 일이었고, 이것에 대해서는 엄마가 이미 팀에 이야기를 해 두었다. 나는 처음에는 어떻게 뛰는 것이 올바른 방법인지 알지 못했다. 아무도 경주에서 빨리 뛰는 방법을 가르쳐 주지 않았기 때문에, 나는 혼자서 단지 빨리 뛰었고, 모든 것을 혼자 배워야 했다. 나는 뛸 때, 팔을 많이 움직이지 않는 것, 몸을 앞으로 조금만 기울이는 것, 속도를 조절하는 것, 그리고 똑바로 뛰어 가는 것을 배워야 했다. 크로스컨트리 경기에서는 나무들을 통과하거나 들판에서 뛰어야 하기 때문에 정해진 코스를 똑바로 유지하면서 뛰는 것은 어려운 일이다. 트랙에서는 따라서 뛸 수 있는 선이 그어져 있지만, 크로스컨트리는 선이 없으므로 선이 없을 때는 어떻게 뛰어야 하는지를 배워야 했다. 내가 배웠던 기술 중에 하나는 앞에 가는 선수를 따라가는 것이었지만, 때때로 내가 제일 앞에 있어서 그렇게 할 수 없을 때도 있었다.

조시 역시 학교 팀에서 뛴 적이 있었지만, 내가 상당히 빠르다는 것을 알았을 때 그만두었다. 그는 팀에서 두 번째로 빠른 선수가 되고 싶지는 않았다. 그는 나에게 지는 것을 좋아하지 않았다. 나와 조시는 항상 경쟁적이었다. 어렸을 때, 나는 무엇으로도 조시와의 경

쟁해서 이긴 적이 없었지만, 나이가 들면서 달리기와 같은 종목에서
는 내가 조금 더 잘하게 되었다. 나는 농구도 내가 좀 더 잘하게 되었
다고 생각한다. 조시는 나에게 공을 던지는 방법을 가르쳐 주었는데
어느 날 내가 그보다 더 공을 잘 던지게 되었다. 나는 내가 더 열심히
했기 때문이라고 생각한다. 나는 연습하고 또 연습했다.

어쨌든, 나는 크로스컨트리 팀에 들어간 것이 정말로 좋았다.
나는 방과 후에 연습을 하러 가는 것이 좋았고, 여러 학교에서 참가
한 여러 아이들과 달리기 경주를 하는 것도 좋아했다. 나는 육상팀에
도 속해 있었다. 경기는 봄에 있었다. 하지만 나는 농구부에는 들지
않았다. 농구부에는 제한이 있었다. 중학교 농구부에 지원한 아이들
은 엄청 많았지만 단지 15명만 뽑았다. 나는 실망했지만, 계속 농구
를 했다. 계속 연습했다. 아마도 엄마는 나보다 더 실망한 것 같았다.
엄마는 고등학교 운동팀에 대해 그리고 자격 수준에 대해 이해하지
못했던 것 같다. 나는 이해했다. 그래서 많이 속상해하지 않았다. 아
빠도 운동경기를 잘 알고 있었고 팀원이 되는 것과 팀원이 되기 위해
서는 자격 기준이 있다는 것을 잘 알고 있었다. 조시는 7학년과 8학
년에 농구팀의 선발시험에 지원을 했고 탈락을 해서, 엄마도 일반 아
동에게 적용되는 이러한 자격 제한에 대해 알고 있었다. 조시는 2군
농구팀에 가게 되면서 테니스를 시작하고 테니스에서 좋은 성적을
거두었다. 그래서 그 후로는 엄마가 농구부의 자격 제한을 이해했던
것 같다. 내가 처음에 자격 제한에 걸려서 선발되지 못했을 때, 엄마

는 사람들이 운동을 하기 위해서는 허락을 받아야만 운동을 할 수 있는 것이라고 생각했던 것 같다. 그러나 좋은 운동선수들이 많이 있고 때때로 코치는 다른 사람들이 보지 못하는 잠재된 능력을 보고 그에 따라 선발하기도 한다는 것을 사람들은 알고 있다.

　나는 여전히 고등학교 농구팀에서 뛰고 싶고 지역 타이틀을 따고 싶은 꿈이 있었다. 그 꿈이 어디에서 시작되었는지 모르겠지만, 내가 기억하는 한 내가 그 꿈에 대해 이야기하기 시작했을 때도 그것은 여전히 내 마음속에 자리 잡고 있었다. 나는 코치가 팀에서 나를 뺄 수는 있지만, 내 꿈까지 뺏을 수는 없다고 스스로에게 말했다. 나는 이런 식으로 나의 꿈을 키워 나갔다. 마이클 조던이 고등학교 팀에 들어가려고 처음 시도했을 때 탈락했던 것은 잘 알려진 사실이다. 이러한 상황에서 해야 할 일은 결코 포기하지 않는 것이다. 이것은 내가 중학교 농구부에 탈락한 후, 나 스스로에게 처음 말했던 것 중의 하나였던 것 같다. 나는 계속해서 운동하고, 계속해서 시도해야 한다고 생각했고, 그래서 그리스 농구 협회 리그Basketball Association League에서 뛰게 되었다. 그것은 내가 어렸을 때부터 항상 참여했던 지역 GBA 리그의 이름이다. 조시도 함께 참여했었다. 내 친구들 중 많은 아이들이 함께했다. 심지어는 중학생 팀을 만들어서 GBA에서 뛰는 경우도 있었다. 이 리그는 주로 주말에 이루어졌기 때문에 중학생 팀도 참여할 수 있었고, 꽤 괜찮은 경기들도 있었다.

짐 존슨

제이슨이 우리가 운영하는 센터에 온 것은 그가 중학생일 때였다. 우리는 지속적으로 운동을 할 수 있는 아이들을 선발하고 아이들이 농구를 우선으로 여길 수 있도록 하기 위해 1년 과정의 프로그램을 운영하였다. 우리는 체육관 사용 시간을 개방하였고 해마다 지역 캠프를 운영했다. 체력 단련실은 항상 열려 있었다. 제이슨은 중학교가 끝나갈 무렵에 이 캠프에 참여하였고, 우리는 그가 경기에 대한 엄청난 열정과 열심을 가지고 있음을 알 수 있었다. 제이슨은 몸집이 작은 편이었고 한두 걸음 느린 편이었지만, 그는 열심히 하는 선수였다. 우리는 열심히 하는 모습에서 무언가를 볼 수 있었다.

나는 학교에서 다른 아이들과 어떻게 지냈는지에 대해 좀 쓰고 싶다. 나중에 농구에 대한 내용을 좀 더 쓸 것이지만, 지금은 나의 친구들에 대해 이야기하고 싶다. 나에게는 셀 수 없을 만큼 친구가 많았다. 고등학교 때, 내가 괴롭힘을 당했다는 이야기를 여러 번 들었다. 그것은 사실이지만, 단지 부분적으로만 그렇다. 나는 이전에 이것에 대해 조금 이야기했지만 다시 말하고자 한다. 다른 아이들이 가끔씩 나를 괴롭혔지만 대부분은 농담 수준이었고, 그렇지 않더라도 아주 나쁜 경우는 아니었다. 그것은 대부분 재미 수준의 괴롭힘이었다. 그들은 나의 친구들이었기 때문에 나는 크게 신경 쓰지 않았다. 그들에게 다른 의도는 없었다. 그리고 나는 그들이 나에게 관심을 보이는 것이 좋았다. 나는 내가 알고 있는 모든 사람을 좋아했고, 내가 그들과 어울리는 것이 좋았다.

특수학급의 아이들은 나를 괴롭히지 않았다. 우리는 항상 서로에게 친절했다. 괴롭히는 건 일반 아이들이었는데, 그것은 그들의 방식이기 때문이었다. 때때로 점심시간에, 나는 브라이언 벤슨과 같은 동네 친구들과 함께 앉거나 점심시간이 같을 때에는 조시와 그의 친구들과 함께 앉았다. 그리고 카페테리아에 일반 아이들이 있는 시간에는 늘 괴롭히는 일들이 일어났다. 일반 아이들은 늘 서로를 괴롭혔다. 그리고 이따금씩 나를 괴롭히는 차례가 오기도 했지만 그뿐이었다. 학교에서 낮에 있었던 일에 대해 이야기를 듣고서 엄마는 이들이 착한 아이들이 아니며 내가 자폐이기 때문에 괴롭히는 것이라고 했다. 그래서 우리는 엄마에게 정말로 그런 것은 아니라고 이야기해야만 했다. 나와 조시는 엄마에게 이런 일은 아이들 사이에서 일반적으로 있는 장난 수준의 괴롭힘이라고 설명했다.

스티브 커(고등학교 친구이며, 그리스 아테나 팀 동료)

우리가 함께 로커 룸에 있었던 적이 있었다. 내가 생각하기로는 2군팀 훈련 이후였던 것 같다. 누군가 제이슨을 로커 중 하나에 넣자고 의견을 냈다. 그가 자폐여서는 아니었고, 그의 몸집이 작았기 때문이었다. 단지 그 이유뿐이었다. 제이슨은 우리 팀에서 가장 작은 아이들 중 하나여서 아이들이 그를 로커에 가두려고 했었다. 나는 다른 아이들은 들어갈 수 없었을 거라고 생각한다. 우리는 단지 어리석은 아이들이었을 뿐이며, 어리석은 장난을 한 것이었다. 제이슨도 사실 이 상황을 재미있다고 생각했고, 우리도 재미있다고 생각했다. 아무도 그를 해치려고 그런 장난을 한 것은 아니었다. 아무도 그를 이용하려고 하지 않았다. 그리고 재미있는 것은, 이 일이 처음 일어난 이후로 제이슨은 항상 자신을 또 로커에 넣어달라고 하였다.

또 한 번은 훈련 후에 몇 명의 친구들이 나를 관중석 의자 밑에 넣은 적이 있었다. 체육관 의자들은 보통 접이식인데, 경기가 없을 때에는 밀어서 벽에 붙여 놓을 수 있고 경기가 있을 때는 경기 종목에 따라 자리를 조절할 수 있는 것이었다. 관중석 의자는 위아래로 움직일 수 있는 것으로 들어 올리고 그 안으로 기어들어갈 수 있었다. 아이들은 내게 의자 밑으로 들어가라고 했다. 그들은 나에게 강요하지는 않았지만 그렇게 하도록 내가 옆에서 호응하고, 그렇게 해보라고 말했다. 그것이 누구의 생각이었는지 모르겠지만, 모든 아이들은 이 일이 재미있다고 생각했다. 나 역시 재미있는 일이라고 생각했다. 단지 그들이 나를 의자 밑에 넣고 문을 닫았을 때, 나는 혼자서 빠져 나올 수 없었다. 그들은 체육관의 불을 끄고 문을 닫았는데, 나는 설마 정말로 나만 그곳에 그런 식으로 남겨 둘 것이라고 생각하지 않았지만, 혹시 그럴지도 모른다고 생각했다.

조시 맥얼웨인

엄마는 아이들이 항상 제이슨을 괴롭힌다고 생각했지만 그렇지는 않았다. 제이슨은 엄마에게 학교에서 무슨 일이 있었는지 말하곤 했다. 이것은 제이슨이 친구들을 배신하거나 그러려고 했던 것은 아니었고, 자신에게 하루 동안 있었던 일을 공유하고 싶었던 것이었다. 이야기를 들으면 엄마는 정말로 화를 내었지만, 그 일은 그냥 자연스러운 일이었고, 나와 제이슨은 단지 노는 것이었다고 설명을 했다. 나는 집에서 제이슨을 몹시 괴롭혔지만, 단지 우리 사이에서만 그랬다. 우리가 학교에 있을 때는, 나는 제이슨을 돌봐주려고 노력했다. 이것이 다른 아이들이 제이슨의 주변에서 놀리려고 할 때마다 끼어들었다는 것을 의미하는 것은 아니지만, 어떤 일이 좀 과도하다 싶을 때면 나는 개입했다. 하지만 이런 일이 자주 일어나지는 않았다. 내 생각에 그렇게 심한 일들이 아니었고 어느 누구도 잔인하거나 해를 입히는 행동은 하지 않았다. 결코 그렇게 큰 문제는 아니었다.

6학년_{중학교 1학년}이 되었을 때, 나는 친구들이 많았다. 또 많은 여자아이를 알았다. 사람들은 복도에서 나를 보면 미소를 짓거나 손을 흔들며 인사를 하곤 했다. 나는 방과 후에 일반 아이들과 함께 많이 어울려 다니지는 않았지만, 학교에서는 같이 어울리는 아이들 중 하나였다. 선생님들도 역시 나를 좋아했다. 나이가 들면서 휴대폰을 갖게 되었고, 나는 내가 아는 모든 사람의 전화번호를 저장하였고, 몇 주 만에 백 개가 넘는 전화번호를 저장하게 되었다. 나는 아는 사람들에게 다가가서 전화번호를 저장해도 되는지 물었고, 그들이 나에게 전화번호를 알려 주면 나도 그들에게 내 전화번호를 알려 주면서 우리는 친구가 되었다. 그 후에 우리는 가끔씩 서로 전화를 주고받았다.

　나는 이따금씩 파티에 초대받기도 했다. 금요일이나 토요일 밤에는 늘 파티가 열렸다. 나는 오픈 하우스와 같은 파티에 참석을 했는데, 정말 시끄럽고 북적거렸다. 나는 시끄럽고 북적거리는 곳을 좋아하지 않았다. 대신에 다른 종류의 파티에 가는 것을 좋아했다. 컨트리크로스 팀에서는 토요일 경기 전 금요일에 파스타 파티를 하곤 했다. 상급생 중 한 명이 파티를 열었고, 우리는 모두 함께 갔다. 나는 이 파스타 파티를 한 번도 빠진 적이 없었다. 내가 먹는 것을 좋아했기 때문에 모든 부모님은 나를 알았다. 아빠가 나를 태우러 왔을 때, 내가 엄청 많이 먹는데도 말랐기 때문에, 그들은 내가 먹은 파스타가 다 어디로 들어갔는지 모르겠다고 말하곤 했다.

　나는 기본적으로 다른 고등학생처럼 되고 싶었다. 나와 주변 친구들은 가끔 서로의 집에 가서 놀았고, 차고 앞에 달린 농구 골대에 공을 던지며 놀곤 했다. 항상 할 것들이 많았고, 일반 아이들과 함께 그런 것들을 했다. 단지 시끄럽고 복잡한 파티에서만 함께했던 것은 아니다.

　학교에서 다른 아이들과 어떻게 지냈으며 어떻게 적응했는지에 대해 지금까지 설명했으므로, 이제는 다시 농구 이야기로 돌아가려 한다. 나는 해마다 학교 농구팀에 들어가기 위해 계속해서 지원하였다. 8학년 때는 중학교 팀을 시도하였고, 9학년 때는 고등학교 신입생 팀에 지원했다. 나는 계속해서 탈락했다. 탈락해도 나는 긍정적으로 생각했는데, 이렇게 생각하는 데는 아버지와 형의 도움이 컸다. 내가 앞서 말한 바와 같이, 농구팀에 지원하려는 아이들은 많았고, 좋은 선수들도 많았다. 나는 존슨 코치의 캠프와 센터에 계속해서 참여하였고 많은 코치들을 알게 되었으며 항상 방과 후에나 방학 때는 체육관 근처를 맴돌았다. 그들은 나를 체육관 쥐돌이라고 불렀는데, 나는 왜 그들이 그렇게 부르는지 추측할 수 있었다.

그것은 내가 팀 선발에서 떨어진 후, 아모로소 코치가 나에게 2군 팀의 매니저를 하겠는지 물었던 이유 중의 하나였다. 그는 내가 농구와 농구팀에 얼마나 헌신적인지 알고 있었고, 그것이 나에게 얼마나 중요한지 알고 있었다. 또한 나에게 얼마나 많은 선수 친구들이 있는지, 그리고 내가 열심히 할 것이라는 것도 알고 있었다. 그는 이것에 대해 존슨 코치에게 이야기했고 존슨 코치가 좋은 아이디어라고 생각하는지 알고 싶었는데 존슨 코치는 동의를 하였고, 나도 역시 동의하였고 좋은 생각이라고 여겼다. 엄마와 아빠도 마찬가지로 좋은 아이디어라고 생각하였다. 사실, 내가 팀에서 탈락하기 전에 엄마는 이미 아모로소 코치에게 전화를 걸어 내가 매니저가 될 수 있는 가능성과 나의 할 일이 어떤 것인지에 대해 상의하였다. 엄마는 항상 질문이 많았다. 엄마는 내가 팀의 일반 구성원들과 같은 대우를 받을 수 있는지에 대해 알고 싶어 했고, 코치는 그렇다고 말했다. 코치는 경기에 참여할 수만 없을 뿐 자신이 관여하는 한 내가 다른 선수들과 거의 같다고 말했다. 나는 훈련시간 동안 코치를 도울 수 있었고, 다른 선수들이 자유투를 연습할 때 그들을 위해 리바운드를 해 주었다. 나는 훈련이 원활히 이루어지는 것을 도울 수 있었으며, 물과 수건 또는 선수들과 코치가 필요로 하는 것은 모두 가져다주었다. 나는 다른 팀의 매니저가 점수판에 우리 팀의 이름을 적는 것을 도왔다. 그것이 나의 역할이었다. 나는 팀의 구성원이 되었지만, 단지 선수 중의 하나가 아닐 뿐이었다.

나는 "네, 물론입니다, 나는 팀 매니저가 되는 것이 너무 좋아요." 엄마가 항상 예의바르게 말하라고 했던 것을 기억해서 "나에게 물어봐 주셔서 감사합니다."라고 말했다.

나는 정말로 팀의 매니저가 되는 것이 좋았다. 우리 팀이 연습하는 동안에 나도 농구를 할 수 있었다. 나는 방과 후에 체육관에서 내내 시간을 보내며 공 던지기 연습을 했고, 원정 경기에도 팀과 동행을 해야 했다. 나는 셔츠를 입고 타이를 매야 했는데, 흰 셔츠를 입고, 검은 클립을 끼운 타이를 매는 것은 행운이라고 생각했다. 이후에 내가 2군 팀의 매니저가 되었을 때, 우리는 경기에서 계속 이겼다. 나는 셔츠와 타이의 색깔을 바꾸지 않았지만, 우리가 경기에서 졌다면, 나는 그것을 새로운 색으로 바꾸려고 시도했을 것이다. 나는 우리가 어떻게 해야 하는지에 대한 미신적 관습을 믿었고, 어떻게 해서든지 행운이 유지되도록 노력했다.

그리고 2군 팀 시즌의 마지막이 되었을 때, 아모로소 코치는 나 때문에 놀랐다고 말하며, "우리의 마지막 경기에서 팀의 유니폼을 입는 것이 어떻겠니?"라고 물었다.

나는 "네, 저도 매우 그러고 싶었어요. 감사합니다."라고 대답했다. 나는 경기에서 유니폼을 입을 수 있을 거라고 생각하지도 않았기 때문에 이 말은 정말로 놀라운 것이었다.

아모로소 코치는 내가 경기에 투입될 수 있을 거라고 약속할 순 없지만 그렇게 되도록 노력하겠다고 말했고, 적절한 상황이 되고 내가 농구 감각을 갖게 되면 나를 경기에 투입시키겠다고 했다. 그는 나에게 등번호 22번이 찍혀 있는 유니폼을 주었다. 그것은 내 사촌이 스펜서포트 풋볼 팀에서 달았던 것과 같은 번호였으므로 나는 멋진 일이라고 생각했다. 내가 요구하지도 않았는데 우리 가족 중 한 명과 같은 번호를 받았고, 그래서 이 숫자의 유니폼을 입는 것이 우리 가족의 전통과 같은 것이라고 생각했다. 유니폼이 나에게 잘 맞지는 않았지만 별로 신경 쓰지 않았다. 그것은 고등학교 농구팀의 셔츠였고 나의 고등학교 농구팀의 유니폼이다. 그리고 내 사촌의 번호를 달고 있었다. 그것이 모두 나의 관심사였다.

아모로소 코치가 나에게 유니폼을 주기 전에 먼저 존슨 코치에게 말했고, 존슨 코치는 우리 체육 감독인 랜디 휴토에게 자폐를 가진 아이가 팀 내에 있다는 것을 설명했다. 물론 감독관은 좋다고 하였다. 나는 평범한 아동이고 일반 농구경기에서 뛴다고 하더라도 아무도 다치게 하지 않을 것이기 때문에 괜찮다고 말했을 것이라고 생각한다. 휴토 감독은 내 꿈을 이룰 수 있게 도와줄 수 있어서 기쁘다고 말했다. 그는 경기에서 내가 다른 선수들처럼 입을 수 있는 것이, 경기를 할 수 있는 기회가 있을 수도 있다는 것이 나에게 얼마나 중요한 일인지 알고 있었다. 그는 내가 이런 것에 대해 항상 이야기했기 때문에 잘 알고 있었다. 나의 친구들과 선생님들, 학교에 있는 모든 사람은 내가 농구에 대해 어떻게 느끼는지 결코 숨기지 않았기 때문에 그것을 얼마나 원하는지 알고 있었다. 내가 흥분하면 사람들은 내가 흥분했는지 알 수 있었고, 내가 화가 나거나 좌절하면 사람들은 내가 화가 나거나 좌절했는지 알 수 있었다. 나는 그런 식이었다.

　마지막 경기가 있는 날, 나는 학교가 끝날 때까지 기다릴 수 없었다. 학교에 있는 모든 시계들이 너무나 천천히 움직여서 수업 마치는 종이 절대 울리지 않을 것 같았지만, 결국 종이 울렸고 이제 경기 준비를 할 시간이 되었다. 이것은 이번 시즌의 마지막 홈경기였고, 졸업생의 밤 경기였다. 2년 후에 내가 참여하고 득점할 졸업생의 밤 경기였다. 그때 나는 단지 상급생이 아닐 뿐이었다. 당시 나는 10학년이었다. 2군 팀의 경기가 본 행사 전에 먼저 이루어졌다. 우리는 중요 라이벌 팀 중 하나인 아이런드쿠오이트 팀과 경기를 하였다. 우리 대표 팀 선수들은 아이런드쿠오이트 팀을 상대로 경기를 준비하고 있었고, 졸업생의 밤 행사를 할 준비가 되어 있었다. 대부분의 사람이 경기를 보러 체육관으로 오고 있는 중이었다. 우리 경기 때는 사람들이 많지 않았다. 대부분이 2군 팀 선수들의 부모님이었다.

제프 아모로소(그리스 아테나 트로잔 2군 팀의 전 코치)

나는 마지막 경기를 하기 전에 있었던 우리 팀 미팅을 기억하고 있다. 우리는 늘 교실에서 만났다. 무슨 이유인지는 모르겠지만, 제이슨이 미팅에 늦게 왔는데 이런 일은 매우 드문 경우라서 나는 다른 사람들에게 이 상황에 대해 설명했다. 나는 우리가 그를 경기에 투입시키고자 한다는 것을 이야기했고, 나는 누구도 이것을 장난같이 여기는 것을 바라지 않았다. 나는 감정에 호소했다. "이것은 그에게는 중요한 일이다. 그에게는 결코 여러분과 같은 느낌을 가져 볼 기회가 없으며, 코트에 나갈 수 있는 기회가 없으며, 고등학교 경기에서 여러분이 경험하고 당연한 것으로 생각했던 것과 같은 응원을 받아볼 기회가 없다."라고 말하며, 모든 이들이 이것을 받아들이고 가치 있는 일로 생각하기를 바랐다.

그때, 갑자기 제이슨이 교실 창문으로 얼굴을 내밀었고, 나는 다른 선수들에게 눈짓을 하며 "좋아. 재! 너무 어렵게 생각할 필요 없어."라고 말했다.

그리고 제이슨이 이미 유니폼을 입은 채로 들어왔다. 나는 그에게 "어때? 나갈 준비가 되었니?"라고 물었고, 그가 "물론입니다."라고 대답했다.

그래서 우리는 경기를 하러 갔다. 나는 2분 정도 남겨 놓고 우리가 약 15점 정도 앞서가고 있었다고 기억한다. 그 정도였던 것 같다. 어떻게 제이슨을 넣게 되었는지 정확하게 기억한다. 내가 일어서서 박수를 치며 말했다. "좋아, 제이-맥, 한번 해보자." 그리고 그가 테이블로 갔다. 2년 후에 대표팀 경기에서 일어난 일과 비교하면 관중이 적었지만, 그 열기는 거의 비슷했다. 경기장의 모든 사람은 이 일을 특별한 상황이라고 말했고, 나는 상대 팀의 코치와 아무것도 준비하지 않았다. 우리는 그냥 내버려둘 뿐이었다.

제이슨이 한두 번 공을 잡기는 했지만, 슛을 쏘거나 하지는 못했다. 그리고 그때, 나를 놀라게 하는 일이 일어났다. 경기가 중단되었고, 심판이 우리의 사이드라인으로 뛰어와서 속삭였다. "당신이 그 아이를 투입시켰군요. 내가 그에게 상대 팀의 반칙에 따른 자유투를 주어야 할 것 같군요." 그래서 나는 "아니요, 아니요, 그러지 마세요. 그냥 경기를 진행하세요."라고 말했다. 심판은 일이 어떻게 진행되는지 알고 있었다. 그는 좋은 사람인 것 같았지만, 나는 제이슨을 위해 그런 일이 일어나기를 바라지 않았다. 우리는 제이슨을 불쌍하게 바라보지 않았다. 그래서 타임아웃을 요청했고, 제이슨이 공을 잡을 수 있는 충분한 기회를 제공하도록 지시했다. 그리고 제이슨은 중요한 순간에 공을 잡아서 23피트 밖에서 공을 던졌고 그건 3점 라인 밖이었다. 그는 기회를 놓쳤고, 휘슬이 울렸다. 심판은 제이슨에게 3점 자유투를 주었다. 그것은 파울일 수도 있고 아닐 수도 있었다.

제이슨은 자유투 라인으로 갔고, 경기장 안에 긴장감은 대단했다. 작은 핀이 떨어지는 소리도 들릴 정도였다. 제이슨은 공을 잡고 계속해서 공을 튕겼다. 우리는 테이프를 보면서 그것을 세어 보았다. 거의 20번 정도 공을 튕겼다. 그러고 나서 모두 얼어버렸다. 그가 첫 번째 공을 던지자마자, 누군가가 "들어가라!"라고 소리친 것이 매우 분명하게 기억난다. 골인이 되었다. 그리고 그는 자신의 가슴을 두드리기 시작했고 주먹을 관중에게 날렸다.

제이슨은 3점 슛을 하다가 파울을 당했으므로 두 개의 슛을 더 던질 수 있었다. 그리고 다시 관중석이 요동치기 시작했다. 그리고 심판은 그에게 다시 공을 주었다. 다시 20번 정도 공을 튕기는 동안 모든 사람은 숨을 죽였다. 공이 골망 안으로 들어갔다. 그는 자신의 가슴을 두드리면서 관중석에 있는 아버지를 가리켰다. 그리고 마지막으로 세 번째 공을 잡았고, 관중석은 다시 죽은 듯이 조용해졌다. 슛을 쏘고 뒤로 비켜서자 세 번째 골이 들어갔고, 다시 가슴을 두드리기 시작했다. 그것은 놀랄 만한 일이었다. 경기장은 열기로 가득 찼다. 사람들은 엄청나게 흥분했다. 경기가 끝나고 사람들은 눈물을 흘렸다. 지금 보이는 아름다운 상황에 흐느껴 울었다. 2년 후에 이와 같은 일이 여러 번 일어날 것이라는 것을 누구도 예상하지 못했다.

그 경기는 내 인생의 하이라이트였다. 그것은 나의 농구 경력에 하이라이트였다. 틀림없이 그렇다. 나는 그것에 대해 많이 쓰고 싶지는 않지만 졸업생의 밤 경기 내내, 그리고 다음 날 학교에서 모든 사람들이 그것에 대해 이야기했었다고 말하고 싶다. 그다음 주에도 내내 그랬다. 이것은 그리스 아테나에서 정말로 유명한 경기였다. 모든 사람이 "제이-맥에 대해 들었어?"라고 했다. 아주 많은 사람들이 자신이 거기에 있었고 슛하는 것을 보았다고 말했지만, 그 경기에는 그렇게 많은 사람들이 있지 않았기 때문에 그들 중 많은 사람들은 거짓말을 하는 것이었다. 그곳에 있었다고 말하는 모든 사람이 거기에 있었다면, 아마도 그 장소는 꽉 찼을 것이다. 그러나 그곳에 얼마나 많은 사람이 있는지와 상관없이, 그 경기는 여전히 손에 땀을 쥐게 하는 흥분된 경기였다. 또한 나 스스로 너무나 자랑스러웠다. 엄마와 아빠는 내가 정말 자랑스러웠다고 말했는데, 굳이 나에게 말할 필요는 없었다. 나는 이미 자랑스러웠다. 조시 역시 나를 자랑스러워했다. 세 개의 자유투를 연속으로 던졌다는 것은 정말 대단한 성과라고 말할 수 있다. 농구를 해봐야만 그것이 얼마나 대단한 일인지를 알게 될 것이다. 스스로 시도해 봐야만 한다. 그 경기가 아슬아슬한 경기가 아니어서 자유투에 대한 부담이 없었지만, 세 골을 모두 성공시키는 사람은 많지 않다.

나는 이 일에 대해 이야기하고 생각하는 것을 그만둘 수가 없었다. 경기에 대한 이야기를 너무 많이 해서 부모님을 괴롭게 만들었고 형에게도 그랬다. 그날 밤뿐만 아니라, 정말 오랫동안 그랬다. 내가 그렇게 많이 이야기한 이유 중 하나는 자폐증 때문이었다. 뭔가 하나에 푹 빠지면 그것을 계속 이야기했는데, 이번 경기가 내 머릿속에 꽉 차 있었다. 좋은 면으로 내 머릿속을 꽉 채우고 있기는 했지만, 여전히 그 상태였다.

그 경기 이후로 내가 경기가 있는 날이면 치루는 미신적 관습이 여러 가지 생겼다. 이미 앞에서 나의 미신적 관습에 대해 썼지만, 그 경기로 이러한 것이 시작되었다. 요즘 나는 모든 경기 전에는 내가 전에 2군 팀 결승전 때 먹었던 것과 같은 음식을 먹어야 한다. 그것은 라비올리, 완두콩, 닭고기 육수 국수, 그리고 우유 한 컵이다. 엄마에게 같은 것을 달라고 괴롭혔다. 또한 요즘은 모든 경기 전에, 내가 세 번의 자유투를 넣었던 비디오를 본다. 이것이 경기를 위해 나를 자극해 주며, 행운을 가져다준다고 여긴다.

시즌이 끝날 때 이루어진 시상식에서, 나는 그리스 아테나 역사상 가장 좋은 자유투 성공률에 대한 특별상을 받았다. 3개의 자유투 중 3개 성공이라는 것은 내가 슛을 백 퍼센트 성공했다는 의미다. 그것은 우리가 할 수 있는 최고의 결과인 것이다. 이 상은 존슨 코치가 나를 위해 만들어 낸 것이다. 그는 내가 이번 경기와 경기에서 일어난 일을 기억하고 기념할 수 있기를 바랐지만, 이미 나는 무슨 일이 있었는지 생각나게 하는 것을 내 마음속 깊이 넣어 두었다. 내가 세 개의 자유투를 연속으로 모두 성공시켰다는 사실을 나는 절대로 잊을 수 없을 것 같다. 그렇지만 그 특별상은 진짜 상이었다. 그것은 학교 기록에 남게 되었고, 코치는 내가 이러한 학교 기록에 남을 만한 일을 할 수 있을 거라고 생각해 본 적이 없다고 말했다.

그 이후, 존슨 코치의 프로그램에 2군 팀을 위한 선수가 없었기 때문에 나는 다음 해에 대표팀이 되기 위한 노력을 해야 했다. 주니어들은 2군 팀에 들어갈 수 있는 선수들이 있다 해도 모든 코치들은 자신들만의 원칙에 따라 선발을 한다. 존슨 코치의 원칙은 대표팀이 되거나 아니면 프로그램에 참여하지 않는 것이었다. 존슨 코치는 8학년에 대표팀 경기를 할 수 있는 능력을 갖지 못하면 수준이 되는 다른 선수들이 경기를 할 수 있도록 자리를 비켜 주어야 한다고 말했다. 나는 그것이 좋은 원칙이라고 생각한다. 2군 팀의 자리는 신입생6학년과 7학년에게 돌아가야 하고, 그래야 그들이 발전할 수 있다고 생각한다.

엄마는 나에게 2군 팀에서 한 해 더 뛰는 것에 대해 코치와 상의해 보라고 말했지만 나는 그런 식으로 남고 싶지 않았다. 그것은 한 해 더 슈퍼시니어가 되는 것과 같다. 그것은 나의 생각과는 반대였으며, 존슨 코치의 생각과도 반대라는 것을 알았다. 게다가 같은 학년의 다른 아이들, 모든 내 친구들은 대표팀이 되기 위한 테스트에 참여했으므로 나도 지원했다. 내가 대표팀이 되지 못했을 때 나는 실망했었다. 물론, 많이 실망했다. 나는 정말로 시즌이 끝나고 여름 내내 열심히 연습했다. 농구에서는 실제로 시즌이 없을 때가 없기 때문에 나는 열심히 연습했다. 경기를 하는 곳은 늘 있었고, 경기를 하거나 연습하는 아이들이 항상 있었다. 그래서 나는 농구를 할 수 있는 어느 곳에서든 참여하였고, YMCA 또는 학교 체력 단련실에서 근력 운동도 했다. 존슨 코치가 나에게 대표팀에 들어가고 싶으면 키가 좀 더 커야 한다고 했다. 그래서 나는 열심히 노력했다. 이것은 그가 여름 내내 체력 단련실을 계속 열어 두었던 이유였고, 그래서 나와 같은 아이들은 더 커지고 힘을 키우기 위해 훈련을 할 수 있었다. 또한 나는 최소한 하루에 천 번의 슛을 하려고 했다. 그것은 나의 목표였다. 나는 숫자를 세기 시작하였지만 결코 전체를 다 세지는 못했다. 항상 세다가 잊어버렸다. 그러나 나는 슛을 많이 던졌고, 그랬다고 말할 수 있다. 나는 YMCA에서, 체육관에서 그리고 길거리에 있는 농구대에 공을 던졌다. 쉬지 않고 공을 던지고, 던지고, 던졌다. 천 개의 슛을 한다는 것은 정말 많은 슛이다. 매일 그것을 세려고 시도했기 때문에 그 수가 얼마나 큰 수인지를 안다. 내가 어떻게 그 숫자를 떠올렸는지 모르겠지만, 그것은 좋은 숫자처럼 여겨졌다.

내가 팀에 들어가지 못하게 되었을 때 나는 다시 실망했지만, 그때 존슨 코치가 나에게 팀 매니저로서 역할을 계속 하고 싶은지 물었다. 나는 정말로 하고 싶었기 때문에 그가 물어봐 주기를 바라고 있었다. 팀 매니저가 되는 것은 사실 선수로서 팀에 들어가는 것 다음으로 좋은 일이라고 생각하므로, 나는 우리 팀이 지역본선을 통과하도록 돕고 싶었다. 지역본선을 통과하는 것은 우리가 살고 있는 지역의 모든 고등학교 농구 선수의 목표이므로 나의 관심사가 되었다. 그것이 나와 동료를 위해 내가 원한 것이었다.

　나는 대표팀에서 훈련이나 경기 때 도와주는 것 이상의 일들을 했다. 가끔씩 나는 다른 팀의 선수들을 스카우트하는 것을 돕기 위해 존슨 코치나 다른 코치들 중 한 명과 동행했다. 그들은 한두 주 후에 우리가 경기를 할 팀을 알아보고, 스케줄을 알아보고, 우리의 경기나 연습과 겹치지 않아서 우리가 볼 수 있는 경기가 있는지 알아보았다.

켈빈 고프(전 그리스 아테나 트로잔 2군 농구부 코치)

　제이슨은 우리의 스케줄에 맞는 팀을 스카우트하기 위해 우리와 여러 차례 동행하곤 했다. 훈련 후에, 존슨 코치는 제이슨과 함께 차를 타고 나를 태우러 왔다. 그리고 우리는 스카우트 팀이 되어 돌아다녔다. 우리는 카메라를 설치했다. 우리는 농담도 했다. 우리는 항상 즐거운 시간을 보냈다. 존슨 코치는 제이슨을 제이-맥이라고 불렀지만, 나는 늘 그를 제이-머니라고 불렀다. 나에게 그는 제이-머니였다. 왜냐하면 그가 슛을 쏘는 것은 돈이 되기 때문이다.

　내 기억에 우리 대화의 대부분은 제이슨이 말을 했다. 그는 자폐 성향이 있었지만, 굉장히 말이 많고 걸어 다니는 고교 스포츠 연감과 같았다. 그는 몬로 컨트리와 로체스터에서 농구를 하는 모든 선수에 대해 이야기할 수 있었다. 자폐성 아이가 이렇게 할 수 있다는 것은 정말로 놀랄 만한 일이지만, 그는 한 아이가 얼마나 많은 파울을 했는지, 몇 개의 3점 슛을 던졌는지를 말할 수 있었다. 이러한 이야기들은 우리가 경기를 하러 가는 중에 한 것이다. 그는 모든 팀의 전적과 모든 팀의 기록에 대해 잘 알고 있었고, 농구 전략도 알고 있었다. 정말로 경기를 좋아했고, 경기를 이해하고 있었다.

나는 오랫동안 그리스 아테나에서 코치생활을 했는데 제이슨보다 더 농구를 사랑하는 아이를 본 적이 없다. 그는 해마다 팀 선발에 지원을 했고, 해마다 탈락했다. 어떤 아이들은 힘들어했지만 제이슨은 그렇지 않았다. 그를 불러 "그것은 힘든 일이 아니야."라고 말하고 그에게 팀 매니저의 자리를 주었고, 그는 기꺼이 받아들였다. 그는 매우 감격하였고 자신이 실제로 팀에 속하지 않는다는 것을 정말로 몰랐다. 다른 아이들은 팀에서 탈락하면 부끄러워했지만, 제이슨은 그런 것으로 힘들어하지 않았다. 그는 그런 식으로 생각하지 않았다. 그는 단지 팀의 일원이 되기를 바랐다.

내가 상급생이 되기 전 여름에, 나는 모든 경기에서 열심히 일했다. 존슨 코치가 체육관 문을 열 때마다 나는 슛팅을 하러 갔다. 이것이 팀에 들어갈 수 있는 마지막 기회라는 것을 알았기 때문에, 정말로 열심히 시즌을 준비하고 싶었다. 우리 팀에는 좋은 선수들이 아주 많아서 내가 팀에 들어가지 못할 가능성이 높다는 것도 알았다. 우리는 한 해 전에 많은 좋은 선수들이 졸업을 했지만, 어린 좋은 선수들도 많이 들어왔다. 엄마는 팀에 들어가고 싶은 나의 꿈을 잃지 말라고 계속해서 상기시켜 주었다. 이것이 엄마가 물이 반밖에 없다고 생각하는 유형의 사람과는 다른 예라고 할 수 있다. 이것은 엄마가 늘 하는 것과 같이 좋지 않은 일을 나에게 준비시키기 위한 노력이었다. 내가 실망하게 되는 것을 좋아하지 않는다고 이전에 썼는데, 이 또한 엄마의 특성의 또 다른 예일 뿐이다.

코치가 나에게 이미 말했던 좋은 일은 내가 팀에 들어가지 못하더라도 다시 팀 매니저가 되도록 요청하겠다고 했으므로, 나는 선발테스트를 받는 데 덜 긴장했던 것 같다. 이것은 내가 실패하지 않을 것이라는 것과 같다. 선수로서 팀에 들어가지 못하더라도 나는 여전히 매니저로서 팀의 구성원이 될 수 있었다. 나는 그렇게 말할 수 있는 유일한 아이였고, 코치들이 이미 팀의 구성원으로 생각하고 있는 유일한 아이라는 큰 신뢰가 있었다. 나는 밑져야 본전이라는 생각이었다.

나는 선발테스트에서 꽤 잘했다고 생각했다. 나는 체력 단련실에서 했던 모든 연습과 모든 시간이 나를 팀에 들어갈 수 있게 도와주었다고 생각했다. 코치는 어느 날 나를 한쪽으로 데려가서 훨씬 더 기량이 좋은 선수들이 많다고 이야기했다. 좋은 선수가 많았기 때문에 나는 고집을 부릴 수가 없었다. 그는 경기를 통해 실제 차이를 알게 되었다고 말했다. 코치는 내가 열심히 노력하며 보낸 모든 시간을 보았고, 그래서 그것에 대해 보상해 주고 싶었다고 말했다. 그는 그것에 대해 정말로 만족스러워했다. 보상 방법은 나에게 시즌 마지막에 열리는 졸업생의 밤 경기에서 유니폼을 입을 수 있게 해 주는 것이었다. 그는 약속하겠다고 말했고, 나에게 졸업생의 밤 경기에서 뛸 수 있게 해 주는 것으로 보상하고 싶어 했다. 이것은 약속이 아니라 그의 목표라고 말했고, 약속을 하기 전에 그렇게 해도 괜찮은지 확인하기 위해서 다른 사람과 이야기할 필요가 있다고 했다. 선발에서 탈락했다는 말을 들은 날은 좋은 소식과 나쁜 소식을 동시에 들은 날이었다. 많은 다른 아이들은 나쁜 소식만 들었다. 나는 두 가지 모두 들었으므로 만족스러웠다. 우리 팀은 강한 팀으로서 예선에서 정말 잘 싸웠다. 엄마는 이제 내가 그 팀의 일원이 될 것이라고 기대하고 있었기에 사실 나보다 더 실망했다. 왜냐하면 내가 팀의 일원이 될 것이라는 믿음을 엄마는 나보다 더 크게 가졌기 때문이었다. 나는 로체스터에 있는 모든 훌륭한 팀과 어느 팀의 최고의 선수가 부상에서 회복되었는지를 알고 있었으므로 올해는 우리 팀이 쉽지 않을 것이라는 것을 알고 있었다.

존슨 코치가 나에게 약속하고 목표라고 했던 것을 이루는 데 유일한 문제는 사실 내가 점점 더 집착하게 되었다는 것이다. 이것은 나의 자폐증이 무언가에 대해 몰두하게 만드는 또 다른 예라고 할 수 있다. 존슨 코치는 내가 남은 시즌 동안 경기에 참여하는 것에 대해 사람들과 의논했는지 그에게 항상 물었다고 말했다. 내가 거의 매일 그랬다고 했다. 나는 그것이 사실이라고 생각하지 않는다. 나는 매일 그것에 대해 생각했고, 매일 물었다고 생각하지만, 나는 그렇게 하지 않으려고 애를 많이 썼다. 어떤 날은 물어보았고, 어떤 날은 물어보지 않았다. 매일은 아니었다. 가끔씩 그랬을 뿐이다. 생각이 나면, "코치님, 스펜서포트와의 경기에 제가 들어갈 수 있나요?"라고 물었고, 그는 "계속 노력하고 있단다. 제이슨." 하고 대답했다.

2006년 2월 15일 경기

쇼타임

세 번째 쿼터의 마지막과 같은 구호와 박수 소리로 4쿼터가 시
작되었다. 50 대 24로 우리가 완전히 앞서 나가고 있었고,
많은 사람들이 존슨 코치가 몇 분 내에 나를 투입시킬 것이라고 생각
하고 있었다. 나는 엄마가 관중석에서 열광하고 있을 것이며 내가 언
제 기회를 갖게 될지 걱정하고 있을 것이라는 것을 알았지만, 사실
나는 걱정하지 않았다. 나는 나에게 기회가 올 것이라는 것을 알고
있었다. 나는 코치가 이미 경기에 모든 후보 선수들을 내보냈다는 것
을 알고 있었고, 많은 후보 선수들이 점수를 올려서 팀 선수들은 매
우 흥분해 있었다. 그들은 우승에 열광했고, 이미 경기의 승패는 결
정되어 있었다. 그래서 그들은 득점할 기회를 많이 갖지 못한 팀 동
료에게 열광하고 있었고, 결국 내가 코트에 들어갈 차례가 된 것에
흥분하고 있었다. 나는 동료들이 내게 말해 주어 알았다. 벤치에서

내 옆에 앉은 사람들이 모두 "너의 시간이 되었어, 제이-맥."이라고 말하거나, "곧 너의 시간이 될 거야, 제이." 아니면 "네가 들어가게 될 거야. 난 그렇게 생각해."라고 했다. 내 친구 스티브 커가 그렇게 말했다.

우리가 크게 이기고 있었지만, 지체하지 않고 바로 상대팀 코트를 압박해 들어갔다. 이것은 스포츠맨십이 나빠서 그런 것이 아니라 단지 좋은 농구 경기를 하고자 했던 것뿐이었다. 정신을 차리고 집중을 유지해야 했다. 정규 시즌의 마지막 경기이고 경기에서 우리 팀이 주도권을 가지고 있지만 우리는 여전히 지역본선을 치르는 중이므로 코치는 우리의 경기 방식을 바꾸고 싶어 하지 않고 계속해서 압박해 나갔다. 이번 경기를 위해서뿐 아니라 플레이오프를 위해서였다. 나는 우리 중 한 선수가 뒤에서 스펜서포트 선수에게 파울을 했기 때문에 시작부터 약간 과열되었다고 생각한다. 스펜서포트 선수가 불행히도 두 번의 자유투를 놓쳤고, 우리가 리바운드를 했다. 우리는 다음 슛을 놓쳤고 상대 팀도 다음 슛을 놓쳤다. 그리고 우리는 리키 윌리스가 속공을 가로채서 쉽게 레이업을 할 때까지 한동안 번갈아 공을 가졌다. 우리 팀 선수가 쏜 공이 골대를 통과하자 '여섯 번째 사나이' 구역에서 응원하는 아이들은 다시 흥분하기 시작했고 모두 일어섰다. 많은 아이들이 경기 내내 서 있었지만 지금은 체육관을 둘러싼 사람들이 모두 서 있었다. 그 상황을 보고 듣는 것은 흥분되는 일이었다. 경기장에 있는 모든 사람이 환호했다. 그때 리키 윌리스가 레이업한 후에 들어오는 패스를 뺏다가 스펜서포트 선수들에게 파울을 당했다. 그는 첫 번째 자유투를 넣었고, 두 번째 자유투는 들어가지 않았다. 두 개 모두 넣었다면 엄청난 환호가 터졌을 것이다. 관중은 모두 경기에 푹 빠져 있었다.

이때 즈음, 더욱 제이-맥을 응원하는 소리가 다시 들리기 시작했다. 다양한 종류의 제이-맥 구호가 들렸다. 내가 이전에 한 번도 들어보지 못한 것이었다. '여섯 번째 사나이' 구역에 있는 아이들은 내 사진가면을 들고 응원하고 새로운 응원을 만들어 내고 있었다. 그리고 모든 사람이 그들의 응원을 따라하고 있었으며, 큰 소리와 흥분이 더해지고 있었다. 사람들이 나를 위해 응원한다는 것에 익숙하지 않았기 때문에, 나를 위한 응원이라는 것이 느껴지지 않았다. 그러나 동시에, 나는 내 이름 제이-맥을 계속해서 들을 수 있었다. 내 농구팀에서의 내 이름이었다. 엄마는 제이-맥과 관련된 모든 구호가 싫다고 말씀하신다. 엄마는 내가 제이슨일 때가 더 좋다고 말씀하신다. 하지만 졸업생의 밤으로 다시 돌아가서 우리 팀이 압도적으로 경기를 이기고 있고 체육관의 모든 사람이 나를 투입시키기 위해 존슨 코치를 응원했던 4쿼터의 처음으로 돌아간다면, 엄마는 그렇게 싫어하지 않을 거라고 생각한다. 아마 엄마도 다른 사람들을 따라 열심히 응원하며 이름을 외쳤을 것이다.

두 팀은 잠시 동안 점수를 주고받았다. 한 팀이 점수를 내면 또 다른 팀이 점수를 냈다. 스펜서포트 팀의 코치가 타임아웃을 요청했

다. 이것은 이전의 타임아웃과는 다른 것이었다. 왜냐하면 현재 점수
가 55 대 31로 그리스 아테나가 이기고 있었고 약 5~6분 정도의 시
간이 남아 있었기 때문이다. 그러므로 전술을 지시하고 확인하기 위
한 타임아웃이 아니라 선수들에게 휴식을 주고 경기의 흐름을 바꾸
고자 하는 모멘텀 타임아웃이었다고 할 수 있다. 그것은 일상적인 타
임아웃이었고, 존슨 코치는 선수 교체를 하려고 했다. 모든 선수에게
경기에서 뛸 수 있는 기회를 주었고 모든 선수가 코트에 나갔으며,
코치와 응원석에 있는 모든 사람에게 팀 승리에 기여하고 있음을 보
여 주려고 노력했다. 내가 그였어도 그렇게 했을 것이다. 나는 뭔가
보여 줄 것처럼, 내가 다음 해 우리 팀의 선수인 것처럼 경기를 했다.
사람들이 자신이 뭔가 할 수 있는 기회를 잡았을 때, 그것은 언제나
좋은 전략이 될 것이다. 그것이 농구나 다른 것이어도 상관없다. 마
지막으로 기회를 잡게 되면, 그것이 정말로 의미있는 것처럼 열정적
으로 백 퍼센트 최선을 다해야 할 것이다.

　　이들은 대부분 어린 선수들이었고, 다음 시즌에 다시 참여할 아
이들은 모두 백 퍼센트 기량을 보여 주었다. 내 친구 브라이언 벤슨
도 경기에 참여하였다. 그는 10학년이지만 코트에서는 체격이 큰 아
이들 중 하나여서 리바운드를 많이 잡아낼 수 있었다. 5분도 남지 않
은 상황에서, 우리 팀 중 한 명이 공을 뺏어 레이업을 했고 브라이언
이 공격 리바운드를 잡아 쉽게 점수를 57 대 31로 만들었다. 그리고
그는 마치 그것이 경기를 이기게 하는 숫인 양 주먹을 위로 올렸다.

정말로 그렇지는 않았지만 브라이언에게는 중요한 슛이었고, 코치와 관중석에 있던 모든 사람에게 그가 할 수 있다는 것을 보여 준 것이었다.

그 슛 이후에 코치는 또 선수교체를 했고, 나만 여전히 벤치에 남아 있었다. 나는 신경 쓰지 않았다. 그러나 내 생각에 '여섯 번째 사나이' 구역에서 응원하는 아이들은 신경을 쓰고 있었던 것 같다. 어쨌든 그들은 다시 응원을 시작했다. 아빠는 응원소리가 초조하게 들렸다고 나중에 말했는데, 자신이 점점 초조해져서 그렇게 들린 것 같았다. 아빠는 내가 빨리 경기에 투입되기를 바랐다. 시간이 많이 남아 있지 않았고 우리 팀이 상당히 앞서 있는 현재 상황은 존슨 코치가 약속한 상황이었다. 사실 그것은 약속이 아니었다. 그는 이것에 대해서 분명히 말했었다. 그것은 목표였고 하고 싶은 것이라고 말했다. 존슨 코치는 우리 팀이 앞서고 있으면서 모든 선수가 경기에 참여할 수 있을 때 내게도 차례가 올 것이라고 했다.

결국 그 상황이 되었다. 파울이 선언되었고, 시계는 4분 19초를 남겨 두고 멈췄다. 점수는 59 대 31로 우리 팀이 이기고 있었다. 존슨 코치는 내가 앉아 있는 벤치를 쳐다보았다. 나는 벤치에 앉아 있는 첫 번째 선수였다. "제이슨, 들어가라." 그가 말했다.

나는 일어서서 기록석으로 갔다. 그러자 그곳은 야단법석 난리가 났다. 나는 더 큰 소리로 응원하고 구호를 외칠 수 있을 거라 생각하지 않지만 소리는 점점 더 커졌다. 또한 내가 일어서자마자 '여섯 번째 사나이' 구역에 있던 아이들은 가지고 있던 내 사진을 꺼내 들었다. 모두 다른 포즈의 사진들이었다. 웃고 있는 것, 응원하고 있는 것, 집중하고 있는 사진도 있었다. 코닥에서 일을 하는 한 부모님이 그 사진을 찍고 확대해서 막대 끝에 달아 주었다. 그리고 아이들은 마스크처럼 자신들의 얼굴 앞에 그 막대를 들고 있었다. 여러 가지 나의 사진을 들고 껑충껑충 뛰었고, 어떤 아이들은 '제이-맥'이라고 쓴 것을 들고 뛰었다. J, M, A, C를 쓴 것도 있었다. 모두 일렬로 서서 내 이름의 철자를 들려고 했으나 위아래로 뛰면서 모든 아이들이 움직여서 어떤 글자들은 순서가 뒤바뀌기도 했다. 어떤 때는 내 이름이 만들어지기도 했고, 어떤 때는 아무 의미 없게 되기도 했다.

재미있기도 하고 동시에 좀 이상하기도 했다. 나는 웃음이 나왔지만 동시에 웃지 않으려고 노력했다. 집중하려고 노력했지만, 모든 시끄러운 소리와 환호 때문에 집중하기가 힘들었다. 나는 한 곳에서 그렇게 많은 내 사진을 한꺼번에 본 적이 없었다. 그들 중 30명 정도가 체육관에서 6학년이 앉는 곳에 사진을 뿌려 놓았다. 그들은 처음부터 이것을 알고 있었고, 다른 아이들도 알고 있었다. 아마도 우리 팀 아이들도 알고 있었던 것 같다. 그들이 시작한 것이었다. 놀라게 해 주려고 했던 것이다. 나는 코트에 들어설 때까지 이 사실을 알지 못했다. 코트에 들어섰을 때 막대에 매달린 나의 머리가 위아래로 움직이는 것을 보는 것은 재미있기도 하고 이상하기도 했다. 기립 박수도 나왔다. 아빠는 체육관에 있는 관중 중에서 가장 큰 사람이었을 것이다. 너무 커서 코트에서도 쉽게 아빠를 알아볼 수 있었다. 엄마도 아마 서 있었을 것이다. 그러나 아빠보다 작아서 엄마를 볼 수는 없었지만, 엄마가 아빠 바로 옆에 서서 다른 사람들처럼 응원하고 있을 것이라고 확신했다. 엄마는 아마도 모든 사람이 앉아 주기를 그래서 더 잘 볼 수 있기를 바라고 있었을 것이다.

내가 경기에 들어갔을 때 스펜서포트 팀이 공을 가지고 있었지만 그들이 타임아웃을 불렀다. 타임아웃 동안에 방송에서 〈Cotten-Eyed Joe〉역자 주: 미국의 유명한 포크송라는 노래가 흘러 나왔다. 이 노래는 손뼉을 치고 발을 구르면서 부르는 노래로, 우리 홈경기에서 항상 나오는 일상적인 노래 중 하나였다. 이 노래가 나올 때마다 나는 박수를 치고 발을 굴렀지만, 지금은 타임아웃 작전회의 중이기 때문에 박수를 치거나 발소리를 낼 수 없었다. 타임아웃 음악에 맞춰 박수를 치고 발을 구르고 춤을 추는 것이 아니라 코치의 이야기를 듣고 게임의 마지막 몇 분에 집중해야 하는 것이 나의 임무였다. 그래서 마음속으로는 웃고 즐거워하고 박수치고 발을 굴렀지만, 겉으로는 게임에서 스펜서포트 팀에 물러서지 않기 위해서 우리가 무엇을 할지 집중하고 관심을 쏟고 생각하고 있었다.

타임아웃이 끝나고 우리가 처음 공을 잡았을 때, 브라이언 벤슨이 나를 위해 우리의 벤치 바로 앞 오른쪽 코너에서 몸을 낮게 하며 수비벽을 만들어 주었다. 나는 그것을 알아채지 못했는데, 다른 아이들이 그것이 내가 슛을 할 수 있도록 도와준 것이라고 말해 주었다.

그는 상대방을 막고 패스를 했다. 나는 사람들이 늘 보고 싶어 하던 가장 멀리서 던지는 슛을 했다. 그 공은 약 3피트 정도 약 90cm 정도 골대에 못 미쳤다. 그것은 내가 던진 슛 중에서 부족한 슛이었고, 스펜서포트 팀이 리바운드해서 공을 코트 끝으로 던졌다. 그러나 우리 팀의 선수가 공을 잡아 되던졌다. 실제로 그렇지는 않았지만, 그것은 거의 속공과도 같았다. 우리는 드리블해서 우리 쪽으로 패스했다. 왼편 코트에서 골대 쪽으로 밀고 들어가 왼손으로 훅 슛을 하자 골대의 가장자리를 치고 튕겨 나갔다. 몇 초 동안, 나는 그 공이 들어갈 것이라고 생각했다. 공이 튕겨졌을 때, 관중이 크게 "오오오!" 라고 소리를 내었고, 그것은 경기장 전체에 울리는 거대한 실망의 물결 같았다. 나와 나의 부모님 모두 공이 골대를 통과하여 떨어지기를 바랐다.

스펜서포트 팀이 실수를 하여 우리가 리바운드해서 공을 잡았고 우리 팀 선수 중 한 명이 내 앞에 상대 선수가 없음을 보았다. 아이들이 "제이-맥! 제이-맥!"을 외쳤다. 이때 나는 우리 벤치 바로 앞 오른쪽 코너에 있었고 벤치에 있는 우리 팀 선수 중 몇 명이 "공을 던져!" 혹은 "넣어!"라고 말하는 것을 들었다. 그러나 그들은 실제로 내게 말하지는 않았다. 내가 또다시 3점 슛을 했고, 공은 골대의 가장자리를 덜컹거리며 돌다가 마침내 들어갔다.

체육관에는 환성이 터졌다. 모든 사람이 위아래로 뛰었고, 모든 제이-맥 가면도 위아래로 뛰었다. 벤치에 있던 우리 팀 선수들도 위아래로 뛰었고, 나와 코트에 있던 우리 팀 선수들도 뛰었다. 마치 내가 갑자기 슈퍼볼 경기나 복권 그리고 슬램덩크 경기에서 이긴 것 같았다.

점수판에는 62 대 31이라고 쓰여 있었고, 경기 시간은 3분 9초 남아 있었다.

나는 이후에 집중이 약간 흐려졌다고 생각한다. 그래서 약간 느리게 방어를 했다. 갑작스럽고 엄청난 환호에 휩싸여서 빠져 나오지 못했고, 가드로 보이는 스펜서포트 선수가 코너로 한두 걸음 정도 밀렸고, 나는 의도하지 않게 파울을 해서 상대 선수가 자유투를 던지게 되었다. 그것은 어리석은 파울이었지만, 나를 제외하고 체육관에 있는 모든 사람이 신경 쓰지 않았다고 생각한다. 나는 점수를 올리는 것이 좋았고 모든 사람이 나로 인해 행복한 것이 좋았다. 하지만 나는 상대 팀을 패배시키는 것은 좋지가 않았다.

그러나 내가 말했던 것과 같이, 그것은 모든 사람에게 정말로 중요하지 않았다. 코치는 나에게 경기가 끝난 후에 코트 밖에서 어떤 일이 일어나든지 집중하는 것을 기억하라고 말했다. 그것은 좋은 교훈이었고, 기억해야 할 좋은 경험이었다. 내가 파울했던 그 선수가 공을 던지기 위해 자리를 잡는 동안 나는 코트의 중간에서 헤맸다. 나는 웃거나 즐거워하거나 박수를 치거나 주먹을 공중에서 흔들거나 하지 않으려고 노력했다. 그러나 관중석의 축하에 휩쓸리고 있는 것 같았다.

05

결코 포기
하지 않기

Never Give Up

The Game of My Life

여기까지는 농구가 내 인생의 이야기에 언제, 어디서, 어떻게 흘러 들어왔는지에 대한 이야기이고, 이제부터는 졸업생의 밤 경기의 마지막 몇 분 동안 일어났던 일에 대해 말하려고 한다. 이 부분에서, 나는 다른 사람들이 말해야 하는 것은 그들이 말하도록 할 것이다. 그 일들이 일어나고 바쁘게 경기가 진행되고 있을 때 나는 코트에 나가 있어서 많은 일들을 알지 못했다. 친구들과 가족이 보고 생각했던 많은 일을, 그때 나는 알지 못했다. 그래서 이러한 일에 대해 그들이 말하게 하고 싶은 것이다.

우선 내가 얼마나 미신적 관습을 따랐는지, 즉 경기가 있기 전에 판에 박힌 의식을 반드시 치루어야 했는지에 대해 좀 더 말하고 싶다. 나의 미신적 관습들은 졸업생의 밤 경기와도 관련이 있다. 내가 어떤 일을 한 후에 좋은 일이 일어나면, 계속해서 좋은 일이 생기는지 확인하기 위해 나는 그 일을 반복해서 하려고 했다. 내가 2군 팀의 매니저가 된 첫 해에, 나는 모든 경기에 같은 금색 타이를 매었고, 그것은 우리가 정말로 가슴 아프게 그리스 아카디아에게 졌던 포스트시즌까지 영향을 주었다. 그 이후 나는 다른 타이를 맸다. 상급생이 되어서, 시즌이 시작할 때부터 흰 셔츠를 입고 검은 타이를 매었는데 그때 우리 팀은 두 경기를 연속으로 졌고, 다음에 내가 흰 셔츠와 금색 타이로 바꾸고 나서 경기에서 이겼으므로 나는 웹스터 토마스와의 경기를 할 때까지 그렇게 입었다. 하지만 그 경기에서 져서 남은 시즌 동안 나는 지역본선을 통과하게 해 준 흰 셔츠를 입고 검은 타이를 매고 다녔다. 졸업생의 밤 이전의 모든 경기에서 입었던 것과 다르게 졸업생의 밤 경기 이후에는 그 경기에서 입었던 것을 모든 경기에 입고 나갔다. 형 조시는 내가 입는 것과 먹는 것이 우리 팀 경기의 승패와 관련이 있다고 생각하지 않았기 때문에 내가 미신적 관습을 믿는다며 놀리곤 했다.

조시 맥얼웨인

그렇다. 나는 제이슨을 괴롭히곤 했지만, 그가 자폐였기 때문에 그런 것은 아니었다. 제이슨이 자폐로 인해 자신을 매번 같은 것을 같은 방식으로 하게 만드는 것 같지는 않다. 단지 제이슨이 어리석은 행동을 하는 것뿐이다. 그래서 나는 그것들을 깨 주려고 노력했다. 내가 집에 있을 때는 그의 타이나 주니어 대표팀 경기 비디오 테이프를 숨겨 두었다. 그러면 그는 미친 듯이 집안을 돌아다녔고, 자신 때문에 자기 팀이 지면 어떻게 하냐고 했다. 하지만 그것 때문에 너무 화를 내서 나는 결국 그가 찾는 것이 무엇이든 그에게 주었고, 그러면 그는 괜찮아졌다. 그러고 나서 우리 팀이 이기지 못하면, 그것은 타이나 그런 것을 바꾼 시간 때문이라고 생각했다. 내가 말한 것처럼, 그는 어리석다.

내가 졸업생의 밤 경기에 투입되었던 바로 다음으로 되돌아가서, 내가 첫 번째 슛을 던진 후로는 마치 완전히 나의 시즌이 된 것 같았다. 그것은 나만의 시즌은 아니었다. 우리 고등학교 전체의 성공이었다. 대표팀 경기에 참여하는 것과 득점의 기회를 얻는 것, 이 모든 것이 내가 계속 바라던 일이었다. 그것은 나의 꿈이었다. 많은 사람들이 불가능한 꿈이라고 했지만 나는 결코 포기하지 않았다. 아무리 불가능한 꿈이더라도 포기하지 않는 것이 나의 좌우명 중 하나였다. 게다가, 우리 팀이 우승해서 포스트 시즌 지역본선에 나가는 것은 나의 꿈 그 이상이었다. 그것은 모든 것이었다. 우리가 전체 시즌 동안 노력한 모든 것이었다. 내가 계속해서 흰 셔츠를 입고 검은 타이를 맸던 이유는 미신적 관습이 효과가 있었기 때문에, 그리고 팀을 돕기 위해 내가 할 수 있는 모든 것을 하고 싶었기 때문이었다.

내가 첫 번째 3점 슛을 넣은 후 문제는 내가 중심을 잃고 방어를 위해 제자리로 돌아가야 한다는 것을 잊어서 기분이 나빠졌다는 것이다. 농구에서 이것은 과실이다. 나는 방어에서 실수를 했고, 스펜서포트 팀의 선수가 슛을 하려고 할 때, 내가 파울을 해서 실망하였는데, 설상가상으로 상대 선수는 두 개의 자유투를 모두 성공시켰다. 실망했다거나 하는 그런 것이 잘못이 아니라, 내가 나에게 몰두하고 있었다는 것, 내가 우리 팀의 사기를 떨어뜨리고 일어나지 않기 바랐던 일이 일어난 것이 잘못이었다. 특히 경기장이 자신에 대한 응원으로 가득 차 있는 곳에서 그런 식으로 지고 싶은 사람은 아무도 없을 것이다. 높은 곳에서 낮은 곳으로 자신의 위치가 움직이는 것은 그리 기분 좋은 일은 아니다. 아마도 모든 사람들이 자신에게 기대하고 있는데, 내 자신은 그들이 기대하는 것을 하지 않는 것 같은 기분일 것이다.

관중석에 있는 사람들은 그런 상황에서도 여전히 나를 응원하고 있었다. 사람들은 응원하고 뛰느라 너무 정신이 없었기 때문에, 그들 중 많은 사람이 알아채지 못했겠지만 나는 코너에서 던진 슛을 돌려놓아야 할 것 같았다. 그래서 우리가 공을 잡자마자 나는 슛을 하기 가장 좋은 위치에 있는 동료에게 패스를 했고, 다른 오픈 점프를 하기 위해 나는 왼쪽으로 이동했다. 이때 심판이 파울 휘슬을 불었다. 나는 방금 뺏긴 점수들을 되돌리고 싶었다. 이때 나는 3점 슛 라인을 발로 밟고 서 있었다. 그래서 이것은 2점 처리되었지만, 공은 우리 팀의 것이어서 사람들은 다시 모두 흥분하였고 나도 다시 기뻤다. 그리고 내가 모든 사람을 맥 빠지게 한 것 같았던 기분에서 벗어날 수 있었다. 이번 슛은 골망만 살짝 건드리고 깨끗하게 들어갔다.

내가 파울을 얻어 내고 자유투를 얻어 내어 스펜서포트 팀에게 주었
던 점수를 만회할 수 있게 되었기 때문에 나는 기분이 좋아졌다. 이
것이 나를 차분한 상태로 되돌려 주었다. 실제로 첫 번째 숏이 3점짜
리였기 때문에 3점을 되돌려 놓은 것이다.

　　나는 수비를 하기 위해 제자리로 돌아와서 '좋아, 이제 나의 점
수를 찾았어. 이제 나는 수비를 잘해서 그리스 아테나가 이길 수 있
도록 경기에 집중해야 해.' 라고 생각했다. 우리는 다가오는 지역본선
을 생각하고 있었다. 우리는 이 경기를 큰 점수 차로 이겨야 했다. 우
리는 정신을 집중해서 다음 경기를 준비하기 위해 필요한 것들을 해
내야 했다.

　　그러나 또 다른 문제가 있었다. 체육관에 울리는 모든 소리와
환호로 집중을 유지하기가 어려웠다. 그것은 나에게 어려운 일이었
다. 다른 선수들은 이런 상황에서 어떻게 하는지, 어떻게 집중하는지
나는 알지 못했다. 관중석에 있는 사람들이 나를 향해 소리치며 내
관심을 얻으려 했으며, 나를 축하해 주려고 했다. 내가 지나갈 때, 벤
치에 있는 우리 팀의 선수들도 나에게 뭐라고 이야기를 하면서 큰 소
리로 외쳤다. NBA 선수들은 팬들이 계속해서 소리를 지르고 관심을
얻으려 할 때 어떻게 반응하는지를 나는 알지 못했다. 어쨌든, 나는
내가 원하는 대로 집중할 수가 없었다. 너무나, 너무나 많은 일이 일
어나고 있었다.

　　스펜서포트 팀이 또 하나의 필드 골을 넣었고, 우리는 서로 한

골씩 주고받았다. 일단 우리 팀이 공격하기 위해 공을 잡으면, 우리 팀 동료들은 나를 찾기 시작했다. 나는 그 당시에는 그것을 알아채지 못했지만, 그들은 나만 찾았다. 그들이 그것에 대해 의논한 것 같지는 않았다. 존슨 코치가 경기 전에 우리 팀원들을 앉혀 놓고, "제이-맥이 경기에 들어가면, 모두 그 아이를 찾아 공을 던져라."라고 이야기한 것 같지도 않았다. 이러한 행동을 결정한 주장이 있는 것 같지도 않았다. 그러나 내가 경기 비디오테이프를 보니 동료 선수들은 나에게 슛을 던질 수 있는 상황을 만들어 주기 위해 나를 찾고 있었다. 나는 이것이 의논되지 않은 상황이라고 생각한다. 아니면 그것은 아마도 그들이 스스로 생각해 낸 것이며, 자연스럽게 이루어졌을 것이다. 내가 들어가 있는 4분 19초 내내 그리스 아테나 팀의 어느 누구도 필드 골을 시도하지 않았고, 매번 공이 나에게 왔다. 경기장에 있는 선수들은 매번 나를 찾았다. 공을 가진 사람은 누구든지 나를 수비하

짐 존슨

수비에 걸리면서 제이슨은 첫 번째 공을 아주 형편없이 놓쳤다. 그렇게 형편없이 공을 놓치는 것은 그답지 않았다. 제이슨이 던진 공은 골대에서 2m도 못 미치는 곳에 떨어졌다. 고등학교 경기에서 그런 공을 보면 아이들이 "에어볼(air ball)."이라고 소리를 지르는데, 그때 나는 '오, 안 돼. 제이슨에게 그렇게 소리치지 않았으면 좋겠어.' 라고 생각했다. 모

두의 믿음대로, 아무도 그렇게 소리치지 않았다. 아무것도 들을 수 없었다. 스포츠맨십의 입장에서 이것은 훌륭한 일이다. 침묵이 흘렀다. 우리 아이들은 어떤 소리도 지르지 않았다. 물론 스펜서포트 팀의 팬들은 소리를 내기도 했지만 대부분의 사람들은 조용했다.

제이슨으로 인해 가슴이 철렁 내려앉는 것 같았지만, 그는 두려워하지 않고 슛을 했다. 이것은 자폐 증상이 도움이 되는 상황 중 하나인 것 같았다. 이렇게 말하면 좀 이상하지만 그는 득점에 상당히 관심을 쏟았고, 다른 것에는 관심이 없는 것 같았다. 그는 그 상황에 빠져 있었다. 그것이 그의 방식이었다.

일반적으로 그런 경기에 투입되면 아이들은 에어볼을 던지기도 한다. 그리고 당황해서 다시 공 던지는 것을 불안해한다. 그러나 제이슨은 당황하지 않았다. 그냥 그 상황을 흘려보냈다.

그는 두 번째 공을 놓쳤고 제자리로 돌아와서 세 번째 공을 던졌다. 코너보다는 윗쪽을 향해서 3점 슛을 했다. 체육관 안은 완전히 난리가 났다. 벤치에 있던 아이들, 관중석에 있던 아이들, 부모님들, 모두 다.

나는 제이슨보다 더 기쁘지는 않았을 것이다. 정말로 온몸에 전율이 흘렀다. 내가 처음 생각한 것은 '세상에나, 그에 대한 나의 꿈이 이루어지다니…….'였다. 이어서 나는 '좋아, 제이슨이 3점을 얻었어. 계속하는 거야.'라고 생각했다. 나는 눈물을 꾹 참고 있었다. 제이슨으로 인해 너무나 행복했다. 그를 경기에서 빼려고 생각하지도 않고, 이후에 그가 공을 잡을지에 대해서도 걱정하지 않았다. 동료 선수들은 계속해서 그에게 공을 주었다. 나의 꿈은 제이슨이 득점을 하는 것이었고, 그게 다였다. 그러나 나는 팀원과 제이슨에게 말하지 않았다. 모든 아이가 그들 스스로 상황을 이해했을 뿐이었다. 아이들이 어떻게 제이슨이 계속할 수 있게 했는지는 여전히 놀라울 뿐이었다. 남은 경기 동안에도, 그들은 계속 제이슨에게 공을 주었다. 제이슨 외에는 아무도 슛을 하지 않았고 스포츠맨십의 입장에서 훌륭한 경기를 하였다. 이들은 경기를 많이 한 아이들도 아니고, 자신들이 점수를 기록할 수 있는 기회가 많지 않았던 아이들임에도 제이슨이 계속 공을 가질 수 있도록 양보하고 있었다.

고 있는 선수로부터 내가 빠져나올 때까지 주변에서 움직이고 있거나, 수비가 허술해질 때까지 선을 따라 공을 튀기다가 우리 벤치 앞쪽에 수비가 없는 곳으로, 나를 수비하고 있는 상대편 뒤로 내가 달려가면 공을 내게 던졌고, 나는 공을 받자마자 3점 슛을 던졌다.

나는 정말로 그것을 느낄 수 있었다. 당신이 어떤 수준에서든 농구를 해 보았다면 그 의미를 알 수 있을 것이다. 당신이 던진 것이 모두 어떻게 해서든 림에 들어간다는 느낌을 알 것이다. 그리고 그것은 어떤 마술적 감각과 같은 느낌을 말하며, 정말로 아무 생각 없이 공을 던져도 그 공이 골인이 될 것이라고 느끼는 것이라고 할 수 있다. 이런 일은 가끔 일어난다. 때로는 다른 방식으로 공을 잘못 던지고 나면 다시는 다른 공을 던질 수 없을 거라고 느끼지만, 나는 3점 슛 라인에서 공을 던졌고, 그것이 들어갈 것 같다는 느낌을 받았다. 눈을 가리고도 공을 넣을 수 있을 것 같았다. 분명히 느낄 수 있었다. 응원석에 있는 아이들도 느꼈었다. 농구경기를 하면서 그 느낌에 대해 친구들과 이야기를 나누어 보았다면, 바로 그러한 흥분된 느낌인 것이다. 그리스 아테나의 체육관에 있는 아이들, 부모님들, 선생님들, 모두가 그것을 느끼고 있었다. 형 조시가 그곳에 있어서 내가 3점 슛 넣는 것을 보았으면 하고 바랐던 것이 기억난다. 그는 내가 농구를 시작하게 된 첫 번째 이유였으므로 마지막 3점 슛이 들어갔을 때 나는 그런 생각을 했었다. 조시는 학교가 멀었고 엄청난 눈보라가 친다고 하여서 부모님이 그를 데리러 눈보라 속에서 운전해서 오는 것을 원하지 않았기 때문에 그 자리에 함께하지 못했다. 그렇지 않았다면 그는 아마도 왔을 것이다.

　사람들은 이후에 내가 얼마나 많은 점수를 기록하게 될지, 얼마나 득점을 할거라고 예상했었는지 나에게 물었는데, 그것은 대답하기 참 어려운 질문이었다. 평소에, 나는 경기에서 친구들이 얼마나 득점하였는지 말해 줄 수 있었다. 예를 들면, 타임아웃 시간에 나에게 오면, 나는 스티브 커가 몇 점을 득점했는지 말해 줄 수 있었다. 나는 경기 내내 계속해서 머릿속으로 점수를 계산하고 있다. 모든 사람을 위해서 그렇게 할 수는 없었지만 내 친구를 위해서, 그리고 우리의 주전 선수들을 위해서 그렇게 했다. 심지어 나는 그들에게 몇 개의 파울을 했는지, 그리고 가끔은 5개 중의 4개와 같은 식으로 그들의 자유투 성공률도 말해 줄 수 있었다. 그러나 내가 코트에 나가 경기를 하는 동안에는, 멈춰서 확인하지 않는 이상 내가 몇 점을 득점했는지 알 수 없었다. 하지만 내가 던진 모든 슛 각각에 대해서는 말해 줄 수 있다. 첫 번째 코너에서 3점 슛을 했고, 3점 슛 라인을 밟고 두 번째 필드 골을 던졌으며, 벤치 앞에서 마지막 3점 슛을 해서 합하면 8점이 된다는 것을 말할 수 있지만, 그 당시에는 내 머릿속에서 계산을 할 수 없었고 점수를 말해 줄 수 없었다. 그래서 내가 그때 몇 점을 득점했는지 정말로 모르겠다고 대답했고, 그것은 사실이었다. 나는 계속해서 계산하고 있지 않았다. 내가 알고 있는 모든 것은 내가 몇 개의 공을 던졌고, 우리는 기세등등했으며, 그리스 아테나 트로잔에게 아주 즐거운 밤이라는 것이었다. 그게 다였다. 경기에 대한 생각을 하고 개별 선수의 득점을 다시 살펴보고, 테이프를 보고 나서 그날 밤 마지막 몇 분 동안 있었던 모든 것을 기억하려고 노력했다.

나는 3점 숫 라인에서 동료들에게 공을 패스해 달라고 했고 숫을 던졌다. 내가 공을 독식하려고 생각해 본 적은 없지만, 계속해서 공을 던지고 또 던졌으며 계속 공을 달라고 했다. 내가 왜 그랬는지 모르겠다. 나는 정말로 앞서 설명했던 그런 느낌을 느끼고 있었다. 어떤 사람들은 내가 정말 자신감이 넘쳤었다고 이후에 말했지만, 나는 평소에 했던 것보다 크게 달랐다고 생각하지 않는다. 나는 계속해서 경기를 했고, 이번 숫은 들어가지 않고 림 주변을 치고 튕겨져 나왔다. 응원하는 아이들이 또다시 "오!"라고 말하는 것을 들었다. 이것은 또 다른 거대한 울림과 같았다. 모든 사람들이 공이 들어가지 않아서 실망한 것 같았다. 다른 사람들의 소리와 함께 "오!"라고 하는 엄마의 목소리도 들은 것 같다. 아빠의 음성도 있었겠지만, 나는 아빠의 목소리는 분간해 내지 못했다.

실망은 그렇게 오래가지 않았다. 우리 팀이 공격 리바운드를 잡아서 공을 다시 나에게 주었고, 레이업 숫을 하기 위해 라인을 따라 공을 몰고 갔다. 이번에는 좋은 위치에서 숫을 했지만 공이 들어가지 않았다. 관중들은 다시 "오!" 하고 외쳤고 그것은 또 한 번의 실망의 거대한 울림이었다. 영화에서와 같이 관중은 어떤 상황이 벌어지든지 동시에 반응했고, 같은 것을 말했다. 마치 대본을 읽고 있는 것 같 았고, 나와 우리 팀의 선수들은 영화 속 인물이 된 것 같았다. 관중은 우리를 보고 있었고 우리의 행동에 반응을 하였다. 내가 모든 사람들 이 이전에 본 것을 그들의 입장에서 알 수는 없기에 지금 당시의 경 기에 대해 쓰기 전까지는 실제로 이것에 대해 생각해 보지 않았다.

브라이언 벤슨

우리는 계속해서 제이슨에게 공을 주었다. 그것은 중요한 일이었다. 스펜서포트 팀에게 보여 주거나 점수를 높이기 위해서 그렇게 한 것은 아니었다. 하지만 제이슨은 열정적이었다. 평생에 단 한 번 있는 일이었 다. 아무도 우리에게 그 의미를 말해 주지 않았고 우리에게 그렇게 하라 고 지시하지도 않았지만, 우리는 공을 잡으면 제이슨을 찾았다. 그것이 전부였다.

경기가 끝난 후에, 존슨 코치는 제이슨이 피스톨처럼 열정적이었다고 했다. 제이슨은 그 문장을 들은 다음부터는 그 말을 사용하기 시작했다. 경기에 대한 인터뷰를 할 때마다, 자신이 피스톨처럼 열정적이었다고 했 다. 그래서 일종의 농담이 되어 버렸다. 계속해서 그 말을 반복하는 것을 보는 것은 재미있었지만, 그것은 사실이었다. 그는 피스톨처럼 열정적이 었다.

나는 우리 중 누구도 제이슨이 몇 점을 득점했는지 알지 못했다고 생 각한다. 그는 계속해서 공을 던졌고, 우리는 그에게 계속 공을 주었다. 그는 또 하나의 3점 슛을 던졌고, 나는 수비를 하기 위해 제자리로 돌아 오는데 벤치에 앉아 일어나고 있는 일을 믿을 수 없다는 듯한 아이들이 눈에 들어왔다. 그것은 정말 믿을 수 없는 일이었다. 벤치에 있는 사람들

은 뛰었고, 나는 그들이 의자를 발로 찬다고 생각했다. 그만큼 그들은 흥
분해 있었다. 코트에 있던 우리도 뛰었다. 우리는 경기가 여전히 진행 중
이었으므로 흥분을 가라앉혀야 했다. 제이슨이 실수를 하기도 했지만, 또
슛을 넣는 것은 시간문제인 것 같았다. 우리는 그가 끝나지 않았다는 것
을 알고 있었던 듯하다.

스펜서포트 팀이 리바운드를 잡았다. 그래서 나는 수비를 하려
고 밀쳤다. 나는 다시 뒤지고 싶지 않았다. 그러나 다른 어떤 선수가
에어볼을 던졌기 때문에 어느 팀의 공인지에 대해 걱정할 필요가 없
었다. 내 친구 브라이언이 리바운드를 잡았고, 우리는 공을 코트로
다시 던져 넣었고, 우리는 중앙선을 넘어갔다. 사람들이 "잘해라, 제
이 맥! 잘해라, 제이 맥!" 응원을 해 주는 일이 자주 일어나는 것은
아니다. 대부분의 사람은 아마도 들어 본 적이 없겠지만 나는 지금
그들이 나를 위해 부르는 모든 종류의 응원을 들을 수 있었다. 그것
은 꽤 신나는 일이었다.

우리 팀 동료 중 하나가 코너의 오른쪽에 있던 나를 발견했고,
나는 생각조차 하지 않고 또다시 3점 슛을 했다. 던지고 또 던졌다.
운이 좋게도 그것이 들어갔고 사람들은 열광했다. 사실 그들은 이미
열광하고 있었으므로 그때는 열광의 정점에 다다랐다. 나는 그 순간
을 완전한 열광이라고 생각했고, 존슨 코치는 그 상황을 '열광한
bananas'이라는 단어를 사용하여 표현했다. 경기 후에 그가 했던 많은
인터뷰에서, 그는 사람들이 '열광했다go bananas'라고 했다. 그것을 뭐

202

라고 표현하든지 상관없이, 사람들은 뛰고, 소리를 지르고, 서로 하이파이브를 했다. 우리 팀 벤치에 있던 아이들은 마치 우리가 지역본선에서 우승한 듯 일어서서 서로 껴안았다. 코트에 있던 선수들은 리바운드를 할 것처럼 속임수를 부리듯 뛰었다. 심지어 존슨 코치도 함께 박수를 치기도 했다. 그는 코치였고 남들과는 다른 방식으로 행동해야 했기에 다른 사람들처럼 열광하지는 않았지만, 나는 그가 웃는것을 볼 수 있었다. 그는 속으로는 크게 웃었겠지만 겉으로는 많이웃지 않았다. 그는 서 있지 않았다. 평소에 그는 경기 내내 서 있었다. 그러나 이번 졸업생의 밤 경기의 마지막 몇 분 동안에 그는 앉아서 웃고만 있으면서 자신이 보고 있는 이 상황을 믿을 수 없다는 듯이 여러 번 얼굴을 손으로 감쌌다. 체육관에 있는 대부분의 사람이서 있었고, 앉아서 보면 모든 사람이 서 있는 것이 보여서 체육관이몇 배로 작아 보였으며, 몇 배로 많은 사람이 있는 것 같았다. 또한사람들이 나의 이름을 부르고 외치는 소리도 몇 배로 크게 느껴졌다. 사람들이 너무 열정적으로 뛰어서 나는 관중석이 무너질지도 모른다는 생각이 들었다. 관중석이 흔들리는 것처럼 보였다. 관중 위로 떠다니는 많은 제이-맥의 사진이 보였다. 그리고 사람들이 흥분하여움직이는 것에 따라 J-M-A-C 글자가 어떨 때는 M-J-A-C로 보이기도 하고, 어떨 때는 A-M-C-J로 보이기도 했다. 체육관 전체에 내얼굴이 보이는 것, 그리고 내 이름의 철자들을 보는 것은 참 낯선 일이었지만 기분은 좋았다.

경기 종료 2분만을 남겨 둔 상황에서 11점을 득점하였다. 그리고 우리는 70 대 35로 상대 팀 점수의 두 배가 되었다. 나는 점수가 다른 팀의 두 배가 되는 것이 언제나 즐거웠다. 그것은 우리가 경기를 지배하고 있다는 의미이며, 경기를 통제하고 있다는 의미다. 점수판에 우리가 크게 이기고 있는 것을 보는 것은 내가 가장 좋아하는 일 중 하나였다. 그래서 나는 우리 뒤쪽 벽에 높이 걸려 있는 점수판을 보았다. 그리고 나는 다시 왼쪽 코너에서 골대를 향해 기분 좋은 3점 슛을 했고 슛은 깨끗하게 골인이 되었다. 그것은 그날 밤 전체 슛 중 가장 마음에 드는 슛이었다. 내가 연습할 때와 마찬가지로, 내가 공을 던지는 순간 내 머릿속에 그렸던 그림과 같았다. 존슨 코치가 연습시킨 잡고 던지기 훈련에서 했던 것과 같았다. 스펜서포트 팀의 선수들은 내가 공을 잡을 때마다 더 가까이에서 나를 수비하려고 했으므로 나는 공을 잡자마자 던져야 한다는 것을 알고 있었다. 그래서 생각할 틈도 없이, 손목을 힘 있게 구부리며 공을 던졌고 던지는 순간 골인이 될 것이라는 것을 느낄 수 있었다. 한두 개의 슛을 실패하기는 했지만 73 대 37로 이기고 있었고 천장에서 뭔가 떨어진다고 생각할 정도로 응원소리는 무척 컸다.

경기가 1분도 채 남지 않았을 때 우리 팀 응원단 아이들이 서서히 코트로 나왔다. 코트 주변이 온통 그들로 둘러싸였다. 선생님과 보안 직원들 그리고 일부 부모님들이 그들을 다시 관중석으로 보냈다. 그러나 마치 퍼레이드를 하는 것처럼 그들은 코트 쪽으로 일렬로 섰고 더 잘 보기 위해서 앞쪽으로 밀었다. 그들 중 일부는 코트로 밀려나왔다. 경기 구역 외에는 사람들로 꽉 차 있었다. 심판들이 그것에 대해 엄격했다면, 우리 팀이 홈 팀이었고, 우리의 관중을 통제하려고 하지 않았기 때문에 심판은 우리에게 테크니컬 파울을 주었을 것이다. 그러나 그들은 그렇게 엄격하지 않았다. 내 생각에는 심판들도 흥분해 있었던 것 같다. 물론 공이 밖으로 나가서 우리가 인바운드 플레이를 준비해야 했다면, 지역을 정리하고 모든 선수가 제자리로 돌아오는 데 몇 분이 걸렸을 것이다. 경기가 접전이었다면, 심판은 공식적인 타임아웃을 불러 모든 사람을 제자리에 가서 앉도록 했을 것이다. 그러나 접전이 아니었기 때문에 우리는 계속 경기를 했다. 그것은 우리가 ESPN에서 하이라이트로 보는 경기들 중 상당히 놀라운 일들이 일어나고 모든 사람이 흥분해 있으며, 저기에 있었다면 하고 바라는 경기들 중 하나와 같았다.

경기 비디오테이프에서, 관중석에 있는 많은 얼굴들을 볼 수 있었고 경기를 보고 있는 많은 사람들, 체육관에 있는 거의 대부분의 사람이 웃고 있었다는 것을 알 수 있었다. 심지어 스펜서포트 선수들과 그들의 부모마저 웃고 있는 것 같았다. 내가 알지 못하는 사람들이고 내가 알지 못하는 얼굴이었으므로 나는 스펜서포트 사람들이라는 것을 알 수 있었다. 모두가 기분 좋은 순간이었다.

이기고 지는 것이 큰 문제가 되지 않는 시간이었다. 승패는 이미 판가름이 났으므로 이때는 많은 사람이 경기에 참여할 기회가 없었던 한 아이가 경기에 참여할 기회를 갖고서 그가 할 수 있는 것을 모두에게 보여 줌으로써 많은 사람을 행복하게 해 주었다는 것이 중요한 것이었다. 그 아이는 예전에 한쪽 구석에 혼자 앉아서 트리덴트 껌두 통을 두들기면서 말없이 앞뒤로 흔들던 자기 자신을 좋아하는 자폐 아이였다. 어쨌든, 지금은 모든 사람이 웃고 있다. 하지만 나는 승패가 중요하다고 말하고 싶다. 나에게는 중요한 문제였다. 그리고 우리 팀 동료들에게도 중요했다. 우리가 이기지 않았다면 이 모든 3점 슛에 대해 사람들이 전혀 관심을 기울이지 않았을 것이다. 그리고 내가 어떤 모습으로 코트에 나갔으며 우리 팀 선수들에게 주의를 기울이기 위해 노력을 하고, 방어해야 하는 사람을 열심히 쫓는 모습을 테이프에서 볼 수 있었다. 사람들이 뛰고 웃고 응원하는 것을 볼 수 있었고 코트에서 경기에 대해 걱정하고 있는 나를 볼 수 있었다. 우리가 36점을 앞서 나가는 것은 중요하지 않았다. 시간이 거의 남지 않았다는 것도 중요하지 않았다. 우리는 단지 해야 할 일을 하고 있었다

　　나는 우리 팀 벤치 바로 앞에서 세 번째 3점 슛을 던졌다. 내가 수비를 하기 위해 뒤로 물러나기 전에 내 친구들은 모두 나에게 뭔가를 말했고, 나를 위해 그들끼리 하이파이브나 주먹을 쥐고 들어올리는 동작역자 주: 히딩크가 기쁠 때 주먹을 쥐고 팔을 위아래로 흔들던 동작을 하려고 손을 들었다. 나는 그들과 축하를 하고 싶기도 하고 주의를 집중하고 싶기도 했다. 그래서 나는 두 가지를 모두 조금씩 했다. 내가 맡은 선수를

데비 맥얼웨인

나는 우리가 보고 있는 것을 믿을 수가 없었다. 남편 데이브와 아들 조시는 내가 제이슨에 대해 지나치게 걱정한다고 했고 나 역시 그렇다고 생각했다. 나는 제이슨이 자신을 실망시키게 될 상황에 처하지 않기를, 그리고 어떤 일에 대해 지나치게 기대하지 않기를 바랐다. 이번 졸업생의 밤 경기가 있기 전까지는 그렇게 생각했다. 내가 제이슨에게 경기에 투입될 것에 대해 기대하지 말라고 말한 이유도 그 때문이었다. 나는 존슨 코치가 아마도 그렇게 할 수 없을 수도 있다고 제이슨에게 말했다. 그러나 제이슨은 경기에 투입되었고, 그가 무엇을 했는가? 그는 득점하기 시작했고, 모든 사람이 그를 응원했다. 그리고 그것은 정말 대단한, 매우 대단한 일이었다.

심각한 중도 자폐를 가진 아이의 엄마가 되는 것이 어떤 것인지, 의사와의 진료나 특수학급에 데려가는 내내 그의 자폐적인 돌발행동과 다른 아이들과 다르게 행동하는 모든 일에 대해 아이와 씨름을 해야 하는 것이 어떤 것인지, 그리고 그가 할 수 없는 것을 다른 아이들이 하는 것을 보았을 때 아이의 얼굴이 실망으로 가득 차는 것을 보는 것이 어떤 것인지 아마 상상도 할 수 없을 것이다. 그랬던 제이슨이 다른 사람과 다를 바 없다고 생각하는 그런 위대한 순간이었다. 정말로 당신은 상상할 수 없을 것이다. 나는 내 자리에서 뛰어서 코트로 내려가 제이슨에게 이러한 경험을 할 수 있게 도와준 존슨 코치와 다른 코치들 그리고 같은 팀의 아이들과 체육관에 있는 모든 사람을 껴안아 주고 싶었다.

찾기 위해 상대방 코트로 뛰어가면서 나는 우리 팀 선수들과 손바닥을 치고 주먹을 쥐고 팔을 위아래로 흔들었다. 텔레비전에서 프로 선수들이 하는 것처럼 가슴을 한두 번 쳤어야 한다고 생각했지만, 그때에는 뒤지고 싶지 않아서 서둘러 상대방의 코트로 갔다.

그 당시에는 몰랐지만 마지막 슛까지 나는 17점을 기록했다. 5개의 3점 슛과 3점 슛 라인을 밟고 넣은 2점짜리 슛을 성공시켰다. 8개 중에서 5개의 3점 슛을 성공시킨 것을 포함하여 10개 중 6개를 성공시켰다. 이것은 짧은 시간 동안에 이룬 엄청난 숫이었고, 내가 코트에 들어갔을 때 일어난 것이다. 그것은 우리 팀이 경기 내내 스펜서 포트 팀을 상대로 경기를 하는 방식이었다. 우리는 우리 팀원이 어디에 있는지 잘 살피고 패스를 하고 숫을 한 후에 득점판을 본다.

아쉽게도, 나는 그다음 두 개의 슛을 실패했다. 그래서 20점 득점이 어려울 것으로 생각했다. 한 경기에서 20점을 득점하는 것은 농구선수들에게는 커다란 이정표와 같은 것이다. 나는 내가 20점이나 득점했다고 생각하지 않았다. 그리고 체육관에 있는 수많은 사람이 내가 20점에 근접했다고 생각한다는 것을 나는 몰랐다. 이후에 나는 두 번이나 공을 잡을 수 있는 기회를 가질 수 있었다. 왼쪽에서 던진 첫 번째 숫은 성공하지 못했지만 공이 스펜서포트 선수를 맞고 빗나가서 계속해서 우리 팀 공격이 되었고, 우리 팀의 마이크 롱이 왼쪽에서 코트 반대쪽으로 나에게 공을 던져 주었는데 내가 3점 숫을 넣으려다 놓치고 말았다. 그래서 나의 연속 골이 끝났다고 생각했다. 내가 더 이상 골 감각을 느끼지 못했던 것 같다.

그러나 골 감각은 내가 한 번의 숫을 남겨 놓았을 때 돌아왔다. 스펜서포트가 득점을 했고 경기 종료 10초 정도 남은 상황에서 내가 중앙에서 인바운드 패스를 잡았다. 사람들이 나에게 마지막 공을 넣으라고 외치는 것을 들을 수 있었다. 나는 그들 중 몇 사람이 농구에서 시간이 거의 다 끝나갈 때처럼 "십, 구, 팔, 칠, 육······."이라고 카운트다운을 하는 것을 들을 수 있었다. 그들이 5를 세기 전에, 나는 마지막 슛을 던졌고 그것이 들어갔다. 또 하나의 3점 슛이었다. 이번에는 3점 슛 라인 밖에서 던진 슛이었고, 그것은 NBA의 3점 슛과 같았다.

시계가 2~3초 정도 남겨 두고 있었던 시점이었던 것 같다. 스펜서포트는 경기에서 다시 공을 넣을 수 있는 기회를 잡을 수 없었다. 우리 학교 응원단이 있는 코너에는 정말 많은 사람이 몰려 있었고 그들은 매우 흥분한 상태였다. 마치 큰 물방울처럼 코트 쪽으로 밀려왔다. 그리고 사람들이 무리를 지어 코트 중앙에서 내가 우리 팀 동료들과 서서 축하를 하고 있는 경기장으로 밀려왔다. 곧 그곳은 사람들로 혼잡해졌고, 또 다른 거대한 울림, 이번에는 실망의 물결이 아닌 축하의 물결이 일어났다. 그리고 그것은 천천히 코트 중앙부터 스펜서포트 팀의 벤치 앞으로 움직였고, 심지어 스펜서포트 팀의 선수들 중에서 몇 명은 나를 축하해 주었다. 그들도 상당히 괜찮은 녀석들이었다. 거의 40점 차이로 졌고 큰 점수 차였지만 좋은 경기였다고 여기는 좋은 운동 선수였다. 그들은 괴로웠겠지만, 나는 그들이 괴로워했다고 생각하지 않는다. 최근에도 로체스터 주변에서 스펜서포트의 몇몇 선수들을 만나거나 내가 일하고 있는 가게에서 마주치게 되면 그들은 항상 나에게 인사를 한다.

어떻게 그렇게 된 것인지는 모르겠지만, 경기가 끝난 후, 내게 가장 먼저 다가온 사람들 중 한 명은 엄마였다. 잘 기억나지는 않지만 엄마가 제일 먼저 다가왔던 것 같다. 어쨌든 엄마를 보고 상당히 놀랐는데, 첫 번째 이유는 코트에서 축하를 해 주고 있는 아이들과 비교해서 엄마가 상당히 작았기 때문이고, 두 번째 이유는 관중석에서 엄마는 아빠보다 몇 줄 위에 앉아 있었는데도 되도록 빨리 내려오기 위해서 상당히 빠르게 움직였다는 점에서 놀랐다. 아마도 엄마는 내가 마지막 3점 슛을 하자마자 시간이 남아 있었음에도 불구하고 나를 향해 움직이기 시작했던 것 같다. 엄마는 관중석에 있는 모든 사람이 같은 행동을 하려 한다는 것을 알기도 전에 코트로 내려와서 나를 만나 안아 주려고 했을 것이다. 엄마는 그렇게 했다. 엄마는 제일 먼저 내게 다가와 너무 많은 일이 일어난다고 생각할 때면 늘 하던 대로 나를 꼭 안아 주었다. 엄마는 울었지만, 행복의 눈물이었다고 나는 말할 수 있다. 엄마는 웃으면서 눈물을 흘렸고, 동시에 나에게 울지 말라고 말했다. 나는 그런 일이 울 만한 일이라고 생각하지 않았기 때문에 엄마가 나에게 왜 그렇게 말했는지 모르겠다. 사람들은 항상 내가 감정적인 아이라고 말한다. 나는 그것이 사실이라고 생각한다. 나는 가끔씩 우리 팀이 질 때 울곤 했다. 코치는 내가 항상 감정을 숨기지 않는다고 말했는데, 처음엔 이 말이 무슨 뜻인지 몰랐지만 누군가 나에게 설명을 해 준 다음부터는 그렇다고 생각한다. 하지만 지금은 눈물을 흘릴 상황이 아니다. 우리 팀이 정규 시즌의 마지막 경기에서 승리를 했고, 우리 학교가 속한 학군구에서 우승을 했다. 우리는 포스트시즌 플레이오프에 진출하게 되었다. 졸업생의 밤에 열린 나의 첫 고등학교 대표팀 경기에서 내가 여러 개의 3점 슛을 성공시켰다. 사람들이 왜 우는 것일까?

마이크 세처(그리스 아테나 트로잔 농구팀 보조 코치)

그날 밤 가장 훌륭한 순간은 제이슨의 어머니가 제이슨에게 다가가기 위해 인파 사이에서 움직이는 모습이었다. 당신이 이 장면을 보았다면, 우리 벤치 바로 뒤에서 연두색 옷을 입고 있는 그녀를 볼 수 있었을 것이다. 그녀는 관중석에서 내려와서 우리의 바로 뒤에 서 있었고 관중 사이를 헤치고 누구보다 먼저 제이슨에게 가서 눈물을 글썽거리며 그를 크게 안아 주고 뽀뽀를 해 주었다. 그리고 이것은 정말로 감동적이었다.

다음에 아이들이 제이슨을 들어 올렸을 때, 제이슨의 어머니는 엉엉 울었다. 나는 정말로 그 마음을 이해할 수 있었다. 나도 울었고 많은 사람들이 울었다. 제이슨의 어머니는 지미(존슨 코치)에게 다가와서 그를 꽉 껴안고 뽀뽀를 하며, "제이슨을 위해 당신이 한 모든 일에 정말 감사드립니다. 사랑합니다."라고 말했다. 그녀가 지미에게 말하는 것을 듣는 것만으로도 정말 감동적이었다.

지미는 제이슨이 경기를 하는 내내 앉아 있었다. 그 시간 동안 그는 꽤 많이 울고 있었다. 그는 감성적인 사람이지만, 이 경기 전까지는 경기 중에 앉아 있은 적이 결코 없었다. 경기마다, 코치들과 선수들을 위한 충분한 의자가 있었는데 지미를 위한 별도의 의자는 없었다. 하지만, 그는 경기 내내 서 있기 때문에 이것은 그리 큰 문제가 되지 않았다. 그러나 제이슨이 코트에 나갔을 때, 그는 너무나 압도되어서 앉아 있었다. 관중석에 있던 아이들이 제이슨의 얼굴 사진을 들고 이름을 불렀을 때, 그는 울기 시작했다. 지미는 학생들이 그 응원 도구를 준비했으리라고는 생각도 못했다. 아이들은 제이-맥이 경기에 나올 때까지 모두 그것을 숨기고 있었다. 그 응원 도구들이 나타나자마자, 나는 지미를 쳐다보며, "저것 좀 보세요"라고 말했다. 그 순간 그의 눈에서 눈물이 넘쳐흘렀다.

제이슨이 첫 번째 슛을 놓치고 나서, 나는 지미가 고개를 숙이고 손으로 자신의 머리를 감싸고 있는 것을 보았다. 제이슨이 첫 번째 슛을 놓친 바로 다음, 지미는 "제발 신이시여, 제이슨이 한 골만이라도 넣을 수 있게 해 주소서."라고 기도했다고 나에게 말해 주었다.

많은 아이들이 나를 어깨 위로 들어 올린 다음 위아래로 흔들기 시작했다. 나는 누가 그렇게 했는지 모르겠다. 비디오테이프를 보기는 했지만 코트 중앙 주변에 너무 많은 사람이 모여 있어서 구별하기 어려웠다. 그것은 마치 모든 팀이 거기에 있는 것 같았고 동료 선수들의 어깨 위에서 그것을 내려다보니 엄마가 나를 올려보고 있었던 것으로 기억한다. 그리고 엄마는 웃으면서 눈물을 흘리고 있었고 일어나는 일들을 1분도 놓치고 싶지 않다는 듯이 나를 쳐다보고 있었다. 아이들 모두가 계속 앞으로 밀어서 나를 잡으려 했고, 심지어 내가 알지 못하는 사람들도 나와 악수를 하려고 했다. 그들은 단지 복도에서 마주친 적이 있는 사람들이었다. 나와 고개를 끄덕이며 인사 정도를 하던 사람들이었다. 보통 인사를 잘 하지 않던 예쁜 여자아이들도 있고, 나의 친구들도 있었다. 그들은 우리 팀의 선수들이고, 나와 친한 아이들이며, 내 휴대폰에 전화번호가 저장된 친구들이다. 체육 수업을 함께 듣는 아이들도 있었고, 나와 같은 특수학급 친구들도 있었다. 우리 선생님들도 계셨다. 친구들의 부모님들도 계셨다. 나를 축하해 주는 사람들이 셀 수 없이 많았다. 그들은 나를 위로 올려 위아래로 흔들고 있었으며, 아무도 축하를 끝내고 싶어 하지 않았다.

대략 10분 동안 이러한 상황이 계속되었지만, 내게는 몇 시간처럼 느껴졌다. 보통 경기가 끝나면 존슨 코치는 5~10분 내로 코트에서 떠나도록 했고, 이기고 난 뒤에도 부모님과 친구들과 축하 인사를 나누는 시간을 오래 주지 않고 경기장을 떠났다. 코치가 우리에게 사인을 보내면, 우리는 로커룸이나 가까운 교실로 가서 경기에서 있었던 일들에 대해 이야기를 나누었다. 하지만, 오늘 밤 그는 우리를 아주 오랫동안 코트에 머무르게 했다. 부모와 친구들은 서둘러 떠나지 않았고, 코치는 인파가 스스로 줄어들고 관중석의 박수 갈채가 줄어들 때까지 기다려 주었지만 쉽게 줄어들지 않았다. 내 마음 한 구석에서도 그것이 끝나기를 바라지 않았다고 말할 수 있을 것 같다. 나 역시도 우리 팀 동료들의 어깨에 영원히 머물고 싶었다. 거기에서 나는 모든 사람을 내려다볼 수 있었고, 정상이라고 느낄 수 있었다. 그곳에서 그들은 나를 보면서 내가 우리 팀의 어떤 아이들과 다르다는 생각을 하지 않았다. 나는 '이것은 평범한 아이가 경기의 우승 슛을 하거나 경기를 만들어 갈 때 일어나는 일'이라고 생각했고 '이것은 당신이 다른 사람들과 같을 때 일어나는 일'이라고 생각했다.

장내 아나운서는 그리스 아테나가 엄청난 점수 차로 이기는 데에 내가 20점을 기여했다고 설명했다. 사람들은 다시 한 번 열광했고 그때 나는 내가 20점을 득점했다는 것을 처음으로 알게 되었다. 대부분의 사람도 처음 알게 되었다. 아나운서는 또한 내가 3점 슛으로 학교 기록을 세웠다고 말했지만, 아무도 그것이 사실인지 알지 못했다. 존슨 코치가 아테나에 오기 전에 어느 누구도 이러한 기록을 가지고 있지 않았다. 존슨 코치가 그곳에 있는 동안의 기록으로, 그것은 최소한 과거 10년 동안의 기록이었고, 그 정도는 괜찮았다. 나는 사람들에게 그것이 마지막 4분 19초 동안의 기록이고, 내가 첫 번째 득점을 했을 때부터 계산해 보면 3분 9초 동안에 이룬 기록이라고 말했다. 어느 누구도 그 기록을 깰 거라고 생각하지 않았다. 그것은 짧은 시간 동안의 굉장한 점수라고 할 수 있었다.

경기가 끝나고 20분 정도가 지나서, 존슨 코치는 우리를 코트에서 교실로 데리고 가서 책상과 의자에 둘러앉게 하고 경기에 대해 이야기했다. 모두가 흥분에 휩싸여 있었다. 누군가가 팀 전체를 위해 피자와 음료수를 주문해 주어서 우리는 이야기를 하는 동안 피자를 먹었다. 우리 선수 중 한 명인 매트 데이비스의 형이 웹스터 토마스 Webster Thomas 의 보조 코치였으므로 그가 휴대폰으로 형에게 전화를 걸어 점수를 물어 보았다. 우리가 바로 점수를 알아볼 수 있는 유일한 방법은 그 경기에 참석한 사람과 연락을 하는 것이었다. 매트의 형은 웹스터 토마스가 힐튼 팀에게 졌다고 이야기해 주었다. 그는 별로 기

분이 좋지 않았다고 매트가 말했다. 웹스터 토마스 팀의 아이들은 우
승을 하고 싶어 했다. 어쨌든 우리는 우리 팀이 공동 우승이라는 것을
알고 더욱 축하했다. 또한 우리 팀이 계속 신경을 썼던 또 다른 경기
가 있었다. 아이런드쿠오이트는 8승 3패로 그리스 아카디아와 경기
를 하고 있는데, 그 팀이 이겨서 9승 3패가 된다 해도 우리는 상관하
지 않았다. 두 팀이 공동 우승이든지 세 팀이 공동 우승이든지는 중요
하지 않았다. 어쨌든 우리는 우승을 했다. 몬로 제2학군에서 우승을
했다는 것은 멋진 일이지만 그것이 우리의 주된 목표는 아니었다. 주
된 목표는 다가오는 포스트시즌 플레이오프 경기이었다. 우리는 이
미 우승이 예정되어 있었고, 순위가 어떻게 결정되든 상관없이 존슨
코치는 그것은 가장 맛있는 체리를 얻는 것과 같은 일이라고 했다.

조시 맥얼웨인

경기가 끝나고 바로 아빠가 전화를 걸어서 "무슨 일이 일어났는지 넌
믿을 수 없을 거야."라고 말했다. 아빠는 제이슨이 20점을 득점하였고,
그것은 세상에서 가장 신나는 일이었다고 했다. 아빠와 엄마 모두 흥분
해 있었다. 물론 제이슨도 흥분해 있었고, 학교 전체가 흥분해 있었다.
아빠는 사람들이 울기도 하고, 환호를 지르며, 제이슨을 어깨 위로 들어
올리고 있다고 말했다. 전화기를 통해 나는 모든 환호와 축하를 들을 수
있었다. 그는 "이 소리가 모두 제이슨을 위한 소리다. 모든 환호가 너의
동생을 위한 소리라구." 하며 말했다.
그가 옳았다. 나는 믿을 수가 없었다. 하지만 내 마음 한 구석에서는

"그래, 좋아, 그래서?"라는 생각이 들었다. 내 말은 제이슨이 경기에 투입되는 기회가 있다면 그리고 신중하게 잘 살펴보기만 한다면 슛을 성공할 것이라는 것을 나는 이미 알고 있었다는 뜻이다. 그러나 20점이나 득점했다고? 그것은 정말 믿을 수 없는 일이었다. 내가 거기에 없었다는 것은 일생에 가장 크게 후회되는 일 중 하나다. 제이슨을 위해서, 나를 위해서, 우리 가족을 위해서 나는 그곳에 갔어야 했다는 생각이 들었다. 나의 친구들이 그곳에 많이 있었다. 나는 그들로부터 전화를 받았지만 아빠에게 온 전화 같지는 않았다. 아빠의 목소리는 떨리고 있었고 매우 흥분되어 있었다. 나는 "알았어요, 아빠. 진정하세요."라고 말했다.

잠시 후에, 우리는 아이런드쿠오이트가 그리스 아카디아를 이겨서 세 팀이 공동 우승을 하게 되었다는 것을 알게 되었다. 힐튼은 8승 4패로 한 경기 차이로 준우승을 했다. 이것은 우리 학군의 선두권에 잘하는 팀들이 모여 있다는 의미라고 할 수 있다. 이들은 지역본선에 나가게 될 팀들이었다. 우리는 첫 번째 라운드에서 어느 팀과 경기를 하게 될지 알지 못했다. 나중에서야 우리는 첫 번째 라운드에서는 경기를 할 필요가 없으며, 자동으로 다음 라운드에 올라가게 되었다고 알려 주어서 우리는 첫 번째 라운드에서 부전승으로 올라가게 되었다는 것을 알았다. 그래서 지역본선에서의 우리의 첫 경기가 준준결승전이 되었고 우리는 상대 팀을 알 수가 없었다. 우선 다른 두 팀이 1차전 경기를 한 후에 어느 팀이 우리와 경기를 하게 될지 결정되는 것이다. 두 팀이 경기를 하고 이긴 팀이 토너먼트의 그다음 라운드로 올라가게 되는 것이다. 우리의 준준결승전 경기는 2월 25일 토요일까지 없을 것이며, 그것은 졸업생의 밤 경기로부터 10여 일이 남아 있어서 우리는 준비할 시간이 충분히 있었다.

사람들은 나에게 내가 지역본선 경기에 나가는지에 대해 물어보기 시작했다. 학교에서도 많은 사람들이 그것에 대해 이야기를 했다. 그들은 내가 훌륭한 원거리 슛을 던질 수 있으므로 존슨 코치가 팀을 위해서 나를 내보내야 한다고 말했다. 그러나 포스트 시즌에 나가기 위해서는 정규 시즌에서 6경기를 뛰어야 하는 것이 규칙이었으므로 그는 그렇게 할 수 없었다. 사람들은 내가 지역본선에서 우리팀이 이길 수 있도록 도울 수 있기 때문에 존슨 코치가 실수하는 것이라고 말하기도 했다. 하지만 나는 그가 실수를 했다고 생각하지 않았다. 그는 좋은 코치이고 팀의 모든 사람에게 공정했다. 또한 그는 규정을 따랐을 뿐이었다. 우리 팀에는 훌륭한 선수들이 많았다. 시즌 내내 정말 열심히 하는 선수들이 많았다. 내가 갑자기 출전을 해서 그들의 시간을 뺏는다면 그것은 정말 공정하지 못한 것이다. 다른 아이들은 플레이오프 경기에 나갈 수 있는 자격을 얻었다. 나는 좋은 경기를 한 것뿐이다. 그래서 나는 다음날부터 우리 팀 모두가 계속 집중할 수 있고 우리의 시즌이 끝나지 않았다는 것을 상기시키는 팀 매니저로 돌아가 활동을 했다.

나는 훌륭한 경기를 했고 3점 슛을 넣고 20점을 득점하였지만 지금 나는 지역본선 경기를 걱정하고 있다. 다시 우리가 해야 할 일이 있었다.

모든 것을
바꾸어 놓은
4분

The Game of My Life

하루 이틀 동안, 제이슨은 마치 진공 상태에서 모든 점수들을 득점한 것 같았다. 정규 시즌의 마지막 홈경기에서 몇 분 동안 그의 감동적인 성과에 그리스 아테나 경기장이 떠들썩했다. 정말이지, 제이슨의 전화는 축하와 응원으로 끊임없이 울렸다. 경기장에 있었던 사람들은 그동안 보아 왔던 것과는 다른 경이로운 것이라고 이야기하고 생각했다. 제이슨은 오랫동안 많은 사람의 관심을 받았다.

수요일 밤 이후에, 짐 존슨은 〈로체스터 데모그라트 앤 크로니클〉의 고등학교 스포츠 에디터에게 전화를 걸어 경기의 결과를 알려주었다. 그는 그 경기에서 승리한 후에 사람들에게 경기에 대해 말했던 것과 같은 방식으로 했다. "오늘 밤 믿을 수 없는 일이 일어났습니다. 자폐를 가진 우리의 팀 매니저가 경기 종료 몇 분을 남겨 두고 경기에 들어가서는 결국 20점이나 득점을 했답니다."라고 말했다.

에디터는 그 이야기를 받아 적는 것 같았고, 존슨 코치는 전화를 끊기 전에 몇 가지 더 자세한 이야기를 전했다. 그는 이 내용이 분명히 헤드라인이 될 것이라고 생각했다. 하지만 그다음 날 신문을 펼치자, 신문의 첫 면은 세 팀이 동점이라는 것으로 시작하고 있었고, 다음 주에 시작하는 지역본선 토너먼트의 대진표에 대한 내용으로 이어졌다. 4~5단락이 지나도 제이슨의 성과에 대해서는 아무런 언급이 없었고, 간략한 보충 설명만 있을 뿐이었다. 그러나 뉴스의 가치가 완전히 없는 이야기는 아니었다. 연합 신문은 제이슨의 성과를 강조하는 작은 기사를 연방신문에 내보냈고, 이것을 우리 지방의 일부 신문들이 골라서 다루었지만, 제이슨이 살고 있는 지역신문은 단지 지나가는 이야기처럼 간략히 다루었다.

존슨 코치는 그것이 믿기지 않았다. 그는 어쩌면 제이슨이 20점이나 득점한 것은 결국 그렇게 대단한 이야기가 아닐지도 모른다고 생각했다. 그는 제이슨에 대해 알고 있었고, 그와 그의 가족에게 이 일이 어떤 의미인지 알고 있었기 때문에 그것이 대단한 이야기라고 생각했다. 아마도 우리 동네의 모든 사람과 학교의 모든 사람도 마찬가지였을 것이다. 어쨌든, 〈데모크라트 앤 크로니클〉은 주요 신문으로, 어떤 것이 뉴스거리가 되고 어떤 것이 뉴스거리가 되지 않는지 알고 있다. 그것은 헤드라인이 될 정도는 아니었던 것이다.

몇몇 사람들이 존슨 코치의 사무실에 들러 경기 하이라이트가

ESPN의 스포츠 센터에 방송되고 있다는 것을 알려 주었다. 그리고 존슨 코치는 처음에 'ESPN?' 하고 생각했다. 우리 지역신문에서조차도 헤드라인이 되지 못하고 지역 뉴스에서도 다루지 않았는데, ESPN에서 보도될 거라고 누가 생각할까? 그리고 그는 ESPN이 어떻게 그 경기의 녹화 테이프를 입수하였는지 알 수가 없었다. 존슨 코치가 알고 있는 한, 하나뿐인 테이프는 그가 가지고 있었다. 시간날 때마다, 존슨 코치는 테이프에 있는 트로잔의 경기를 분류해 두었고 팀의 경기 내용을 연구하고 통계자료로 기록했다. 그래서 평소에 그리스 아테나 학생들에게 운동부 캠코더로 경기를 녹화해 달라고 부탁하곤 했다. 아이들은 테이프 양쪽 면에 경기 전체를 아주 잘 녹화해 주었다. 그는 전날 밤 경기 테이프를 살펴볼 기회가 없었고, 어떻게 복사본이 ESPN에 전달되었는지 알 수 없었다.

그는 그리스 아테나 지역의 관심사가 모든 세상의 관심사가 되는 것은 단지 희망적인 생각일 뿐이라고 여겼고, 주변의 소란이 빨리 수그러들고 그와 선수들이 일주일 정도 남은 2월 25일 토요일로 예정된 지역본선의 첫 라운드 경기로 관심을 돌려야 한다고 생각했다. 이번 시즌은 지역본선에서 우승해야 한다. 졸업생의 밤에서의 경기는 이를 이루는 과정에서 감탄부호일 뿐이었다. 제이슨과 그의 가족을 위해서 좋은 일이었고, 우리 팀 선수들에게는 특별한 순간이었으며, 학교에서는 중요한 사건이지만, 제이슨도 지역본선전에서 우승이 가장 중요하다고 했다. 그것은 그들이 시즌 내내 열심히 싸운 이유다. 사람들이 마지막에 기억하는 것은 우승이었다.

제네시오에 있는 뉴욕 주립 대학교 캠퍼스에서 조시 맥얼웨인의 휴대폰은 전날 밤 동생의 경기를 본 친구들로부터 걸려오는 전화로 쉴 새 없이 울렸다. 집으로 돌아온 모든 사람이 제이슨의 경기에 대해 알고 있는지 확인하고, 직접 기록과 해설을 해 주고 싶어 하는 듯했지만, 조시는 그러한 소란을 이해할 수 없었다. 아니, 그는 이해했지만 믿지는 않았다. 조시는 자신의 동생을 위해 그곳에 가고 싶었고, 제이슨과 부모님에게 일어나는 일에 함께 감동을 느끼고 싶었지만, 자신의 가족 이외의 사람들에게는 단순히 끝난 경기라고 생각했다. 사람들은 계속해서 이 일에 대해 이야기하고 떠올리고 싶어 했지만, 그는 이 일에 대해 신문에서 읽게 될 것이라거나 뉴스에서 보게될 것이라거나 모든 캠퍼스가 동생 제이-맥에 대해 알게 될 것을 예상하지 못했다. 조시와 가족에게만 특별했던 일이 예사롭지 않은 일이 되어 가고 있었다.

데이비드 맥얼웨인은 다음날 여전히 기쁨에 넘쳐 직장에 출근을 했다. 출근 전에, 한 이웃이 〈로체스터 데모크라트 앤 크로니클〉에 실린 작은 기사에 대해 이야기하기 위해 아침 6시 30분에 전화를 걸어왔다. 그 이웃은 데이비드에게 기사를 액자로 만들라고 제안하였고, 데이비드는 좋은 생각이라고 했다. 그는 액자가 제이슨의 훌륭한 경기에 대한 하나의 기념품이 될 거라고 생각했고, 제이슨이 헤드라인에 언급되었는지 아닌지는 신경 쓰지 않았다. 그는 제이슨이 기사에 언급되었다는 것에만 관심이 있었다. 그는 직장으로 기사를 가져가서 사무실에 있는 모든 사람에게 보여 주었다. 그는 너무나 자랑스러웠다. 데이비드는 제이슨이 계속해서 3점 슛을 성공시킨 방법에 대해 곰곰이 생각했다. 제이슨은 코트에서 평범한 아이들과 거의 똑같아 보였고, 팀 동료들과도 조화를 이루고 있는 것처럼 보였다. 그것은 데이비드 맥얼웨인이 결코 잊을 수 없는 순간이었고, 제이슨의 삶에서 계속 상상해 온 순간이었지만 그는 다른 어느 누구도 그런 식으로 관심을 가질 거라고 결코 상상해 본 적이 없었다. 신문에 기사가 실릴 것이라고 예상하지 않았기 때문에 기사를 보고 너무 놀랐고, 기뻤다. 고등학교 전체가 기쁨을 함께 나누고, 지역 대부분의 사람이 확인한 가족적인 사건이었다. 모든 좋은 일들로 흥분하고 의기양양해져 있었지만, 보도의 가치가 있다고 생각하지는 않았다. 기사화된다는 것을 그는 생각하지도 못했다. 그것은 체육관에서 일어난 개인적인 일이었고 신문에 날 만한 일은 아니었다. 제이슨과 데비 그리고 모든 선수에게는 의미 있는 일이었으므로 스크랩북을 만들어 두는 것이 좋을 것 같았다. 우리 동네에서도 대단한 일이었다. 경기를 녹화한 비디오테이프가 있다는 이야기를 들었을 때, 그가 한 유일한 생각은 가족을 위해 복사를 해서 가족 비디오로 모아두어야겠다는 것이었다. 그는 경기 동영상이 인터넷에서 가장 많이 다운로드 받은 동영상 중 하나가 되거나 경기 장면이 공영 방송에서 계속해서 방송되거나 자신의 아들이 가족을 대표하는 인물이 될 것이라는 것은 생각조차 하지 못했다.

데비 맥얼웨인은 제이슨의 경기가 대화의 주제가 될 것이라고
는 전혀 기대하지 못한 채 평소처럼 목요일에 치위생사로 일하는 치
과에 가서 환자 및 동료들과 오랜 시간 대화를 나누었다. 치과에서
일하는 한 가지 이유는 그곳에서는 많은 이야기를 나눌 시간이 있다
는 것이었다. 누군가 의자에 앉아 있으면 데비는 제이슨의 이야기를
들려주곤 해서 대부분의 환자가 제이슨에 대해 알고 있었다. 제이슨
의 농구에 대한 집념이나 노력에 대해 알고 있었다. 데비를 놀라게
한 것은 내원한 대부분의 사람이 전날 밤 있었던 졸업생의 밤 경기에
대해 알고 있었다는 것이었다. 그녀는 소문이 무척 빠르다고 생각했
다. 그리스는 지역 내 모든 사람이 다른 사람의 일에 대해 알고 있는
작은 동네 같아서 제이슨의 일이 산불처럼 퍼져 나갔다. 데비는 제이
슨이 단순히 자신과 가족을 위해 좋은 추억을 만들었다고 생각했는
데 그가 많은 사람을 깊이 감동시켰다는 것을 다시금 알게 되었다.
농구장에서의 제이슨의 놀라운 변화는 사람들에게 모든 것이 가능하
다는 것을 상기시켜 주는 듯했다. 제이슨은 사람들에게 자신의 삶의
어려운 상황을 직면하고 이를 잘 대처하였고, 자신을 믿고 자신에게
주어진 기회를 최대한 활용한다면 어떤 일이 일어나게 되는지 사람
들에게 보여 주었다. 제이슨의 모습에는 제이슨 맥얼웨인과 같은 자
폐 아이가 농구 코트에 나가서 20점을 득점할 수 있다면, 우리가 무
엇을 할 수 있을지 상상해 보라는 메시지가 담겨 있었고, 사람들이

희망을 가져야 한다는 것이 나타나 있었다. 데비 맥얼웨인에게 이것은 좋은 것이기도 하고 그다지 좋지 않은 일이기도 했다. 제이슨이 달라졌다는 것을 의미하기 때문에 좋은 일이었고, 그가 중요한 사람이 되었기 때문에 좋은 일이었다. 오랜 세월이 지나서야 비로소, 제이슨은 친구들 그리고 주변 사람들과 의미 있는 연결점을 찾게 되었다. 하지만 이제 사람들은 제이슨에게 더욱 많은 것을 기대할 것이기 때문에 그다지 좋지는 않을 것 같았다. 관심의 대상이 제이슨이 무엇이 필요한지에서 사람들이 제이슨에게 무엇을 원하는지로 변화되는 것 같았다. 그녀는 이러한 점에 대해 조심해야 하고 제이슨의 중심이 흔들리지 않도록 도와주어야겠다고 다짐했다.

그 사이에, 제이슨은 학교에서 관심 집중의 대상이 되어 있었다. 그는 이전에 한번도 이러한 관심을 받아 본 적이 없었기에 이러한 상황이 좋았다. 이틀 동안, 제이슨은 어디를 가든 친구들에게 둘러싸여 있었다. 친구들의 관심과 환호를 받은 것은 가장 흥미로운 것이었다. 제이슨을 보고 한번도 웃어 준 적이 없는 예쁜 여학생들도 이제는 지나가다 그에게 인사를 하고 복도에서 휴대폰 번호를 교환한다. 제이슨과 이야기도 나눈 적이 없는 아이들도 그에게 친절하게 말을 걸어왔다. 교사들은 지나가면서 제이슨에게 손을 흔들어 주거나 경기에 대해 이야기를 건네거나, 지역본선에서 팀의 승산에 대해 어떻게 생각하는지 묻기도 하였다. 그는 그리스 아테나의 유명인사가 되었다. 이러한 유명세는 어느 정도는 학교 농구팀 때문이기도 했다. 농구팀은 단지 조에서 우승한 것이고, 지역본선전을 준비하고 있었다. 그들은 학교 내에서 중요한 인물들이 되었다. 그중에서도 제이슨이 가장 그러했다. 사람들은 지나가다 멈춰서서 제이슨과 하이파이브를 하려고 하거나 격려를 했다. 제이슨은 그의 인생에서 그렇게 많이 웃었던 기억이 없는 것 같았다. 제이슨이 친구들에게 미소 짓고 하나 되고 함께 흥분하는 모습을 계속해서 보았다면, 제이슨이 첫 3점 슛을 넣은 후로 제이슨이 웃은 시간을 가늠할 수 없을 것이다. 사실상 제이슨은 너무 많이 웃어서 얼굴이 아플 정도였다.

졸업생의 밤 경기 다음 날 오후에, 그리스 아테나의 앤디 맥콜믹 선생이 CBS 계열회사인 8번 채널 WROC-TV의 스포츠 기자 존 쿡코에게 전화를 걸었다. 그는 "어젯밤 나는 지금까지 보았던 스포츠 사건 중에서 가장 특별한 성과 중 하나를 목격했습니다. 당신이 그것을 보고 싶으시다면 제게 테이프가 있습니다."라고 말했다.

존 쿡코는 호기심이 생겼고, 존슨 코치에게 테이프를 부탁하기 위해 전화를 걸었다. 분명히, 8번 채널은 〈데모크라트 앤 크로니클〉이 놓친 뉴스를 찾아냈다고 느꼈다. 졸업생의 밤 경기의 몇 개의 테이프가 여러 대의 캠코더에 녹화되었지만, 존슨 코치는 자신의 학생 중 한 명이 찍은 테이프만 알고 있었고 아직 운동부 테이프를 검토해 보지 않았었다. 하지만 존 쿡코가 찾고 있는 것이 들어 있을 것이라고 생각해서 복사본을 빌려주겠다고 학교로 오라고 했다.

테이프에는 쿡코의 관심을 끌 뭔가가 있었음에 틀림없었다. 그는 제이슨과 데비 그리고 존슨 코치를 인터뷰하기 위해 카메라 기자와 함께 다시 왔다. 경기의 하이라이트는 인터뷰와 함께 8번 채널에서 목요일 초저녁에 뉴스에서 방송되었고, 그 방송을 본 사람들로부터 상당히 긍정적인 반응을 끌어내어 11시 심야뉴스에 다시 방송되었다. 희망과 가능성의 메시지가 방송 전반에 걸쳐 담겨 있었다. 사람들은 제이슨의 모습이 담긴 장면을 보면서 제이슨과 인간의 정신에 대해 감동했다.

금요일까지, 로체스터의 4개의 네트워크 자회사 방송국의 카메라 기자가 제이슨, 존슨 코치 그리고 다른 학교 관계자들을 인터뷰하기 위해 그리스 아테나 교정을 찾아왔다. 데비 맥얼웨인도 인터뷰를 했다. 8번 채널 이외에도, ABC 자회사인 WHAM-TV13번 채널, Fox 자회사인 WHUF-TV31번 채널에서도 기자들이 왔다. Time Waner 케이블 회사 소유인 지역 24시간 케이블 뉴스 방송국인 RNEWS-9도 보도에 대해 심사숙고하고 있었다. 로체스터의 NBC 자회사인 WHEC-TV10번 채널는 이탈리아 튜린 동계올림픽 방송에 뉴스를 위한 대부분의 인적 및 물적 자원이 전념하고 있어서 제이-맥의 사건을 위한 지역 보도에 신경을 쓸 수 없었다.

금요일에 제이-맥에 대한 보도가 방송에 나간 이후, WHAM-TV 스포츠 앵커 마이크 카타라나는 존슨 코치에게 제이-맥에 대한 이야기를 하기 위해 전화를 걸었다. 그는 자신이 내보낸 보도 중 시청자가 그렇게 호의적인 반응을 보인 것이 없었다고 하면서, "짐, 이번 일은 정말 특별한 일입니다. 내가 중앙방송으로 내보내면 어떨까요? 그들은 아마도 그렇게 하고 싶어할 거예요."라고 말했다. ABC 자회사 방송국으로서 '중앙방송'이란 ESPN을 의미하는 것이었다.

존슨 코치는 "물론 좋아요. 나도 직접 보지 못했다면 결코 믿을 수 없었을 겁니다."라고 말했다.

존 쿡코 역시 CBS 뉴스에 보도를 내보냈다.

어린 제이슨 맥얼웨인이 두려움 없이 3점 숏 라인에 발을 내딛고 원거리 숏을 하는 인상적인 모습은 홈 관중과 동료들 그리고 존 쿡코 자신에게 무한한 기쁨을 주었다.

제이슨의 이야기는 발이 달린 이야기가 되었다.

주말 내내 제이슨의 이야기가 여기저기 퍼져 나갔다. CBS 저녁 뉴스의 프로듀서로부터 전화가 걸려와, 제이슨과 그의 경기에 대해 다루고 싶다고 했다. CBS 뉴스 리포터 스티브 하트맨이 담당을 하여 월요일 아침에 제이슨과 맥얼웨인의 가족 그리고 존슨 코치를 인터뷰하기 위해 로체스터로 오려고 준비하고 있다고 했다.

한편, ESPN은 주말의 첫 시간대에 졸업생의 밤 경기의 하이라이트를 보여 주었다. 이제 제이슨은 지역적 사건에서 전국적인 국민의 영웅이 되었다. 월요일 아침 CBS 뉴스 팀이 도착했을 때, 그리스 아테나 고등학교 안팎은 야단법석이 되었다. 그 전에는 통제 가능한 혼란이라면 지금은 통제가 되지 않을 정도였다. 그 날은 대통령의 날인 공휴일이었기 때문에 수업이 없었다. 사실 그 주 내내 수업이 없었다. 농구팀은 연습을 하고 지역본선전을 준비하고 있었지만, 다른 건물들은 대통령의 날에 따른 주간 방학으로 모두 닫혀 있었다. 그러나 제이슨에 대한 소식은 산불처럼 퍼져 나갔다. 제이슨은 존슨 코치와 함께 전국적으로 방송되는 CNN과의 첫 번째 인터뷰를 하였다. 또한 제이슨의 부모도 함께 RNEWS-9 스튜디오로 가서 인터뷰를 했다. 제이슨은 많은 관심 때문에 다소 당황하여 생방송 인터뷰 동안 꽤 많은 실수를 했다. 지역 뉴스들은 녹화 및 편집과정을 거치지만 이때는 생방송으로 제이슨의 당황한 모습이 그대로 방송으로 나갔다. 존슨 코치는 미국에서 제이슨이 무엇에 대해 이야기할지 알고 있는 유일한 사람이라고 말했다. 그리고 이것은 정말 그랬고 제이슨은 착하고 성격이 좋은 아이, 사람들이 그렇게 태어나길 바라는 아이라는 인상을 주었다. 제이슨은 장황하게 이야기했고 다소 핵심을 잡지 못했지만, 그는 하늘에서 내려준 아이였다. 제이슨은 루디이야기, 로키, 레인맨, 리트엔진 역자 주: 우리나라에는 '토마스와 기차'로 알려져 있음의 주인공과 같았다. 그는 스포트라이트를 받았고, 그 역시 그것을 너무 좋아했다.

첫 월요일이 지나고, 2월 20일, 맥얼웨인 가족은 제이슨의 삶과 코트에서의 믿기 어려운 모습을 바탕으로 영화를 만들어 보고 싶다는 헐리우드 프로듀서로부터 첫 제안을 받았다. 그것은 많은 전화 중 첫 번째 전화였다. 맥얼웨인 가족은 전화번호부에 올라 있지 않았지만, 수많은 사람이 전화로 연락을 취하려고 시도했다. 작가와 에이전트 그리고 프로듀서와 다른 사람들이 어떻게든 제이-맥의 이야기를 활용해 보려고 했다. 심지어 제이슨의 보디가드를 하고 싶다는 전화도 걸려왔다. 데이비드 맥얼웨인은 전화를 받고 나서 "왜 제이슨에게 보디가드가 필요하다는 걸까?" 하고 생각했다.

나중에는 "나는 전화번호부에 있는 맥얼웨인이라는 이름을 가진 사람들에게 미안하다."라고 말했다. 제이슨의 가족은 전화기 코드를 빼놓거나 수화기를 내려놓아야 했다. 제이슨의 할머니 베티 맥얼웨인은 엄청나게 많은 전화를 받았다. 한 클레버랜드 라디오 방송국에서 제이슨을 찾기 위해 아침 6시 30분에 그녀에게 전화를 걸어왔고 그녀가 제이슨이 자신의 손자라고 이야기하자, 그들은 방송 중에 그녀와 인터뷰를 하고 싶어 했다.

경기가 끝나고 난 후 다음주 목요일까지 8일 동안 CBS 저녁 뉴스는 제이슨의 모습과 경기의 하이라이트 녹화 부분을 함께 방송했다. 그 보도가 너무나 유명세를 타는 바람에 다음 날 밤 전체 내용이 다시 방송되었다. CBS 프로듀서 중의 한 사람이 데비 맥얼웨인에게 두 번째 방송에 대해 이야기하기 위해 전화를 해서는 이런 일이 방송국에서 한번도 일어난 적이 없는 일이라고 말했다. 30년 동안 같은 내용을 연이어 방송에 내보낸 적이 없었다고 했다.

다음 날인 2월 24일 금요일 아침에 제이슨과 조시 맥얼웨인이 존슨 코치와 함께 ABC 방송사의 굿모닝 아메리카라는 프로그램에 출현했다. 찰리 깁슨이 인터뷰를 했다. ABC 방송이 나간 바로 직후에 CNN과 또 다른 인터뷰를 하였고, 다음으로 ESPN의 콜드 피자라는 프로그램과도 인터뷰를 하였다. 그 후에, CNN에서 6시간 동안 마라톤 인터뷰를 제안했다. 일요일 아침 첫 번째 방송된 것은 다음 주에 여러 번 반복해서 방송되었다.

TNT에서 NBA 방송을 하는 동안, 해설자인 찰스 버클리가 짐 존슨 코치가 해고되어야 한다고 했다. 버클리는 자기가 생각하는 것은 뭐든지 말하고 그것이 시청자의 생각과 같다고 여기는 것으로 유명한 사람이었다. 버클리는 코치가 전에 경기를 해 본 적이 없는 제이-맥이라는 아이를 시즌의 마지막 경기에서 마지막 몇 분 동안 경기에 투입하고 그는 결국 20점이나 득점하였다고 했다. 버클리의 공격적 발언은 모든 지역신문에 인용되었다. 그리스 아테나 보조 코치들 중 한 명은 〈데모크라트 앤 크로니클〉에 나온 인용기사를 오려 와서 존슨 코치의 책상에 붙여 두었다.

학교 수업이 다시 시작될 무렵인 2월 27일 월요일, 그리스 아테나 학교로 제이슨과 존슨 코치에 대한 인터뷰 요청이 쇄도했고 과도한 요청으로 존슨 코치는 몇 주 동안 아이들을 가르칠 수 없었다. 학교는 체육 수업을 진행하기 위해서 대신 맡아 줄 교사를 고용하여 존슨 코치가 제이슨과 관련해서 밀려드는 전화 인터뷰를 책임질 수 있게 해 주었다. 동시에 팀은 지역본선전의 우승을 위한 경기 준비를 하였다. 존슨 코치는 이때를 회상하며 당시에 오른쪽과 왼쪽 귀에 서로 다른 전화를 받고 번갈아가며 응답을 하였고, 사무실에서는 다가

오는 지역본선 경기 작전을 의논하기 위해 부코치가 기다리고 있었다고 했다.

뉴욕 주립대학교 제네시오 캠퍼스에 있는 조시 맥얼웨인은 갑자기 자신이 동생의 그늘에 가리게 되었고 자신과는 동떨어진 국가적 현상처럼 느껴졌다. 모든 사람이 조시 자신을 제이-맥의 형이라고 알아보는 것이 매우 신기하고 재미있는 일이라고 생각했고, 어떻게 하루아침에 가족의 명성이 바뀔 수 있는지 신기했다.

ESPN에서 제이슨의 연속 3점 슛의 놀라운 장면을 자주 방송했고 계속 방송으로 내보내기 위해 그날의 경기, 금주의 경기 그리고 이번 달의 경기로 만들었다. 당시에는 ESPN 채널을 틀면 제이슨의 슛 장면 중 하나, 경기 후에 벌어진 축하 모습, 또는 6시간의 인터뷰 중 일부를 항상 볼 수 있었다.

갑작스러운 소리나 삐걱거리는 소음에 자신의 귀를 막곤 하던 제이슨 맥얼웨인이 소동을 만들어 내고 있었다. 그리고 이 소동은 빠른 시간에 사라질 것 같지 않았다.

당연히 제이슨의 성과에 대한 뉴스는 정신건강협회까지 알려져서 모든 자폐 아동과 그들의 부모의 롤모델이 되었다.

미시간대학교 자폐와 의사소통 장애 센터의 책임자인 캐서린 로드 박사는 한 신문과의 인터뷰에서 "우리 중 많은 사람들이 이런 일이 생겨서 우리가 전 국민의 주목을 받게 되는 것은 우리에게 선물과도 같은 일이라고 느끼고 있어요. 제이슨처럼 우리 주변에는 축구부에서 네트를 나르거나, 야구부에서 계속 통계적 계산을 하고 있거나, 학교 밴드부에서 드럼을 치고 있는 아이들이 아주 많답니다. 이번 일은 이 아이들에게 가능한 곳이라면 어디든 기회를 주어야 한다는 것을 다시 생각하게 해 주었습니다."라고 말했다.

1988년 〈레인맨〉이라는 영화에서 상당히 드물기는 하지만 천재적 능력이 있는 자폐servant autistic인 역할을 맡아 오스카 영화상을 수상한 더스틴 호프만이 연기한 모습이 아마도 자폐적 행동을 가장 잘 묘사한 것이었다. 자폐와 지능은 직접적인 관련이 없다. 예를 들면, 제이슨은 학습상의 어려움을 가지고 있어서 그의 학업 능력 전반에 걸쳐 새로운 정보를 처리하는 데 어려움을 보인다.

질병관리예방센터에서 발간한 2004년의 보고서에 따르면, 자폐는 166명당 한 명꼴로 나타나며, 남아의 경우는 100명당 한 명 꼴로 나타나 현재 미국에는 1만 5,000명에 달하는 자폐인이 있다. 남자에게 보다 높은 출현율이 나타나는 이유에 대해서는 아직 밝혀진 바가 없다. 안타깝게도, 그 수는 해마다 10~17%씩 증가하여, 자폐는 미국에서 가장 빠르게 증가하는 장애가 되었다. 미국자폐협회는 10년 후에는 자폐를 가진 미국인이 4만 명에 달할 것이라고 예측하였다. 이러한 급격한 증가에 대한 대표적인 설명은, 자폐에 대한 인식이 높아져 가고 있어서 자폐로의 진단과 치료를 받으려는 가족의 수가 증가하게 되었다는 것이다.

자폐의 특정 원인은 아직 불분명하다. 1912년 스위스 정신과 의

사인 Eugen Bleuler에 의해 이 장애가 처음 확인되어서 *American Journal of Insanity*에 기고되었을 때, 이 장애는 정서적 장애 혹은 부모의 애정과 관심의 결여에서 기인된다고 알려졌다. 그러나 현재 밝혀진 연구결과에 근거하면, 자폐는 스펙트럼spectrum 장애로 신체 생물학적인 원인이 있을 수 있다는 것이다. 그리고 이것은 개인마다 경도mild에서 중도severe까지 차이가 있다. 미국정신의학회American Psychiatric Association 의 『정신장애 진단통계 편람Diagnostic and Statistical Manual of Mental Disorders: DSM-IV-TR』에서는 자폐성 장애를 아스퍼거 장애, 아동기 붕괴성 장애, 레트 증후군 그리고 비전형적 전반적 발달장애와 더불어 가장 전형적인 전반적 발달장애PDD로 간주하고 있다.

스펙트럼 장애로서, 자폐는 정해진 패턴을 따르지 않는다. 자폐는 각 사례별로 다르게 나타나는 이질성을 보인다. 자폐로 어려움을 겪고 있는 사람들은 심각성에서 다양한 수준을 보인다. 스펙트럼에서 경도 수준에 있는 아동은 언어와 의사소통 기술에서 약간의 지체와 아주 적은 수준의 사회적 상호작용의 문제만을 보이기도 한다. 집중적 치료와 일반적 발달을 거치면서, 이러한 결함의 일부는 시간이 지나면서 점차 줄어들거나 사라지기도 한다. 스펙트럼에서 좀 더 중도 수준에 있는 아동은 자신의 부모와도 상호작용이 잘 안 되며, 청력 검사에서 정상 수준을 보였음에도 이름을 부르는 것에 반응하지 않아서 청각장애처럼 보이기도 한다. 어떤 아동은 하염없이 책상 위를 두드리면서 자신만의 세계에 빠진 듯 보이기도 한다.

    PDD의 특징적인 행동이 유아기 때 분명하게 나타날 수도 있고
그렇지 않을 수도 있으나, 부모가 또래와 자녀를 비교할 수 있게 되
는 초기 아동기 때에는 보다 분명해진다. 자폐를 확인할 수 있는 결
정적인 행동 및 의사소통 검사는 없지만, 간단한 상담부터 소아정신
과 의사에 의해 시행되는 40개 문항의 선별 척도에 이르기까지 자폐
를 진단하는 데 효과적으로 입증된 몇 가지 선별 절차가 있다. 소아
과 의사들이 건강한 아기 선별 검사에서 확인하는 위험 표시는 다음
과 같다. 아동이 12개월에 옹알이나 소리내기를 하는지, 하지 않는
지; 12개월에 가리키기, 손 흔들기 또는 잡기 등을 하는지, 하지 않는
지; 16개월에 한 단어를 사용하여 자신을 표현하는지, 하지 않는지;
24개월에 그렇게 하도록 유도하지 않아도 두 단어를 연결하여 사용
하는지, 하지 않는지; 그리고 연령에 적절한 언어와 그 외의 다른 사
회적 기술의 부족을 보이는지 보이지 않는지 등이다. 이러한 '위험
신호red flag' 증상의 일부 혹은 전부가 그 자체로 자폐를 나타내는 징
표가 되는 것은 아니지만 장기간 동안 그런 행동을 지속적으로 보일
경우 전반적 발달장애의 진단을 받을 수 있다.

    자폐성 아동은 다음과 같은 행동 중 몇 가지를 보일 수도 있다.
동일성에 대한 고집과 변화에 대한 저항; 의사소통에 적절하게 반응
하는 대신 단어나 구를 반복하기; 만지거나 혹은 다른 사람이 자신을
만지는 것을 좋아하지 않는 것; 사물 혹은 일과에 강박적인 집착; 대
근육 혹은 소근육 기술의 불균형; 위험에 대한 현실적이지 않은 두려

움; 아픔이나 큰 소리에 대해 과민 또는 둔감; 다른 사람과의 상호작용의 어려움 등이다. 제이슨은 이러한 행동들을 한 번씩은 보였다. 제이슨이 어렸을 때는 자폐적 분노발작을 보이는 경향이 있어서 제이슨의 어머니는 이를 적극적으로 조절해 주어야 했다. 제이슨이 자폐적 분노발작을 보일 때마다, 어머니는 졸업생의 밤 경기가 끝나고 했던 것처럼 제이슨의 얼굴을 양손으로 감싸야 했다. 그녀는 세상의 모든 것을 사라지게 하여 제이슨이 오직 그녀에게만 집중하도록 했다. 이 행동은 어머니가 가능한 그를 단단히 잡을 수 있기 위한 것이었다. 그녀는 손으로 제이슨의 귀를 덮어 주었다. 결국 그는 차분하고 조용해졌다. 가끔은 이렇게 되기 위해 20분 이상 걸리기도 했다. 가끔씩 그녀는 제이슨을 진정시키기 위해서 베나드릴_{항히스타민제}을 먹이기도 했는데, 논문에서 충동적인 행동을 통제할 수 없을 때 진정시키기 위해서 항히스타민제가 도움이 된다는 것을 읽은 적이 있어서 이대로 했고 항히스타민제가 효과적이라는 것을 알게 되었다.

그동안에, 트로잔 팀의 플레이오프가 진행되고 있었다. 이때는 보다 냉철해지기 어렵고 제이슨이 부모의 손에 의해 조절될 수 없으므로 주의집중하는 데 문제가 생겨 잘못될 수도 있었다. 제이슨 맥얼웨인의 부모는 집에서 제이슨을 계속 응원하고, 일상으로 되돌아올 수 있도록 주의를 기울였다. 그들은 제이슨에게 특별한 관심은 곧 없어질 것이며, 학교에 새로 생긴 친구들과 오랫동안 친구관계를 유지할 수 없을 것이라는 것을 계속해서 상기시켜 주었다. 그들은 부정적

인 입장에서 이 상황을 보지는 않았지만, 현실적으로 생각하고 있었
다. 그들은 제이슨이 기대할 수 있는 것을 이해하기 바랐다. 그들은
제이슨이 훌륭한 경기를 한 것에 대해 축하하고 그가 얼마나 자랑스
러운지 이야기해 주기는 했지만 앞으로 계속해서 더 노력해야 하며
그가 자랑스러운 다른 이유들을 강조해서 설명했다. 그들은 ESPN
하이라이트에 계속 나오고 있는 주먹을 위아래로 흔드는, 그리고 가
슴을 치는 제이-맥이라서가 아니라 제이슨이 제이슨이라서 자랑스
럽다고 격려했다. 또한 그들은 제이슨이 일상으로 돌아오도록 계속
해서 이끌어 주었다. 제이슨은 일상적인 것을 갈망하던 craved routine 한
청년이 있고, 언론의 관심과 지역의 환호가 그를 웃게 하였지만, 그
는 계속 집중하려고 노력하고 있었다. 사실 집중을 유지하는 것이 그
에겐 큰 일이었다.

그는 시즌 내내 같은 모습으로 있었지만, 이제야 많은 사람의
관심을 받게 된 것이었다.

"집중을 유지해야 해." 트로잔 팀이 모여서 연습을 할 때마다,
그는 계속해서 팀 동료에게 주문을 외우듯이 반복해서 말했다. 그는
자신에게, 그리고 듣고 있는 모든 사람에게 "집중을 유지해야 해."라
고 말했다. 그리고 그 말은 시즌의 그 어느 때보다 지금 더 진실되게
들렸다.

존슨 코치는 또한 팀에게 질서와 훈육을 재정비하고 제이슨이
20점을 득점한 이후 나타났던 방해물을 제거하기 위해 주의를 기울

였다. 가장 큰 방해 중 하나는 포스트시즌 경기에 제이슨이 자격이 있는지에 대한 논쟁이었다. 그러나 포스트시즌 경기에 참여하기 위한 자격으로 정규 시즌에서 6회 이상 경기에서 뛰어야 한다는 원칙 때문에, 제이슨이 포스트시즌 명단에 포함되는 것은 결코 선택사항이 아니었으므로 이것은 논쟁의 여지가 없었다. 선택사항이든 아니든 간에 그리스 아테나 지역에서는 제이슨이 부정적인 종류의 숨겨진 비밀 무기로 사용될지도 모른다는 추측이 일었다. 제이-맥의 이야기를 담당했던 리포터들은 논쟁에 가담하였고 제이슨이 경기에 참여할 수 있는 기회를 다시 한 번 가져야 한다는 말에 힘을 실었다. 또한 존슨 코치에게 제이슨을 팀에 포함시키라는 압력이 높아졌지만, 제이슨이 각광을 받기를 바라는 마음에서 일어난 사람들의 움직임이라는 것을 알게 되었다. 코치는 하고 싶어도 제이슨을 선수 명단에 올릴 수가 없었다. 또한 존슨 코치는 그것은 일회성이라고 말했다. 팀의 출전 선수 명단은 정해졌다. 시즌이 시작되면서 제이슨은 팀 매니저 역할로 돌아가서 졸업생의 밤의 영웅이 되기 전에 해 오던 방식으로 트로잔을 도와야 했다.

"나는 대중매체의 관심에 대해 우려하였으며, 이것 때문에 감정이 혼란스러웠습니다. 그것은 유리하기도 하고 불리하기도 한 것이었습니다. 코치로서, 대중적인 관심을 받고 싶고, 사람들이 나의 프로그램에 관심을 가져주고 우리의 선수들의 모습을 알아주길 바랍니다. 네, 그래서 좋았습니다. 어느 날, 우리 연습장으로 4개의 방송사에서 뉴스기자가 왔습니다. 네 명! 이것은 마치 미니 슈퍼볼 같은 느낌이었습니다. 그러나 다른 한편으로는, 우리가 일상적으로 노력해야 하는 것에 방해가 될 수 있었습니다. 그래서 나는 우리 선수들을 앉혀 놓고 너희들도 모두 이 일의 일부라고 말했습니다. 나는 이 상황을 받아들이고 즐기지만 동시에 왜 우리가 이 상황에 있는지 기억하라고 했습니다. 이것은 정말로 특별한 상황이었습니다."라고 후에 존슨 코치가 말했다.

트로잔은 지역본선 토너먼트의 준준결승전에서 라이벌 팀인 그리스 아카디아와 경기를 하게 되었다. 이것 역시 유리하기도 하고 불리하기도 한 일이다. 우리 팀은 지난 2년 동안, 준결승전에서 타이탄에게 지는 두 번의 가슴 아픈 경기를 했었다. 존슨 코치의 선수들 중 몇 명은 여전히 그때의 실패를 극복하지 못하고 있었다. 올해 트로잔 팀은 복수를 하려고 했으나, 각자의 홈앤홈 정규 시즌의 마지막 경기에서 양팀 모두 승리를 하였다. 그들은 분명 우세한 팀이었다. 그것은 팀의 현재 선수명단에 입각해서는 순조로운 대진이었지만, 최근의 전적을 무시하기는 어려웠다. 아테나는 아카디아를 가벼운 상대로 여길 수는 없었다. 게다가 일부 선수는 지난 두 번의 지역본선에서 아카디아에게 졌던 팀에 속해 있었기 때문에 존슨 코치는 선수들이 이번 경기에서 지기를 바라지 않았다.

존슨 코치의 선수들은 그동안의 전적 때문에 많은 부담감을 가지고 있었다. 그리스 아테나 대표팀은 최근 몇 년 동안 6번이나 지역본선 준결승에 올랐지만, 한번도 결승전에 진출하지 못했다. 제이슨은 지난 시간을 되돌아보고 큰 경기에서의 승리를 위해 트로잔의 문제점을 자신이 좋아하는 미식축구팀인 인디애나폴리스 콜츠 팀이 어려움에 대처하는 것과 비교해 보고 싶었다. "모든 사람이 우리가 위기를 극복하고 우승을 할 수 없을 거라고 한다."라고 그는 말했다.

토요일 오후에 그리스 아테나의 체육관에서 슛어라운드역자 주: 공식 경기가 열리기 전에 하는 비공식적 연습 시간가 열렸다. 존슨 코치는 슛어라운드에 어떤 대중매체도 참석하지 못하게 했다. 처음 15분의 연습시간 동안, 팀원들에게 그들이 지금 무엇을 하고 있는지, 어디에 있는지, 그리고 무슨 일이 일어나고 있는지를 앉아서 곰곰이 생각하도록 했다. 존슨 코치는 선수들이 경기를 위해 다른 것은 잠시 잊고 그들의 생활에서 일어나고 있는 것들을 생각하지 않기를 바랐다. 제이슨은 눈을 감고 자신의 팀이 지역본선에서 우승을 하는 모습을 머릿속에 그려보려 했다. 그는 우승팀에 자신이 속해 있는 모습을 상상하는 것이 어려웠다. 이런 모습을 고등학교에 입학한 이후로 늘 생각해 왔지만, 지금까지 정말로 그림이 그려지지 않았다. 제이슨은 자신의 팀이 앞서 나가고 있는 상황에서 경기 시간이 종료되었을 때, 자신이 어떤 행동을 하게 될지 상상할 수가 없었다. 그는 집에 있을 때에도 우승에 대한 공상을 자주 하곤 했다. 또한 과거 몇 년 동안, 그는 준결승에서 아카디아에 졌던 아픈 기억을 떠올리는 데 오랜 시간을 소비했고, 그 때문에 많이 울었다. 그는 잘 우는 사람이지만 트로잔이 졌다는 사실 때문에 또 다시 울고 싶지 않아서 졸업생의 밤의 기억과 트로잔이 다음 라운드에 나가게 된 이후 일어난 모든 일들을 잊어야 한다고 스스로에게 이야기했다.

트로잔은 홈경기라는 우세한 상황이라서 기선제압을 쉽게 할 수 있게 되었다. 오후 시간 숫어라운드 동안, 뉴스 기자들의 출입을 제한하였지만 라디오 방송을 하는 지역 방송국은 그리스 아테나 벤치에 마이크로폰을 달고 참석할 수 있었다. 그래서 미디어 서커스는 계속되었지만, 제이슨과 존슨 코치는 팀이 66 대 42로 승리를 이끌었던 방식에 팀원들이 계속해서 집중할 수 있도록 하였다. 제이슨은 나중에 이것은 또 하나의 자기암시 경기 중 하나였다고 말했다. 몬로 교육구 AA학군의 V구역에서, 그리스 아테나 트로잔이 해야 할 일이 남아 있었다. 이들은 산만해지거나 이를 부정해서는 안 되었다.

"우리는 정말로 그들을 이기고 싶었어요."라고 제이슨이 말했다.

경기 전에, 데이비드 맥얼웨인은 체육관을 돌아보고 카메라와 리포터들을 보고 깜짝 놀랐다. 자신의 아들이 스포트라이트를 받게 되고 일주일 정도가 지났지만 여전히 이러한 상황에 익숙하지가 않았다. 그는 경기 전에 여섯 명의 카메라 기자가 제이슨의 모든 움직임을 찍고 있는 상황에서 제이슨이 컵에 물을 따르는 것을 보면서 그렇게 긴장했던 적은 없었던 것 같다고 했다. 이후에, 맥얼웨인이 경기 DVD를 받았을 때, "그리스 아테나 트로잔 대 그리스 아카디아 타이탄 제이-맥 대 방송"이라고 아주 적절한 제목이 붙어 있었다.

그리스 아테나는 준준결승에서 이겼고, 돌아오는 2월 28일 화요일에 강력한 맥퀘이드 팀과의 준결승에 나갈 수 있게 되었다. 양팀 모두 정말로 훌륭한 선수들이 있었고, 대기석에 선수들이 꽤 있었기 때문에 제이슨은 자신의 팀이 맥퀘이드와 경기하는 것을 좋아하지 않았다. 하지만 존슨 코치의 중앙선부터의 압박 수비와 엄격한 실행으로 그리스 아테나가 52 대 41로 이길 수 있었다.

이번 경기는 로체스터에 있는 전쟁 기념 아레나로 알려져 있는 블루 크로스 아레나라고 하는 중간 지역에서 경기를 하기 때문에 관심이 모아졌다. 트로잔 선수들은 그곳을 빅하우스라고 불렀는데, 그곳은 정말 그랬다. 5천 명 이상 경기를 보러 왔다고 하는데, 그 숫자는 모든 미디어의 관심으로 부풀려져 있었다. 대부분의 아이가 그만큼 많은 사람이 모인 것을 본 적이 없었다. 경기에는 지역 뉴스 관계자들도 참석했고, 제이슨은 우승을 위해 졸업생의 밤에서 보여 준 모습을 다시 한 번 보여 주고 싶다고 생각했다. 제이슨은 머릿속으로 전체 토너먼트 경기를 그려 보았고, 자신의 팀이 우승하기를 소망했다. 하지만 그는 한 번에 한 경기를 위한 소망을 갖는 것이 좋겠다고 생각했다. 그가 가장 좋아하는 운동은 항상 한 번에 한 경기만을 할 수 있다고 말해 주기 때문에 이것은 좀 더 집중적인 접근이 될 것이라고 생각했다. 시즌 전체 또는 플레이오프 전체를 걱정한다면, 초점을 잃고 곤경에 빠지기 시작할 것이다.

제이슨은 또 다른 지역의 라이벌인 아이런드쿠오이트와의 결승전에서도 생각을 했다. 지금까지 트로잔은 계속 이기고 있었고, 그는 여전히 졸업생의 밤을 기억하고 관심을 받고 있었기 때문에 그 약속이 그에게 어떤 대가도 치르지 않게 해 주었다는 생각이 들었다. 그는 여전히 3점 숏을 던진 제이-맥이었다. 지역본선전에서의 우승은 팀이 함께 이루어 낸 일이므로 훨씬 더 큰 상이라고 그는 믿었다. 졸업생의 밤 경기는 개인적으로 돋보인 사건이었지만, 제이슨은 모든 사람이 자신도 팀의 선수임을 알아주길 바랐다.

트로잔은 계속해서 이겼고, 모든 사람이 제이슨 맥얼웨인이 누구인지도 알고 있었다. 이 부분은 변하지 않았다. 매 경기 전에 그가 머릿속으로 무슨 약속을 했는지는 중요하지 않았다. 그는 3월 4일 토요일 밤 결승전을 위해 전쟁 기념관으로 들어갔고, 그가 알지 못하는 사람들이 제인슨의 이름을 외치기 시작하는 소리를 들었다. 마이크와 카메라를 든 사람들이 제이슨에게 질문을 하거나 사진을 찍기 위해 포즈를 취해달라고 요청했다. 예쁜 여학생들이 그의 이름을 외치고 손을 흔들며 인사를 했다. 그러나 그러한 큰 소리와 관심 속에서도 제이슨은 집중하기 위해 노력했다. 그는 경기 시작 전 숏어라운드를 하는 동안 리바운드를 잡아 팀 동료에게 공을 던져 주면서, 팀 동료가 그 자리까지 오기 위해 얼마나 힘들게 고생을 했는지 상기시켜 주었다. 그는 뉴스 관계자와 관중을 무시하고 경기에 집중하라고 강조했다. 제이슨은 "졸업생의 밤은 잊어. 이제 결승전이야. 이보다 더 중요한 것은 아무것도 없어. 그러니 집중해야 해."라고 말했다.

친구인 브라이언 벤슨은 제이슨은 정말로 긴장하고 있었다고 나중에 말했다. 지역본선을 하는 동안 제이슨은 다른 사람 같았고, 결승전을 하기 전에 그는 이전보다 훨씬 더 긴장하고 있었다. 그는 몹시 흥분한 치어리더 같았다.

토요일 오후 전쟁 기념관으로 가기 바로 전에, 제이슨은 NBA 전설인 얼빈 매직 존슨으로부터 전화를 한 통 받았고, 그는 제이슨의 이야기를 영화로 만들어 보고 싶다고 하면서 "너의 시간을 많이 뺏을 마음은 없어, 제이슨! 오늘 밤 아주 중요한 경기가 있다는 것을 알고 있거든."이라고 말했다. 그리고 나서 그는 제이슨이 경기에서 20점을 득점했던 것을 축하해 주었고, "나는 4분 동안 그렇게 큰 점수를 내본 적이 없단다."라고 말했다. 그리고 그는 제이슨에게 그 경기를 영화로 정말 만들고 싶다고 말하고 오늘 경기에 행운이 있기를 빌어 주면서 곧 만나게 되길 바란다고 했다.

제이슨은 통화를 하고 나서 너무나 흥분했다. 매직 존슨이라니! 진정한 슈퍼스타가 아닌가! 제이슨은 자신이 좋아하는 사람이 전화를 걸어와 시간을 내서 만나러 오겠다고 하고, 더구나 그가 바로 매직 존슨이라는 사실을 믿을 수가 없었다. 제이슨은 어디에서든지 그의 목소리를 알아들을 수 있었고, 자신을 격려해 주던 그 목소리를 잊을 수가 없을 것 같았다.

아이런드쿠오이트는 그리스 아테나와 좋은 적수였다. 두 팀은 정규시즌 동안 홈앤홈 방식으로 경기를 치루었다. 그들의 코치들은 좋은 친구 사이였다. 경기장에는 8천 명의 사람들이 모여들었고, 기억하는 한 이것은 기록적인 숫자였다. 이번 경기는 강력한 라이벌전이며 접전이고 어려운 상대와의 경기였다. 중앙선부터 압박수비를 했고, 외곽에서 확실한 슛을 날려 이전과는 다른 결과를 이끌었다. 아테나는 54 대 51로 이겼고, 제이슨 맥얼웨인은 꿈꿔 왔던 지역본선전에서 우승을 하였다. 트로잔은 중요한 경기에서 이길 수 없다는 이야기에 종지부를 찍었다. 작은 마을의 무명 팀에서 국가적인 명성을 얻게 되고 트로잔 팀 매니저가 예상 밖의 스타로 바뀌며 마침내 몬로 AA 지역본선에서 우승을 한 트로잔에 대한 이야기는 시즌을 마무리하였다.

제이슨은 경기가 끝나고 그의 팀이 플레이오프를 시작할 때와 같이 여전히 긴장된 모습을 보이며 "지역본선에서 우승하는 일 만한 것은 아무것도 없다. 그것은 우리가 일생동안 경기를 하는 이유다." 라고 했다.

2007년의 여름이 되었다. 이때부터 제이슨의 친구들과 팀 동료들이 대부분 흩어지게 되었기 때문에 제이슨 맥얼웨인의 이야기가 좋기도 하고 슬프기도 한 때가 되었다. 어떤 친구들은 다른 지역의 대학으로 진학했고, 어떤 친구들은 지역 내에 있는 대학을 다니기 위해 남았다. 또 다른 친구들은 로체스터 지역에 남아 다양한 직업의 길로 들어섰다. 그들은 서로 전화로 연락을 하거나, 전자우편, 문자,

채팅을 통해 소식을 전했지만 예전 같지는 않았다. 대부분의 사람들의 상황이 변해 가고 있었다. 제이슨을 제외한 모든 사람이 자신의 일상으로 돌아갔다. 제이슨은 학교라는 일상이 직업이라는 일상으로 대체되었지만 여전히 집에 있으면서, 여전히 특별한 선호로 부모님을 힘들게 하였고, 매일 밤 같은 시간에 저녁을 먹었으며, 같은 TV 프로그램을 보았고, 여전히 같은 팀을 응원하며, 형 조시와 경쟁하고, YMCA에서 운동을 하면서 거의 매일 농구코트에서 슛 연습을 하였다.

제이슨은 2006년에 그리스 아테나 고등학교를 졸업하기 위한 학점을 모두 이수하지 못했다. 그는 졸업식에 참석하기는 했지만 졸업장을 받지는 못했다. 대신에 개별 학습 프로그램 수료장을 받았다. 그는 친구들과 함께 걸었지만, 친구들처럼 특정한 방향으로 걷지 않았다. 그는 21세까지 그리스 아테나 고등학교를 계속 다닐 수 있었지만, 슈퍼시니어가 되는 것에 흥미가 없었고, 친구들처럼 어딘가로 옮겨야 하는 시기라고 생각했으며, 친구들이 졸업할 때 같이 졸업해야 한다고 생각했고 그렇게 했다.

제이슨 맥얼웨인은 부모님과 함께 새로운 일상을 만들어 나가고 그들 앞에 펼쳐지지 않은 것들을 오랫동안 찾았다. 그의 친구들은 자신의 삶에서 다음 단계로 이동하게 될 것이고 자신의 가정을 꾸리기 시작할 것이다. 형 조시 역시 어디에선가 잘 지낼 것이다. 아마도 수학 교사가 되어서 어렸을 때 어머니가 계산기를 사용하지 못하게 했었다고 학생들에게 이야기하고 있을 것이다. 그리고 제이슨은 이 책에 쓴 경기를 회상하기 위해 자신이 했던 행동을 검토하고 자신의 기억을 되짚으면서 그리스 마을에 있을 것이다. 그는 아마도 로체스터에 있는 장애인을 위한 그룹 홈 중 하나에 들어가게 될지도 모른다. 주변 그룹 홈에는 들어갈 자리가 없어서 제이슨의 어머니는 몇 군데 대기자 명단에 올려두었다. 제이슨이 어려서 진단을 받은 이후에, 어머니는 부모가 제이슨을 영원히 돌보아 줄 수 없다는 것을 알았기 때문에 그를 명단에 올려 놓았던 것이다. 근래에 들면서, 제이슨을 위한 최선으로 그를 다른 곳으로 이동시키는 때가 다가오고 있다는 것을 알고 있었다. 데비와 데이비드 맥얼웨인은 제이슨이 잘 성장·발달해서 언젠가 혼자 살 수 있게 되지 않을까 생각했었다. 지역 본선전도 잊고, 20점을 득점한 것도 잊고서 말이다. 제이슨이 자신의 능력을 이용하고 독립심을 길러서 혼자 살 수 있는 길을 찾아나갈 수 있게 된다면, 그것은 정말 정점에 도달하는 것이 될 것이다.

제이슨은 현재 지역 슈퍼마켓 체인점인 웨그먼스에 있는 제과점에서 일을 하고 있다. 이것은 그의 생활에서 가장 중요한 것이 되었다. 일주일에 3~4시간씩 교대로 빵을 굽는 일을 하고 있다. 제이슨의 어머니는 제이슨이 고등학교에 다니고 있을 때 자신의 치과 환자들 중 한 명을 통해 이 일을 준비해 두었다. 웨그먼스는 이 지역에서 여러 명의 장애를 가진 젊은 청년들을 그들의 능력에 맞게 상점의 여러 곳에 일을 나누어 주는 역할을 하는 것으로 알려져 있었다. 그들은 선반에 상품을 진열하고, 물건을 봉지에 담거나 바닥을 쓰는 일을 했다. 제이슨은 일을 시작할 때 팀 플레이어이므로 모든 일을 맡을 수 있었다. 그는 사람들이 필요로 한다면 무엇이든 할 수 있다고 말했다. 제이슨에게 제한된 유일한 일은 밖에서 하는 일들이었다. 이것은 제이슨 어머니의 원칙이었다. 제이슨과 아버지는 이것에 동의하지 않았지만, 어쩔 수 없이 따라야만 했다. 제이슨은 많은 일을 겪고서야 어머니를 거역할 수 없다는 것을 알게 되었다. 그녀는 언제나 그리고 항상 제이슨을 걱정했으며, 제이슨이 슈퍼마켓 주차장에서 너무 많은 시간을 보내는 것에 대해 걱정하였다. 웨그먼스는 쇼핑카트를 모아오고, 고객이 물건을 차에 실을 때 도와줄 수 있는 사람이 필요했지만 데비는 주변 교통 혼잡으로 제이슨이 길을 다닐 수 있을지 걱정했다. 따라서 제이슨이 밖에서 일을 할 수 없다는 점은 다양한 일자리와 추가 근무시간을 갖지 못하게 만들었다. "길만 건너는 일은 물론 제이슨이 할 수 있어요. 하지만 쇼핑카트를 밀어야 하거나, 고객과 대화를 나누느라 집중하지 못한다면 위험해요."라고 그녀는 말했다.

제이슨은 빵 굽는 일이 즐겁다고 말한다. 그것은 특정한 일과와 리듬이 있다. 그는 레시피를 외우고 있었고, 레시피 이상의 것들을 알고 있었다. 오븐을 다루는 방법, 데지 않도록 주의하면서 트레이를 넣고 꺼내는 방법을 알고 있었다. 이것은 제이슨에겐 익숙한 일과였다. 제이슨은 오븐에 팬을 넣고 꺼낼 때까지 얼마의 시간이 걸리는지 알고 있었다. 타이머가 있기는 했지만, 그는 빵이 다 되었다고 타이머가 꺼지는 소리를 듣지 못했다. 그는 빵을 오븐에서 꺼낼 때 나는 냄새가 좋았다. 그 냄새가 자신의 옷에 배는 것이 좋았다. 자신이 구운 빵을 부모님과 나누어 먹기 위해 집으로 가져오는 것이 좋았다. 고객이 자신에게 빵이 맛있다고 말해 줄 때 좋았다. 그가 만든 빵은 정말 맛있었다! 사람들이 자신에게 다가와 졸업생의 밤에 대해 말하는 것이 좋았다. 그는 지역본선 우승에 대해 이야기할 때에는 더욱 좋았다. 그는 갈 곳이 있다는 것이 좋았고, 직장상사가 자신이 일을 잘한다고 생각해 주는 것이 좋았으며, 웨그먼스에서 일하는 모든 사람이 그가 팀 선수였다는 것을 아는 것이 좋았다.

이따금 그는 가게에서 예전 친구들이나 팀 동료를 만나기도 했다. 로체스터의 모든 사람이 웨그먼스에서 쇼핑을 하기 때문에 이런 일은 자주 있었다. 그는 스펜서포트 팀의 선수들과 같은 상대 팀 선수들도 만날 수도 있었다. 그들은 가게에 들러 제이슨을 알아보고 졸업생의 밤 경기에 대한 이야기를 나누었다. 그들 중에는 제이슨이 세 개의 자유투를 넣었던 주니어 대표팀 경기를 알고 있는 사람들도 있었다.

제이슨은 이 시간들이 가장 좋았다.

제이슨은 일을 하지 않을 때, GED미국검정고시를 위한 수업을 들었다. 담당 교사가 제이슨의 부모에게 시험을 통과하기에 필요한 지적 능력이 충분하지 않아서 아마도 목표를 이루지 못할 것이라고 말했지만, 그것이 제이슨의 노력을 멈추게 하지는 못했다. 그가 졸업생의 밤에서 배운 것이 있다면, 그것은 다른 사람들이 네가 할 수 있는지 없는지에 대해 말하는 것에 귀를 기울이지 말라는 것이었다. 제이슨이 친구들과 팀 동료들에게 고등학교 시절 불러 주려고 책을 열면 써 놓은 것이었다. "꿈을 이루고 싶다면, 네가 하는 모든 것들에 흥미를 가져라."

제이슨은 교회 혹은 민간단체에서 자신의 자폐에 대한 이야기를 하기 위해 몇 주 동안 부모님과 함께 여행을 떠났다. 그는 다양한 장애를 가진 사람들을 돕는 협회에서도 연설을 했고, 고용단체를 위한 기업 행사나 동기부여 모임에 초청을 받기도 했다. 그는 연설을 하기 위해 국내 여러 곳을 다니며 다양한 사람들을 만났고, 자폐에 대해 많이 알지는 못했지만 자신의 경험들을 사람들에게 이야기해 주었다. 그는 가족과 함께 쓴 연설문을 사용했다. 정신을 집중하고 포기 하지 않고 항상 꿈을 가지고 있으며 그것을 좇아가는 것이 얼마나 중요한지 이야기했다. 사람들은 그것을 좋아하는 것 같았다. 그는 아주 여러 번 연설을 해서 연설 내용을 거의 외우고 있었다.

2006년 2월 15일에 있었던 졸업생의 밤 경기 이후에, 제이슨은 가족, 코치, 친구들 그리고 교사들과 함께 헤드라인이 되었었다. 어느 날, 그는 영화 간판에 자신의 이름이 올려져 있는 것을 볼 수 있을 것이다. 많은 헐리우드 프로덕션 회사들이 이 이야기가 보도된 이후에 전화를 걸어 제이슨 이야기의 판권을 요청했다. 가족들은 제안을 정리하는 것을 도와줄 변호사와 미디어 에이전트를 고용했다. 집의 자동응답기는 인터뷰와 연설 예약을 위한 전화들로 가득 찼다. 모든 사람이 이 이야기를 좀 더 가까이에서 듣기를 원하고 느닷없이 스포츠 세계와 국내 언론, 정신건강단체, 그리고 일반 대중을 완전히 매료시켜 버린 젊은 청년을 만나고 싶어 하는 것 같았다.

다른 사람들 말에 따르면, 제이슨은 자신의 장애 진단이 마치 거짓인 양 보이도록 편안하고 매력적인 모습을 대중에게 보여 주는 기회를 높여 나갔다. 정말로, 그는 기회만 있다면 이룰 수 있다는 것을 보여 주는 자폐의 대표적 인물이 되었다. 그는 카메라와 마이크 앞에서 점점 편안해져 갔고, 매번 조금씩 긴장을 풀었으며, 조금씩 그다운 모습을 보여 주었다. 가족과 함께 연설문을 써서 몇 번이고 연습해서 학교와 청년들, 그리고 전국에 있는 지지 단체에서 연설을 했다. 그는 질문에 한두 줄로 답하는 방법을 알게 되었고 그것은 큰 도움이 되었다. 매주 자폐아 부모로부터 자신과 아이들에게 목표가 되어 주어서 감사하다는 편지를 수백 통씩 받기 시작했다. 그는 가능한 많은 편지에 답장을 쓰려고 노력했지만, 너무 힘든 일이었다.

심지어 조지 부시 대통령이 축하를 전하면서 2006년 3월 14일 로체스터 공항에서 제이슨을 방문하기 위한 시간을 마련하겠다고 했다. 대통령은 후에 리포터들에게 제이슨의 결승전 경기를 보면서 울었다고 말했다. 두 사람은 짧은 시간 동안 사적인 만남을 가졌고, 지역 방송과 백악관 기자단의 질문에 답을 하였다.

대통령은 "내가 제이-맥이라고 불러도 될까?"라고 물었고, 제이슨은 상관없다고 대답했다.

그리고 대통령은 "나를 조지라고 불러도 된단다."라고 말했다. 제이슨은 헤어질 때 대통령에게 "만나게 돼서 영광입니다."라고 말했다.

대통령은 "아니란다. 나에게 영광이란다."라고 대답했다.

2006년 4월, 맥얼웨인 부부는 존슨 코치와 함께 오프라쇼에 게스트로 출연하였고, 대중문화계에서 제이슨의 위치를 확고하게 하였다. 그 달이 지나고, 멕얼웨인 가족은 제이슨의 이야기를 영화로 만들기 위해 컬럼비아 픽쳐스와 계약을 맺었고, 영화 스파이더맨 시리즈의 프로듀서인 로라 지스킨이 개발하기로 하고 메리 마틴과 매직 존슨이 책임 프로듀서가 되었다. 제이슨은 토요일 오후 매직 존슨과의 통화 후에 그와 특별한 사이가 되었다고 느껴졌기 때문에 매직 존슨과 그의 동료들과 함께 영화를 만드는 것이 행복했다. 이 계약에 대한 뉴스가 〈Variety〉와 〈Hollywood Reporter〉의 제일 앞면에 실렸다. 보도에 따르면, 매직 존슨은 제이슨과 가족을 만나기 위해 로체스터를 방문해서 그리스 아테나 고등학교에서 학생들에게 제이슨 이야기에서 희망과 결단에 대한 교훈을 한참 동안 연설했다. 그것은 언론 관련 커다란 사건이기도 했지만, 제이슨에게는 자신의 농구 우상 중 한 명을 만났다는 지극히 개인적이고 감동적인 순간이었다.

개발 계약에 대한 언론 발표 후에, 한 리포터가 어느 배우가 영화에서 그의 역할을 했으면 좋겠는지 제이슨에게 물었다. 제이슨은 망설임 없이 "매튜 맥커너히."라고 대답했다.

조시는 "말도 안 돼. 그는 너보다 나이가 두 배는 많을 거야."라고 말했다. 그러자 제이슨은 "그래서?"라고 대답했다. 조시는 "그는 너무 나이가 많아. 그는 거의 우리 아빠 나이 정도 되었을 거야."라고 했다.

제이슨은 상관없다고 했다. 그는 매튜 맥커너히에게 잘 어울리는 역할이라고 생각한다고 말했다. 제이슨은 매튜의 영화를 무척 좋아하고, 그가 좋은 운동선수처럼 보인다고 말했다. 그러고 나서 그는 조시에게 영화에서 누가 그의 역할을 하게 될지에 대해 신경 쓰지도 걱정하지도 말라고 말했다.

4월에, 제이슨은 ESL 연방신용협회에서 주는 가장 고무적인 선수상을 받았고, 로체스터 언론라디오클럽의 '우승자의 날' 저녁식사에 초대를 받았다. 이 저녁식사의 헤드라인 연설자는 제이슨의 영웅 중 한 명인 인디애나폴리스 콜츠의 쿼터백인 페이튼 매닝이었다. 페이튼 매닝은 제이슨에게 인디애나폴리스 콜츠의 여름 미식축구 캠프에 인턴 학생으로 일할 수 있는 초대장을 넣은 봉투를 주었다. 그 여름에 제이슨은 프리 시즌 동안 로커룸과 필드에서 콜츠 팀을 도우면서 일주일을 보냈고, 페이튼 매닝의 휴대전화 번호도 받을 수 있었다. 그는 한번도 전화를 걸지는 않겠지만, 전화번호를 가지고 있는 것만으로도 좋다고 말했다. 2007년 2월에 슈퍼볼에서 우승을 하였을 때, 제이슨은 친구 페이튼이 '대단한 경기'에서 결국 우승을 하게 되어서 얼마나 기쁠지 생각했다. 그는 그 느낌을 알았다.

7월에, 제이슨 멕얼웨인이 20점을 득점했던 경기가 ESPN에서 주는 명망 있는 ESPY 시상식스포츠계의 유명한 시상식에서 베스트 스포츠 모멘트라는 상을 받게 되었다. 이 부분의 또 다른 후보자들은 주니어 골퍼인 다코다 다우드의 LPGA 토너먼트 모습, 조지 메이슨 대학교 농구팀의 남자 선수들이 NCAA Final Four에서 경기하는 모습, 그리고 코비 브라이언트미국의 유명한 농구선수가 토론토 랩터스와의 경기에서 81점을 득점한 모습 등이었다. 제이슨은 자신이 이 상을 타게 될 거라고 전혀 기대하지 않았고, 이렇게 멋진 사람들 속에 들어가게 되어 자랑스럽다고 말했다. 그가 가장 좋아하는 농구 선수들 중 한 명인 코비 브라이언트와 나란히 있다는 것만으로도 특별한 영광이라고 리포터에게 말했다. 그러나 그는 친구들과 사적인 자리에서는 자신이 상을 탈 것이라고 생각했었다고 말했다. 내심 그렇게 생각했다. 그는 마음속으로 정말로, 정말로 상을 타고 싶어했다.

수상 소감을 발표할 때, 제이슨은 오늘이 그의 인생에서 최고의 날이며 세상에서 가장 좋은 날이라고 강조했다.

ESPY상을 받은 것은 지역본선전에서 우승한 것만큼 즐겁지는 않았고, 제이슨은 매우 침착했다. 많은 사람이 지켜보고 있었고 많은 유명한 사람들이 주위에 있었지만, 지역본선전만큼 감동적이지는 않았다. 그 순간만큼은 특별한 영예를 얻게 된다는 절정의 순간이었다.

그러나 특별한 영예를 얻게 되는 상은 단지 상일 뿐이었다. 물론 그는 상을 타고 싶었다. 그러나 그는 정말 상을 타고 싶었다는 이야기를 할 수 없었다.

제이슨은 또한 Nickelodeon's Teen Choice 시상식에 나가서 애쉬튼 커쳐가 시상하는 십대 도전상을 받았다.

모든 관심 및 수상 그리고 그가 가장 좋아하는 운동선수나 유명인을 만날 수 있는 기회와 더불어, 제이슨 맥얼웨인에게 가장 소중하고 영광스러운 순간이 다가왔다. 제이슨은 로체스터 레드 윙스 야구 경기에서 기념 시구를 던져 달라는 요청받았고, 그곳에서 선착순으로 들어온 3천 명의 팬에게 제이슨이 팀 매니저일 때 입었던 하얀 셔츠와 검은 타이를 매고 있는 제이슨 버블헤드 인형을 나누어 주었다. 어릴 때에 몸을 앞뒤로 흔드는 이상행동을 하고, 트리덴트 껌 두 팩을 부딪치는 것을 즐기고, 들을 수 있는 리듬에만 몰두했던 한 젊은 소년이 이제 버블헤드 인형으로 명성을 얻게 되었다는 것은 역설적인 이야기인 것 같다.

그는 많은 버블헤드 인형을 가지고 있었지만, 대부분 다른 사람에게 주었다. 방에 한두 개만 가지고 있으면서 버블헤드를 치면 위아래로 흔들리면서 움직이는 모습을 보는 것이 좋았다. 그리고 사람들이 버블헤드 인형을 만들기 전에 자신의 삶이 어땠는지 상상하곤 했다. 많은 일이 일어났고, 많은 것이 변했다. 가끔씩 제이슨은 자신과 가족 그리고 농구 코트에서 그의 놀라운 모습에 많은 사람이 많은 시

간과 돈을 계속해서 사용하는 것이 믿겨지지 않았다.

"지금 모든 사람이 나와 이야기하고 싶어 하는 것은 참 재미있는 일이라고 생각합니다. 졸업생의 밤 전에는 나는 고등학교 농구팀의 매니저 역할을 하는 한 아이일 뿐이었습니다. 그땐 나와 이야기하고 싶어 하는 사람이 없었어요. 재미있고, 즐겁고 그리고 신기합니다. 버블헤드 인형이나 그런 것들 때문에 재미있고, 내가 많은 유명한 사람들을 만나고 콜츠 캠프에 간다거나 하는 일 때문에 즐겁습니다. 내가 20점을 득점하기 전에 말했던 것보다 지금 더 말할 것이 많지 않다는 것이 이상하게 보일 수 있을 겁니다. 나는 여전히 같은 사람이고, 나는 여전히 제이슨인데 말입니다. 하지만 나는 사람들이 내가 어떻게 그렇게 했는지, 그리고 그런 흥미진진한 경기에 있을 때 어땠는지, 한 팀의 선수로서 자신의 팀이 지역본선에서 우승했을 때 어떤 느낌이었는지를 알고 싶어 한다고 생각합니다. 특히 뉴욕 주에 있는 고등학교 농구팀이었다면 더욱 그럴 겁니다. 주별 대회의 우승은 한 팀만이 하게 됩니다. 자신이 속한 팀이 주 내에 있는 다양한 규모의 학교 팀과 경쟁을 하게 되면 지역본선에서 진짜 우승자가 될 수 있습니다. 그것은 시즌이 시작할 때마다 항상 우리의 목표였고, 사람들은 목표를 성취했을 때 어떤 기분인지 알고 싶어 했습니다. 그들은 자폐증을 가지고 있으면서도 결코 포기하지 않는 것의 의미를 알고 싶어 했습니다. 단지 여러분이 자폐를 가지고 있다는 것 때문에, 당신이 어떤 일을 할 수 없다거나 어떤 것을 연습할 수 없고 더 잘할 수 없는 것은 아닙니다. 자폐를 가지고 있다는 것이 당신의 인생을 한 가지 방식으로만 살아야 한다는 것을 의미하지는 않습니다. 내가 나의 노래에서 말했던 것처럼, 당신이 하고 싶은 것이 있다면 최선을 다해야 한다는 것입니다. 결코 포기하지 마십시오. 결코 굴복하지 마십시오. 이루고 싶은 꿈이 있다면 당신은 무엇이든 할 수 있을 것입니다."라고 제이슨이 말했다.

2007년 10월
다니엘 페이즈너

감사의 글

나의 꿈은 다른 소년들의 꿈과 같다. 나는 홈런을 치는, 터치다운을 해서 득점하는, 혹은 농구 경기에서 승리를 장식하는 슛을 하는 꿈을 꾼다. 승리를 장식하는 슛을 성공시킨 후에 모든 사람이 나를 응원하고 우리 팀 동료들이 나를 그들의 어깨 위로 올려서 코트 밖으로 데려가는 것을 꿈꾼다. 하지만 나는 정말로 팀의 일원인 선수 중 한 명이 되고 싶었다.

운동을 할 때 나는 그랬다.

졸업생의 밤 경기 이후에 일어난 일들은 믿기 어려웠고, 나에겐 감사하고 싶은 많은 사람이 생겼다. 모두가 내가 영웅이 아니라는 것을 아는 것은 중요하다. 나는 열아홉 살이다. 그리고 나는 자폐아다. 나의 선생님들, 다른 특수교육을 받는 아이들, 그리고 특히 나의 가족이 정말로 영웅이다. 그들 덕분에 나는 감히 꿈꿀 수 있었다.

그래서 여기에 나에게 고마운 사람들을 적으려고 한다. 내가 잊은 사람이 있다면 부디 이해해 주길 바란다. 나는 모든 우리 팀 동료들과 코치들이 나를 팀의 구성원으로 만들어 준 것, 특히 존슨 코치가 나를 경기에 참여할 수 있게 해 준 것에 대해 감사하고 싶다. 나의 기억 속에 있는 모든 친구들—스스로 누군지 알고 있을 것이다—이 항상 나를 위해 곁에 있어 주어서 고맙다.

윌리엄 모리스의 모든 사람들, 특히 폴 너글, 멜 버거, 벳시 버그, 마이크 아이스너, 론 로젠, 로리 포츠만티어, 니콜 데이비드 그리고 짐 와이어트는 너무 친절하고 나의 가족을 열심히 돌봐주었다. 나는 또한 우리 프로듀서인 로라 지스킨, 얼빈 '매직' 존슨, 팸 윌리엄스 그리고 메리 마틴에게 정말로 감사한다. 우리는 또한 우리의 변호사인 지노 니티와 존 페리칵에게도 감사하고 싶다. 하지만 나는 이 모든 것을 가능하게 해 주신 하나님께 가장 감사하고 싶다.

이 책은 사랑하는 나의 가족 모두, 특히 엄마, 아빠 그리고 나의 형 조시에게 바치고 싶다. 그들이 없었다면 나의 꿈은 그냥 …… 꿈으로만 머물러 있었을 것이다. 그들의 사랑 덕분에, 나의 꿈은 현실로 이루어질 수 있었다.

기적은 당신이 꿈을 꾸지 않는다면, 그것을 이룰 수 없다고 말한다. 당신의 꿈을 절대 포기하지 않기를 바라며, 나의 책을 읽어 주어서 감사하다.

제이-맥

많은 사람이 어떻게 이런 이야기가 가능할 수 있는지 궁금해한

다. 어떻게 자폐 청소년이 고등학교 농구 대표팀 경기에서 4분 동안

20득점을 할 수 있었을까? 신발 끈을 묶기 위해 고군분투했던 한 아

이가 어떻게 어려운 농구 경기를 배울 수 있었을까? 셀 수 없이 많은

텔레비전과 라디오 인터뷰에서 말을 그렇게 잘할 수 있었을까? 이 중

가장 놀라운 것은, 정신적으로 장애를 가진 한 사람이 어떻게 하룻밤

사이에 지역의 우상으로 바뀌었나 하는 것이다. 우리가 제이슨 '제

이-맥' 맥얼웨인의 부모임에도 이러한 질문들이 2006년 2월 15일

마법 같은 밤 이후로 우리 머릿속에 떠올랐다 사라지곤 했다.

제이슨의 부모로서, 우리는 제이슨의 성취에 대해 많은 공로를

인정받았다. 우리가 중요한 역할을 하긴 했지만, 제이슨이 잘 자랄

수 있도록 애써 주신 또 다른 많은 사람이 있다는 것을 알아주었으면

좋겠다. 그들이 없었다면 제이슨이 지금 어떤 모습을 하고 있을지 아

무도 알 수 없을 것이다. 제이슨이 어떻게 장애를 극복했는지 물어오는 많은 사람은 우리가 그를 위해 한 것 이상으로 그를 도와주고 그를 돌보아 주는 많은 사람이 있었다는 것을 알아야 한다.

우리는 제이슨의 형인 조시가 없었다면 우리가 무엇을 할 수 있었을지 생각해 본다. 제이슨이 처음 진단을 받았을 때, 우리는 심한 감정 기복을 겪어야 했다. 불안, 걱정, 분노, 심지어 슬픔과 절망까지 느껴야 했다. 이 시간 동안, 조시는 우리의 빛나는 스타였다. 그는 우리에겐 반석과 같은 존재였다. 그는 항상 우리에게 웃음을 가져다주었고, 제이슨과 그의 미래에 대한 불안함이 우리 머릿속에 떠오를 때 훨씬 편안하게 대처할 수 있도록 해 주었다.

제이슨이 성장하는 데 가장 도움이 되는 사람이었다는 것을 조시는 알지 못하는 것 같다. 두 아이는 겨우 18개월 차이밖에 나지 않았지만, 제이슨이 말을 시작하면서부터 그는 형의 흉내를 내었고 그의 걸음걸이를 따라하면서 발달해 나갔다. 조시가 제이슨에게 해 준 것만큼 충분히 감사를 표현할 수 없다. 조시가 없었다면, 제이슨은 결코 꿈을 가질 수 없었을 것이며, 알 수도 없었을 것이다. 우리는 조시가 너무나 자랑스럽고, 우리의 가족이라는 것에 너무나 감사한다. 우리는 조시를 너무나 사랑한다.

조시와 제이슨이 태어났을 때, 우리의 부모님이 은퇴를 하셔서 우리가 직장에서 일을 하는 동안 기꺼이 아이들을 돌보아 주셨던 것이 우리에겐 정말 행운이었다. 제이슨의 조부모는 그를 양육하는 데 훌륭한 영향을 미쳤다.

외할아버지 에디와 외할머니 베르니스는 엄마의 마음으로 조시와 제이슨을 돌보아 주셨다. 제이슨이 자라서 말을 잘하게 되었을 때, 어느 날 외할머니 베르니스와 함께 산책을 하다가 제이슨이 고개를 들어 "외할머니도 자폐이신가요?"라고 묻기에 외할머니께서는 웃으면서 제이슨을 안고서 "제이슨, 모든 사람이 약간씩은 자폐를 가지고 있다는 것을 너도 알지?"라고 대답해 주었다는 이야기를 베르니스 외할머니는 가끔씩 하곤 하셨다.

우리는 우리가 원하는 것을 모두 가질 수 없다는 것을 알지만 제이슨은 에디 할아버지가 가장 좋아하는 손자였다. 그가 제이슨의 삶에 스포츠라는 것을 알려 주었고, 그의 흥미를 자극해 주었다. 우리는 제이슨이 얼마나 많은 시간을 할아버지와 농구와 풋볼 경기에 대한 이야기로 전화통화를 하면서 보냈는지 기억한다. 낮 동안에, 외할아버지는 제이슨이 수영이나 농구를 할 수 있도록 그가 다니는 헬스클럽에 데리고 갔다. 또한 항상 제이슨에게 용기를 북돋아 주고, 촉구하고, 그가 전념하는 것은 무엇이든 할 수 있다고 말해 주었다. 자폐 아동들은 모든 것이 자신에게 불리하거나 반대로 여겨질 때 머뭇거리게 되는데 그때 그를 앞으로 밀어 줄 누군가가 필요하다.

제이슨의 친할아버지와 친할머니 맥얼웨인 역시 제이슨의 발달에 상당히 좋은 영향을 미쳤다. 할아버지 맥얼웨인 역시 제이슨과 스포츠에 대해 이야기하는 것을 무척 좋아하셨다. 할머니는 두 손자와 경기를 하는 것을 너무 좋아하셨다. 제이슨이 그들의 집에 갈 때마다, 항상 우노UNO나 에거베이션Aggravation과 같은 카드경기나 보드경기를 했다. 이러한 경기를 하는 것은 아이들이 경쟁심을 갖게 되는데 도움이 되었다. 나는 제이슨이 벤치에서 심판에게 신경질적으로 소리를 지르는 것을 보면 제이슨의 친할아버지와 할머니가 제이슨의 성장에 관여했다는 의심이 들기도 한다.

에디 할아버지와 맥얼웨인 할아버지 두 분 모두 돌아가셨다. 그분의 죽음은 두 아들 모두에게 힘든 일이었고, 두 분 할아버지가 지금 제이슨의 기적 같은 경기와 그다음에 일어난 모든 일들을 보지 못했다는 것이 정말로 안타까울 따름이다. 우리가 제이슨을 티볼에 등록시킨 이후, 할아버지는 제이슨의 모든 경기에 참석했다. 조부모님은 제이슨과 조시의 모든 야구 경기와 농구 경기, 풋볼 경기, 테니스 경기, 육상 대회, 그리고 크로스컨트리 대회에 모두 참석했다. 그들은 제이슨의 경기를 보는 것을 상당히 즐거워했다. 그들이 그 대단한 경기가 있던 날 밤 그곳에 있어서 제이슨이 20점을 득점하는 것을 보았다면, 우리는 세상에서 가장 자랑스러운 두 할아버지의 얼굴을 볼 수 있었을 것이다. 우리는 그들이 하늘에서 우리를 보면서 입을 크게 벌리고 웃고 있을 것을 마음속 깊이 알고 있으며, 그들이 제이슨의 수호천사가 되어 그가 던지는 공이 들어가도록 도와주었다고 생각하고 싶다.

제이슨과 조시는 또한 숙모와 삼촌 그리고 사촌들로부터 많은 사랑과 지지를 받았다. 제이슨이 그들을 필요로 할 때마다 그들은 항상 곁에 있어 주었다. 우리가 모두 직장에 출근해야 하고 양쪽의 조부모님들이 함께할 수 없을 때, 제이슨의 큰 숙모 리타와 큰 삼촌 빌은 제이슨을 책임지고 돌보아 주었다. 그 누구도 그만한 사랑과 지지를 받을 수 없을 것이다. 숙모 세일라와 삼촌 게리, 숙모 패티와 삼촌 스티브, 삼촌 짐과 숙모 베티는 우리가 감사하다는 말로 다 표현할 수가 없다.

1985년, 우리 가족은 뉴욕의 그리스 타운에 있는 새로 개발한 단지로 이사했다. 266년 만에 우리는 조시와 제이슨을 모두 낳게 되었다. 우리 주변의 이웃들이 대부분 어린 아이들이 있었고 그들 중 90%는 남자아이들이었다는 것이 우리에게 행운이었다. 몇 년 동안 이 아이들은 서로 친해져서 제이슨을 가족처럼 돌보아 주었다. 보통 자폐 아동이 일반 아동 집단에 통합되는 것은 어려운 일이지만 이 아이들은 그렇지 않았다. 그들은 조시, 스티브, 마크, 마이크, 브라이언, 프랭키, 닉, 스콧, 안토니, 그리고 테드로 이루어진 친밀한 친구들이었고, 제이슨이 그들과 함께 어울릴 수 있도록 했다.

제이슨이 처음 이 아이들과 어울리기 시작했을 때, 우리는 그들을 앞혀 놓고 제이슨이 가진 장애에 대해 이야기해 주었다. 그들은 모두 어깨를 으쓱거리며 제이슨과 함께 어울리는 것을 좋아한다고 말했다. 그들은 숨바꼭질, 야구, 위플볼 wiffle ball 그리고 풋볼을 함께 하곤 했다. 이 아이들과 어울려 노는 것이 제이슨에게는 모든 세상이었고, 그들은 지금까지 친한 친구로 남아 있다.

　제이슨이 성장하면서 몇 명의 다른 이웃 친구들과 어울려 놀기 시작했는데, 처음에는 브라이언이었고 다음에는 스콧이었다. 이들 세 명은 떨어지고는 못 사는 친구들이었다. 그들은 야구를 하기도 하고, 함께 자기도 하고, 자전거를 타고 돌아다니기도 했다. 그들 두 명은 해마다 시골에 있는 짐 삼촌의 시골 별장에 함께 가서 제이슨을 위한 좀 더 특별한 우정을 만들어 갔다. 그것은 브라이언과 제이슨을 위한 세상이었으며, 그들은 제이슨의 특별한 밤에 함께 농구팀에서 경기를 하고 있었다.

　우리는 제이슨의 선생님들, 특별히 특수교육 담당 선생님에게 감사를 드리고 싶다. 그들은 매우 좋은 분들이었고, 제이슨을 잘 돌보아 주셨으며, 교실에서나 생활에서 어려운 일들을 잘 하도록 격려해 주었다. 제이슨의 모든 선생님이 그의 인생을 바꾸어 주었다는 것을 알고 있기를 바라며, 그들의 고된 수고, 열정, 헌신이 없었다면 제이슨은 지금의 그의 모습이 되지 못했을 것이라는 점에 의심의 여지가 없다.

　우리는 또한 날마다 서로에게 친구가 되어 주었던 제이슨의 특수학급 친구들 모두에게도 고맙다는 말을 전하고 싶다. 그들은 모두 가족이 되어서 서로의 장점과 단점, 그리고 기쁨과 슬픔을 함께 나누었다. 이 책을 너희 모두에게도 바치고 싶다.

　마지막으로, 누군가 좋은 행동에 대해 칭찬을 받을 만하다고 말한다면 그건 바로 제이슨 자신이다. 그는 항상 우리의 작은 '매력덩어리'였다. 제이슨이 말을 시작하고 사람들과 상호작용을 하기 시작하면서부터 그의 성격이 드러나기 시작했다. 제이슨은 항상 사람을 끌어들이는 자신만의 방식을 가지고 있었다. 사람들은 자연스럽게 제이슨에게 따뜻하게 대해 주었다. 다른 사람들의 얼굴에 웃음을 가져다주는 것을 가르쳐 주지 않았는데도 그는 이것을 스스로 터득했다. 제이슨은 상당히 외향적인 성격이었고, 모든 사람에게 친절했으며, 사람들을 차별하지 않았다. 특수학급 친구들은 제이슨에게 있어서 농구부 친구들만큼 중요했다. 우리는 제이슨에게서 많은 것을 배울 수 있었다.

제이슨이 어렸을 때를 떠올리고 지금의 그의 모습을 생각해 보면, 정말로 놀라운 일이다. 그렇게 많은 협회와 심지어 회사에서도 기금 마련 행사와 고용행사를 위해 그에게 연설을 요청할 것이라는 것을 누가 상상이나 했겠는가? 우리는 제이슨이 어린 정치가처럼 다니고, 악수를 하며, 수백 명의 때로는 수천 명의 사람들 앞에서 연설을 하는 것을 보게 되었다. 그는 대중매체의 모든 관심을 놀랄 만큼 수월하게 다루면서, 동시에 이러한 상황이 자신과 자신의 생활 방식에 영향을 미치지 않도록 하고 있었다. 제이슨은 성장하고 발달하면서, 날마다 매번 계속해서 우리를 놀라게 했다. 제이슨은 우리의 기대를 훨씬 능가하였으며, 우리는 그런 제이슨이 너무나 자랑스럽다.

우리는 우리를 알고 제이슨이 20점을 득점한 것에 대해 지지와 축하를 보내 준 세상의 모든 사람에게 안부를 전하고 싶다. 우리는 친구이자 프로듀서인 메리 마틴에게 감사하고 싶다. 그가 없었다면 우리가 이 모든 것을 어떻게 겪어 낼 수 있었을지 모르겠다. 무엇보다도, 어떤 식으로든 자신의 자녀가 어려움을 겪고 있는 다른 모든 가족들에게 사랑한다는 말을 전하고 싶다. 우리 아들의 이야기가 사람들에게 사랑과 보호가 있다면 무엇이든 가능하다는 믿음을 주게 되길 바란다.

_데이비드와 데비 맥얼웨인

저자 소개

제이슨 맥얼웨인은 아동기에 중증 자폐성 장애로 진단을 받았지만, 그리스 아테나 고등학교에 입학하여 체육, 자동차 기계학 등의 수업을 받았다. 형 조시를 따라 농구를 시작했고 고등학교에서는 팀의 매니저 역할을 맡기도 하였다. "집중을 유지하라."는 자기 암시를 계속하면서 꾸준히 농구 연습을 하였고, 마침내 그는 그리스 아테나 트로잔 팀이 우승하는 데 기여를 하였다.

다니엘 파이스너는 스포츠에서부터 경영, 정치 및 연예에 이르기까지 다양한 분야의 책을 약 40권 정도 집필한 작가다. 그는 덴절 워싱턴의 「A Hand to Guide Me」, 우피 골드버그의 「Book」, 몬텔 윌리엄스의 「Mountain, Get Out of My Way」, 2001년 9월 11일에 붕괴된 세계무역센터에서의 '뉴욕 시 소방관의 의무에 관한 장편서사시'와 같은 뉴욕 소방서 대대장인 리처드 피치오토의 「Last Man Down」을 포함하여 뉴욕타임스 베스트셀러에 오른 책 중 7편을 공동집필하였다.

역자 소개

신현기

현 단국대학교 특수교육과 교수
한국특수교육학회 부회장
(사) 아태장애인교육문화지원연구소 이사장
SBS TV 〈세상에서 가장 아름다운 여행〉 솔루션 위원

김은경

현 단국대학교 특수교육과 교수
한국자폐학회 편집위원장

자폐 소년 제이-맥,
The Game of My Life 농구로 말하다

2011년 1월 15일 1판 1쇄 인쇄
2011년 1월 20일 1판 1쇄 발행

지은이 | Jason "J-Mac" McElwain with Daniel Paisner
옮긴이 | 신현기 · 김은경
펴낸이 | 김진환
펴낸곳 | ㈜ 학지사 · INNER BOOKS 이너북스

121-837 서울시 마포구 서교동 352-29 마인드월드빌딩 5층
대표전화_ 02-330-5114   팩스_ 02-324-2345
등 록 | 2006년 11월 13일 제313-2006-000238호
홈페이지 | www.innerbooks.co.kr

ISBN 978-89-92654-42-5 03180

가격 13,000원